V&R

Haim Omer

Mutige Eltern: Wie Sie Ihren Kindern ein guter Anker sein können

Aus dem Englischen von Dorothee Hönes und
Rachel Grünberger-Elbaz

VANDENHOECK & RUPRECHT

Bibliografische Information der Deutschen Nationalbibliothek:
Die Deutsche Nationalbibliothek verzeichnet diese Publikation in der Deutschen Nationalbibliografie; detaillierte bibliografische Daten sind im Internet über https://dnb.de abrufbar.

Umschlagabbildung: S.H.exclusiv/Adobestock.com

Satz: SchwabScantechnik, Göttingen
Druck und Bindung: BALTO print, Vilnius
Printed in the EU

Vandenhoeck & Ruprecht Verlage | www.vandenhoeck-ruprecht-verlage.com

ISBN 978-3-525-40029-6

Inhalt

Vorbemerkungen

Dieses Buch möchte Eltern helfen, Kraft und Zuversicht zu finden, um ihre Kinder inmitten der Flut von schädlichen Einflüssen, Impulsen und Trends einen festen Anker zu bieten. Das Buch ist sowohl das Ergebnis von fünfundzwanzig Jahren Arbeit im Bereich der Kindererziehung als auch der Versuch, den massiven Herausforderungen, mit denen sich Eltern heutzutage konfrontiert sehen, etwas entgegenzusetzen. Wir leben in einer Zeit von nie dagewesenen Herausforderungen, die die Eltern schwächen und die Kinder völlig neuen Versuchungen und Risiken aussetzen.

Nie zuvor waren Kinder mit einem Übermaß an Reizen so konfrontiert wie heute. Als Folge unserer Überflussgesellschaft werden sie mit einer Welle von Versuchungen und Verführungen überflutet, mit schädlichen Trends und Suchtmitteln, die überall zu haben sind. Als sei dies nicht genug, werden sie Tag und Nacht pausenlos mit Werbung berieselt, die ihnen diese Dinge nahebringt – nicht nur über das Fernsehen, sondern auch durch die Smartphones, an denen ihre Augen und Ohren kleben.

Und gerade jetzt, in einem Moment, in dem unsere Kinder all diesen Gefahren ausgesetzt sind, ist der Status als Eltern durch einschneidende Veränderungen in der Sozialstruktur und in der Wertevermittlung durch das Bildungswesen deutlich gesunken.

Schon allein dadurch, dass Eltern einsamer sind, sind sie schwächer. Weltweit sehen wir eine Tendenz weg von der Großfamilie hin zur Kleinfamilie. Dadurch entfällt die Unterstützung durch Großeltern, Geschwister und Nachbarn. Die Scheidungsrate und die Anzahl alleinerziehender Eltern sind stark gestiegen. Die Kleinfamilie, die wir heute kennen, lebt isoliert in ihrer Wohnung. Ein bekanntes Sprichwort besagt jedoch, dass man ein ganzes Dorf braucht, um ein Kind groß zu ziehen.[1] Dieses Dorf ist komplett von der Landkarte verschwunden. Die Gemeinschaft spielt keine konstruktive Rolle mehr.

---

1 Das englischsprachige Sprichwort lautet: »It takes a whole village to raise a child.«

Eltern sind auch dadurch geschwächt, dass sie aufgrund des Wertewandels in der Gesellschaft nicht mehr in gleicher Weise Autorität ausüben können wie früher. Eigentlich ist dies eine positive Entwicklung: Wir sind zu Recht stolz darauf, dass wir körperliche Züchtigung und erzwungenen Gehorsam abgeschafft haben. Trotzdem bin ich nicht sicher, ob den Eltern stattdessen bessere Möglichkeiten an die Hand gegeben wurden. Und wenn Eltern in ihrer Verzweiflung doch wieder zu den alten Methoden greifen, dann ernten sie einen Aufschrei der Empörung, was sie nur noch mehr verunsichert.

Was sie außerdem schwächt, ist das allgegenwärtige Internet. Früher waren Eltern eine Quelle des Wissens und der Weisheit. Heute übernimmt das Internet diese Rolle. Die Kinder wissen inzwischen besser Bescheid als die Eltern. Der Schlüssel zur Weisheit liegt also buchstäblich in Kinderhänden. Manchmal geraten Eltern in Versuchung, den Kindern ihr Handy wegzunehmen – zum Beispiel als Strafe, mit der Begründung: »Alles andere hilft ja nicht!« Das Problem ist, dass auch das nicht hilft. Dazu kommt, dass die Eltern es nicht durchhalten.

Mit diesem Buch möchte ich vor allem ein Bild vermitteln: das der Eltern als Anker für ihre Kinder. Dafür müssen die Eltern in ihrer Rolle selbst fest verwurzelt sein. Der elterliche Anker bringt nicht nur Sicherheit, sondern auch Verwurzelung. Er garantiert dem Kind ein präsentes, stabiles Elternteil. Es ist den Strömungen der Zeit nicht hilflos ausgeliefert.

Die Strömungen und der Anker – das sind die Hauptthemen dieses Buchs. Jedes Kapitel beschreibt das Zusammenspiel der beiden. Mein Anliegen ist, dass Eltern wieder ihre Rolle als Anker wahrnehmen. Dazu braucht es Mut. Aber man kann nicht mutig sein, wenn man schwach und verwirrt ist. Dieses Buch ist nicht einfach als Anweisung zu verstehen, dass Eltern mutig sein sollten, sondern als Wegweiser, der anzeigt, wo dieser Mut zu finden ist.

Bei meiner Arbeit mit unzähligen Familien habe ich es immer wieder erlebt, dass Eltern, die ihre Standfestigkeit verloren haben, ihren Glauben an sich selbst, und manchmal sogar ihre Willenskraft, wieder in ihre Elternrolle zurückgefunden haben. Hätte man ihnen das vor Beginn dieser Entwicklung gesagt, hätten sie nur ungläubig gelächelt.

Noch einige Worte zu mir selbst und zu meinem pädagogischen Ansatz. Ich bin emeritierter Professor für Psychologie an der Universität von Tel-Aviv und habe unterschiedliche Ansätze der Elternschaft untersucht und entwickelt. Die wichtigsten Themen sind gewaltloser Widerstand[2], neue Autorität[3] und elterliche wachsame Sorge[4].

Des Weiteren habe ich gemeinsam mit Eli R. Lebowitz ein Buch für Eltern von ängstlichen Kindern und Heranwachsenden[5] veröffentlicht sowie gemeinsam mit Nahi Alon einen Band über Dämonisierung und Konflikte, mit einem Vorwort des Dalai Lama[6]. Mein Anliegen richtet sich sowohl an Eltern als auch an Lehrer und Lehrerinnen. Deshalb erscheint dieses Buch mit dem Begleitwerk »Raus aus der Ohnmacht. Das Konzept Neue Autorität für die schulische Praxis«.[7] Als letztes habe ich gemeinsam mit Dan Dulberger ein Buch über die Hilfe für Eltern von »Nesthockern«, also erwachsenen Kindern, veröffentlicht, die weder studieren noch arbeiten noch sonst etwas Sinnvolles tun.[8]

---

2 Omer, H., von Schlippe, A. (2016). Autorität ohne Gewalt. Coaching für Eltern von Kindern mit Verhaltensproblemen. »Elterliche Präsenz« als systemisches Konzept. Göttingen: Vandenhoeck & Ruprecht.
Omer, H., von Schlippe, A. (2023). Autorität durch Beziehung. Gewaltloser Widerstand in Beratung, Therapie, Erziehung und Gemeinde. Göttingen: Vandenhoeck & Ruprecht.

3 Omer, H., Streit, Philip (2016). Neue Autorität: Das Geheimnis starker Eltern. Göttingen: Vandenhoeck & Ruprecht.
Omer, H., von Schlippe, A. (2016). Stärke statt Macht. Neue Autorität in Familie, Schule und Gemeinde. Göttingen: Vandenhoeck & Ruprecht.

4 Omer, H. (2016). Wachsame Sorge. Wie Eltern ihren Kindern ein guter Anker sind. Göttingen: Vandenhoeck & Ruprecht.

5 Omer, H., Lebowitz, E. (2015). Ängstliche Kinder unterstützen. Die elterliche Ankerfunktion. Göttingen: Vandenhoeck & Ruprecht.

6 Omer, H., Alon, N., von Schlippe, A. (2014). Feindbilder. Psychologie der Dämonisierung. Mit einem Vorwort des Dalai Lama. Göttingen: Vandenhoeck & Ruprecht.

7 Omer, H., Haller, R. (2019). Raus aus der Ohnmacht. Das Konzept Neue Autorität für die schulische Praxis. Göttingen: Vandenhoeck & Ruprecht.

8 Omer, H., Dulberger, D. (2021). Wenn erwachsene Kinder nicht ausziehen. Leitfaden für die Arbeit mit Eltern von Nesthockern. Göttingen: Vandenhoeck & Ruprecht.

Neben diesen Büchern sowie über einhundert Aufsätzen[9], die ich veröffentlicht habe, bin ich der Gründer und Leiter der weltweit aktiven Bewegung »NVR« (non-violent resistance), die den oben beschriebenen Ansatz für Eltern, Lehrer und Lehrerinnen sowie anderweitig mit der Betreuung von Kindern betraute Personen verbreitet und bereits sieben internationale Konferenzen in London, Antwerpen, München, Malmö, Tel-Aviv, Linz und Osnabrück veranstaltet hat, sowie zahlreiche Konferenzen auf nationaler oder lokaler Ebene, mit Tausenden von Teilnehmenden. Es gibt NVR-Gruppen in Großbritannien, den USA, der Schweiz sowie in Holland, Kanada, Belgien, Deutschland, Österreich, Italien, Frankreich und Israel. Das Konzept wurde auch für besondere Zielgruppen weiterentwickelt, zum Beispiel für Kinder mit ADHS, Angststörungen, Zwangsstörungen, Internetabhängigkeit, Heranwachsende mit unkontrolliertem Diabetes, Jugendliche mit riskantem Fahrverhalten, bei Fällen von Gewalt in der Schule, Gewalt unter Geschwistern, Gewalt von Kindern gegenüber ihren Eltern sowie Straffälligkeit von Jugendlichen, sowie für das, was man in Frankreich »Tyrannenkinder« nennt, und dysfunktionale erwachsene Kinder, die komplett von ihren Eltern oder Pflegeeltern abhängig sind.

9 Siehe auch www.haimomer-nvr.com (Zugriff am 26. März 2024).

Erstes Kapitel

Elternschaft heute – eine Herausforderung

Es ist heutzutage nicht einfach, Eltern zu sein. Warum? Weil die Elternrolle ihre Klarheit verloren hat, Eltern einsamer sind und weil sie an Autorität eingebüßt haben. Früher bestand die Aufgabe darin, die Kinder zu versorgen und ihnen Grundwerte beizubringen. Eltern, denen dies gelang, galten als gut und verantwortungsvoll. Um es kurz zu machen – die Eltern gaben Weisung, und die Kinder respektierten sie und gehorchten ihnen. Unzählige Regeln, Sitten und Gesetze stärkten diesen übergeordneten Status der Eltern und validierten diese Art der Beziehung. Die Annahmen, die diesen Erwartungen zugrunde lagen, wurden nicht in Frage gestellt. Eltern, Lehrer und Lehrerinnen, Geistliche, das Gesetz sowie der Rundfunk und gedruckte Medien – alle stützten dieses Weltbild.

Heute hingegen sind die Verhältnisse anders. Was früher selbstverständlich war, wird in Frage gestellt, wodurch die Rolle der Eltern unklar wird – sowohl für die Eltern selbst als auch für ihr Umfeld. Dieser Verlust an Klarheit hinterlässt bei ihnen ein Gefühl der Verwirrung und der Unsicherheit. Sie leiden heutzutage häufig unter Zweifeln und Schuldgefühlen. Sie sehen sich mit einem Dilemma konfrontiert. »Was haben wir nur falsch gemacht!« – diese Frage wird heute so oft gestellt wie nie zuvor.

Derart verwirrte Eltern kümmern sich keinesfalls weniger liebevoll um ihre Kinder. Ganz im Gegenteil: Eltern, die in unserer komplexen Welt nie verwirrt sind oder zweifeln, sind sich vielleicht nur nicht der Schwierigkeiten und Gefahren bewusst, mit denen ihre Kinder heutzutage konfrontiert sind. Trotzdem kann die Verwirrung die Eltern auch deutlich schwächen – besonders wenn sie mit Herausforderungen konfrontiert sind, bei denen ein entschlossenes Auftreten nottut. In solchen Situationen tun sich verwirrte Eltern schwer damit, einen festen Stand für ihre Rolle zu finden. Gleichzeitig steigt das Risiko, dass das Kind auf Abwege gerät.

Wieso ist die Elternrolle nicht mehr klar definiert?

Eltern empfinden nicht nur deshalb Verwirrung, Zweifel und Hilflosigkeit, weil die Wertmaßstäbe ihrer Kinder nicht mehr so selbstverständlich mit ihren übereinstimmen, sondern auch weil sie selbst mit größeren Herausforderungen konfrontiert sind als je zuvor: neben neuen technologischen Entwicklungen hat sich auch die Familienstruktur geändert, sowie die soziale Zusammensetzung unserer Gesellschaft.

Veränderte Familienstrukturen

Die gravierendsten Veränderungen in der Familienstruktur gehen zurück auf

- eine höhere Scheidungsrate,
- einen höheren Prozentsatz an Alleinerziehenden,
- weniger Rückhalt durch die Großfamilie.

Eine höhere Scheidungsrate

War die Scheidung früher ein Randphänomen, so ist sie heute weitverbreitet. Geschiedenen Eltern fehlt es häufig an Unterstützung und es fällt ihnen schwer, ihre Rollen untereinander abzustimmen.

Mehr Alleinerziehende

Parallel dazu gibt es zunehmend Alleinerziehende – oft sind es sehr junge Mütter.[10] Zahlreiche Studien haben gezeigt, dass in solchen Familien das Risiko für Verhaltensauffälligkeiten zunimmt, während die Fähigkeit der Mutter oder des Vaters, mit diesen umzugehen, abnimmt. Wenn beide Elternteile zusammenleben, können sie destruktiven Tendenzen besser standhalten, als wenn ein Elternteil allein ist.

10 Sehr junge alleinerziehende Väter sind eher selten.

Weniger Rückhalt durch die Großfamilie

Auch im Hinblick auf ihre Größe trägt die veränderte Familienstruktur dazu bei, die Eltern zu destabilisieren. Früher unterstützten Großeltern, Onkel, Tanten und ältere Geschwister bei der Beaufsichtigung und Erziehung der Kinder, während diese Aufgabe heute ausschließlich den Eltern zukommt, oder sogar einem alleinerziehenden Elternteil. Nur noch selten wächst ein Kind in einer Großfamilie auf. Manchmal leben sie sogar als Einzelkind in einer 1:1-Beziehung mit einem alleinerziehenden Vater oder einer alleinerziehenden Mutter – eine Situation, die auch die Elternrolle destabilisiert. So ist zum Beispiel erwiesen, dass das Risiko für Straftaten in Familien geringer ist, in denen auch die Großeltern an der Erziehung der Kinder beteiligt sind.[11] Die Präsenz der Großeltern zusätzlich zur Aufmerksamkeit der Eltern gibt den Kindern ein Gefühl der Geborgenheit.

Urbanisierung

In Großstädten ist es deutlich schwieriger, Kinder aufzuziehen und sie dabei vor Gefahren zu schützen. Große Städte vermitteln das Gefühl von Anonymität, es gibt zahlreiche Verführungen, und es ist nicht schwer, unerkannt zu bleiben. Kinder sind heutzutage nicht nur mit einer größeren Flut vielfältiger Versuchungen konfrontiert als früher, sondern können sich auch dem Radar ihrer Eltern leichter entziehen. Früher befanden sich Kinder in unmittelbarer Sichtweite der Eltern; deshalb war die Wahrscheinlichkeit, von jemandem gesehen zu werden, der sie kannte, viel größer als heute. Kinder fühlten sich beobachtet und wussten, dass Fehlverhalten früher oder später ans Licht kommen würde. In großen Städten hingegen ist dies anders: Im Schutz der Anonymität einer modernen Metropole bleibt Fehlverhalten oft unerkannt. Die Wirkung der Großstadt weitet sich auch auf die Vororte aus, weil die Jugendlichen zum Zeitvertreib gerne in die Stadt fahren – und zwar nicht nur, weil dort mehr geboten wird,

11 Omer, H., Satran, S., Dritter, O. (2017). Vigilant care: An integrative reformulation regarding parental monitoring. *Psychological Review, 123,* 291–304.

sondern auch, weil sie dort unerkannt bleiben. Die Stadt ist wie ein riesiger Magnet, der die Jugendlichen in ihren Bann zieht.

Technologische Entwicklung

Eine weitere Herausforderung für Eltern stellt die rapide technologische Entwicklung dar, die sie gegenüber ihren Kindern in eine schwächere Position bringt. Die offensichtlichsten technologischen Veränderungen sind der Computer, das Internet und das Smartphone beziehungsweise Handy. Während Eltern früher davon ausgehen konnten, dass sie ihren Kindern durch ihr Wissen etwas voraushatten, merken sie heute, dass sich die Kinder besser auskennen, und dass die Medien einen größeren Einfluss auf ihre Kinder ausüben als sie selbst. Durch Smartphones fühlen sich Eltern zunehmend marginalisiert:

- Smartphones fesseln die Augen und Ohren ihrer Kinder.
- Was die Eltern sagen, verblasst gegenüber dem, was das Smartphone vermittelt.
- Die Zeit, die die Eltern ihren Kindern widmen können, nimmt ab, weil das Smartphone Zeit und Aufmerksamkeit ihrer Kinder beansprucht.

Das Smartphone ist der Faktor, der den Stand der Eltern am stärksten gefährdet. Sein Einfluss ist ständig präsent: Denn selbst wenn die Kinder gerade nicht darauf schauen, fragen sie sich innerlich, was es in den sozialen Netzwerken wohl Neues gibt. Sie können es kaum erwarten, wieder »online« zu sein. Zeit, die die Kinder ohne das Handy verbringen müssen, empfinden sie als vergeudet. Dadurch wirken dann auch ihre Eltern irrelevant, langweilig und von gestern.

Muster der elterlichen Hilflosigkeit

Durch die vielfältigen Versuchungen und Einflüsse auf die Kinder, sowie die zahlreichen Möglichkeiten, der Kontrolle der Eltern zu entgehen, wird es für diese zunehmend schwierig, ihre Söhne und Töchter zu stabilisieren und zu führen. Die Kinder werden von den Wellen der modernen Trends mitgerissen, während ihre Eltern hilflos dabei zusehen. Um aus dieser Position der Schwäche herauszukommen, müssen sie erst einmal erkennen, was sie so schwächt.

Endlose Erklärungen und Diskussionen

Hier einige Kommentare von Eltern, die diesem Muster verfallen sind:

GRETA: »Es ist für mich immer wichtig, meinen Kindern zu erklären, warum ich so handle wie ich es tue, und warum manche Verhaltensweisen nicht richtig sind. Ich bin davon überzeugt, dass die Dinge besser werden, wenn das Kind versteht. Bei meinen beiden Älteren hat das wunderbar geklappt. Auch wenn sie sich manchmal schwer damit getan haben, mich zu verstehen, konnten sie es dann am Ende doch nachvollziehen, und es wurde besser. Nur bei meiner Jüngsten funktioniert das nicht. Schon in der Grundschule hatte ich das Gefühl, dass sie nicht richtig zuhörte. Sie war einfach nicht bei der Sache. Vielleicht wollte sie aber auch einfach nicht verstehen, was man ihr sagte. Obwohl sie es dann doch immer irgendwie kapiert hat. Aber seit sie pubertiert ist alles anders. Sie hält sich die Ohren zu, schreit mich an, ich solle die Klappe halten, oder sie gibt mir zu verstehen, dass alles, was ich sage, doch nur zum einen Ohr rein und zum anderen wieder raus geht. Es gelingt mir einfach nicht, ihr klarzumachen, dass sie am Ende nur sich selbst schadet.«

SAM: »Egal was ich ihm sage, er widerspricht mir einfach immer. Das kann er richtig gut, wie ein Jurist. Schon als er klein war, wollte er immer wissen, warum wir etwas von ihm verlangten. Jede Kleinigkeit führte zu endlosen Diskussionen. Und ehrlich gesagt ist es nicht einfach, seinen Argumenten standzuhalten. Er begründet und rechtfertigt seinen Standpunkt und führt Beispiele an, gegen die wir nicht ankommen.«

Erklärungen und Überredungskunst sind zentrale Vorgänge bei der Erziehung, weil Eltern die wichtigsten Vermittler sind, wenn es darum geht, ihren Kindern die Welt zu erklären. Diese Rolle verleiht ihnen Autorität. Eltern, die positive Autorität ausstrahlen, erklären ihren Standpunkt und vergrößern damit die Wahrscheinlichkeit, dass ihre Position akzeptiert und übernommen wird. Im Gegensatz dazu bieten autoritäre Eltern oft keine Begründung. Manchmal nutzen sie die Weigerung, ihren Standpunkt zu erklären, sogar als Ausdruck ihrer Autorität. Ihre einzige Begründung lautet: »Mach das jetzt, weil ich es will!« Hinter diesem Befehl steht die Annahme, dass man blind gehorchen muss, sonst ist es kein richtiger Gehorsam. Diese Form der Autorität hat ihre Legitimation verloren. Sie hat in der Kindererziehung nichts zu suchen.

Trotzdem können Erklärungen auch nutzlos sein, und endlose Diskussionen zu einem Mechanismus verkommen, der Entscheidungen und Handlungen verhindert. Vielen Kindern ist das bewusst und sie wissen, wie sie Diskussionen endlos in die Länge ziehen können. Sie wissen genau, dass ihre Eltern nicht handeln, solange sie reden. Je mehr die Eltern erklären und »predigen«, desto mehr schwächen sie ihren Stand und ihre Präsenz.

Eltern können einschätzen, inwieweit sie dieser »Plapperfalle« verfallen sind, und lernen, sich selbst zuzuhören:

- Wiederholen Sie sich häufig?
- Nimmt die Zahl an Bitten und Erklärungen zu?
- »Predigen« Sie immer wieder dasselbe?
- Versuchen Sie, mit verstärkter oder erhobener Stimme zu reden, um mehr Eindruck zu machen?
- Scheint es, als ob die Kinder Spaß an der Diskussion hätten, oder als ob sie die Diskussion dazu missbrauchen, Ihre Position zu schwächen?

All dies sind Zeichen dafür, dass die Eltern mit den Wellen der Beredsamkeit fortgetragen werden und dabei an Gewicht und Präsenz einbüßen.

Schreien, Drohungen und heftige Reaktionen

Viele Eltern haben das Gefühl, dass sie scharf und sofort auf das problematische Verhalten oder die Provokationen ihres Kindes reagieren müssen, weil sie sonst schwach erscheinen und das Gesicht verlieren. Sie halten diese Reaktion für notwendig, damit das Kind den Ernst der Lage versteht. Folgende Aussagen sind typisch für diese Einstellung:

- Ich zahle mit gleicher Münze heim!
- Er glaubt doch nicht etwa, dass er mir drohen kann. Ich werde ihn schon noch das Fürchten lehren!
- Ich muss es ihr ein für alle Mal zeigen.
- Wenn ich nicht reagiere, dann denkt er, er hat mich rumgekriegt!

Solche Aussagen zeigen, dass die Eltern in dem Glauben gefangen sind, dass ihnen nichts anderes übrig bleibt als auf jede Provokation und auf jedes problematische Verhalten sofort zu reagieren, und zwar kräftig. Sie glauben, jede andere Reaktion würde beweisen, dass sie verloren haben. Diese Aussagen bringen eine problematische Erwartung zum Ausdruck: nämlich die Hoffnung, dass das Kind einlenkt, wenn ihre Reaktion als Eltern nur stark genug ist. Diese Hoffnung erfüllt sich fast nie. Fast immer führen Geschrei, Drohungen und Wutausbrüche nur dazu, dass die Spannung eskaliert und die Eltern ihren Einfluss vollends verlieren. Sie verlieren die Kontrolle und werden von einem Sog verschluckt, der ihnen ihre Autorität nimmt.

Der Verlust der elterlichen Rolle in einem Sturm von Geschrei, Geschimpfe und leeren Drohungen ist häufig bei Eltern von unruhigen Kindern zu finden, bei denen ADHS diagnostiziert wurde. Eltern solcher Kinder fühlen sich nicht selten wie in einem Karussell mit ständig wiederkehrenden Mottos wie »Hör auf!«, »Nein!«, »Ich habe dir doch gesagt …«, »Wenn du jetzt nicht aufhörst, dann …« und so weiter und so fort. Kein Wunder, dass diese Eltern am Ende des Tages erschöpft sind. Wir reden von gestressten Eltern. Gestresste Eltern fühlen sich hin und her geworfen, gezogen und geschoben, und verlieren das Gefühl, dass sie den Laden noch im Griff haben. Um solche Situationen zu evaluieren, haben wir einen Fragebogen für gestresste Eltern erstellt. Unsere Studien haben vor allem zwei wichtige Ergebnisse zutage gefördert:

- Eltern von Kindern mit ADHS sind viel gestresster als andere Eltern; und
- mit Unterstützung können Eltern lernen, aus dem Karussell auszusteigen. Sie können ihre Autorität und ihren positiven Einfluss auf ihre Kinder zurückgewinnen.

Eltern, die das Gefühl haben, immer wieder das Gleiche zu sagen oder laut werden zu müssen, um von ihren Kindern wahrgenommen zu werden, verstehen nicht, dass unser Nervensystem die Fähigkeit hat, sich an etwas zu gewöhnen. Dieser Mechanismus führt dazu, dass wir konstante Geräusche einfach ausblenden. Die Stimmen von Eltern, die sich ständig wiederholen, schimpfen und schreien, werden vom kindlichen Gehirn einfach nur als »Hintergrundgeräusch« eingestuft. Damit beginnt ein Prozess der Gewöhnung, sodass das kindliche Nervensystem immer weniger auf die Stimme der Eltern reagiert. Paradoxerweise verstärkt der Versuch der Eltern, die Mauer des Ignorierens durch Wiederholung und Lautwerden zu durchbrechen, diesen Mechanismus der Gewöhnung nur noch mehr. Das Gefühl der Eltern, dass das Kind umso weniger hinhört, je mehr sie schimpfen, trifft auch auf der körperlichen Ebene voll zu: die Signale, die das kindliche Nervensystem und Gehirn von der elterlichen Stimme wahrnimmt, werden zunehmend schwächer. Eigentlich stellen die Eltern durch ihr ständiges Schimpfen und Schreien bloß ihre eigene Stimme auf »leise«.

Anders geht es Eltern, die versuchen, ihrem Kind »ein für alle Mal« zu zeigen, dass es so nicht weitergeht. Manche Eltern (meistens Väter) erteilen für einen kompletten Monat Hausarrest oder Fernsehverbot. Oft spricht ein Elternteil ein Verbot aus und erwartet vom anderen, sie oder ihn dabei zu unterstützen. Es ist kein Wunder, dass diese Strafen meistens nicht durchgehalten werden und nur eine weitere Etappe im Prozess sind, die elterliche Autorität zu untergraben. Das Ergebnis macht es oft nur noch schlimmer: Der Vater ärgert sich über die Mutter, wenn sie die Strafe nicht durchzieht, die er angeordnet hat – und die Mutter ihrerseits ärgert sich über den Vater, der das von ihr erwartet. So wird die Kluft zwischen den Eltern größer und der Einfluss auf das Kind nimmt entsprechend ab. Oft reagiert der Vater mit demonstrativer Resignation: »Wenn die sowieso nicht machen, was ich will, dann sollen sie doch allein mit ihrem Kram fertigwerden!« – wodurch er sich nur noch mehr von der Familie entfremdet. Manchmal ist der Schaden, der durch drastische Strafen entsteht, noch gravierender – besonders dann, wenn das betreffende Kind sowieso zur Rebellion neigt. Solche Kinder geben niemals nach, und wenn sie es tun, fühlen sie sich wie ausgelöscht. Wenn sie sich unterwerfen, werden sie »ausgerottet« – zumindest empfinden sie das so. Solche Kinder kämpfen bis zum Letzten gegen jeden Versuch, sie gefügig zu machen. Und selbst wenn sie sich äußerlich fügen, dann aus Taktik: Im Stillen schwören sie Rache für die Erniedrigung, die sie erfahren haben.

Elterliche Anpassung und Aufopferung

Viele Eltern geraten aus tiefer Sorge um ihre Kinder in eine solche Lage. Ihnen ist klar, dass sie einen hohen Preis zahlen: Sie verzichten auf persönlichen Freiraum, Karriere, Freizeit und intime Beziehungen. Aber sie haben aus ihrer Sicht keine andere Wahl, wenn sie vermeiden wollen, dass ihr Kind leidet. Manchmal identifizieren sie sich so stark mit ihrem Kind, dass sein Leiden ihr gesamtes Universum füllt. Sie haben keine eigenen Empfindungen mehr, sondern werden zu einem Barometer des emotionalen Zustands ihrer Kinder.

Untenstehende Aussagen stehen beispielhaft für Eltern, die mit ihrer Selbstaufopferung unter Umständen zu weit gehen:

- »Mein Sohn schläft bei uns im Bett, weil er nicht schlafen kann, wenn er allein ist. Er leidet auch unter schweren Trennungsängsten. Wir können keine Minute für uns allein verbringen und ein Urlaub als Paar steht nicht zur Debatte!«
- »Meine Tochter im Teenageralter erlaubt mir nicht, zwei meiner Freundinnen einzuladen, die sie nicht leiden kann.«
- »Ich habe meinen Job aufgegeben, weil ich merkte, dass mein Sohn meine uneingeschränkte Zuwendung braucht.«

Ein behindertes oder schwer krankes Kind stellt die Hingabe seiner Eltern maximal auf die Probe. Deshalb ernten Eltern, die Opfer bringen, um für ihr Kind da zu sein, großen Respekt. Wenn die emotionalen Probleme des Kindes jedoch dazu führen, dass Eltern sich und ihre komplette Lebensroutine den Bedürfnissen des Kindes anpassen, um ihm Schmerz, Stress oder Angst zu ersparen, dann erreichen sie genau das Gegenteil: Anstelle des Kindes, dem seine Angst eigentlich genommen werden sollte, werden sie selbst überängstlich und können nicht mehr angemessen funktionieren. So können sie dem Kind keinen festen Halt geben und ihm nicht dabei helfen, sein Problem zu bewältigen. Stattdessen werden sie instrumentalisiert, damit sich das Kind seinen Problemen nicht stellen muss; es wird dysfunktional.

Zahlreiche Studien haben gezeigt, dass Kinder es verlernen, selbstständig zu funktionieren, wenn sich das Leben der Eltern ständig um sie dreht.[12] Der Begriff *elterliche Anpassung* weist schon darauf hin, dass Eltern gefügig werden und lieber ihre Gewohnheiten ändern, damit dass Kind nicht leidet, oder damit sie in Ruhe gelassen werden. Auch bei Angststörungen – egal ob in Form sozialer Ängste, Trennungsangst, spezieller Phobien, posttraumatischer Belastungsstörungen oder zwanghafter Impulsstörungen – hat sich gezeigt, dass das Anpassungsverhalten der Eltern, die den Erwartungen oder Anforderungen ihrer Kinder immer gerecht werden wollen, das Problem nur noch verschlimmert. Auch der Erfolg oder Misserfolg einer Therapie – egal ob in Form von Medikamenten oder Psychotherapie – hängt wesentlich vom Anpassungsverhalten der Eltern ab: Ein starkes Anpassungsverhalten der Eltern verringert die Erfolgsaussichten für die Behandlung des Kindes signifikant. Systematisches Coaching der Eltern, bei dem sie lernen, ihr Anpassungsverhalten zu reduzieren, verringert hingegen die Angststörungen und verbessert die Funktionsfähigkeit der Kinder.

Die tragischen Folgen der untergrabenen elterlichen Autorität und des übertriebenen Anpassungsverhaltens der Eltern ziehen sich durch das ganze Leben des Kindes. Wenn also Eltern den Erwartungen und Forderungen nachgeben, ohne dass das Kind bereit ist, selbst etwas zum Erfolg beizutragen, erhöht dies das Risiko, dass diese Kinder auch als Heranwachsende und Erwachsene eine pathologische Abhängigkeit beibehalten: Sie gehen nicht mehr zur Schule und auch nicht zur Arbeit, und manche meiden sogar soziale Kontakte und ziehen sich selbst zu Hause zurück. Auch hier lassen sich die Eltern von den Schwierigkeiten ihrer Kinder und ihrem offensichtlichen Leid dominieren. Sie beschützen ihr Kind vor den Anforderungen des Lebens. So findet das erwachsene Kind eine »degenerative Zuflucht«, einen elterlichen Schirm, der es vor den Herausforderungen

12 Shimshoni, Y., Shrinivasa, B., Cherian, A. V., Lebowitz, E. R. (2019). Family accommodation in psychopathology: A synthesized review. *Indian Journal of Psychiatry, 61* (Suppl 1), 93–103.

des Lebens schützt – sie aber gleichzeitig dauerhaft zu einer dysfunktionalen und reduzierten Persönlichkeit macht. Wir haben ein Programm entwickelt, das Eltern helfen kann, ihr Anpassungsverhalten zu reduzieren und ihren Einfluss wie ihre Eigeninitiative im Hinblick auf pathologisch abhängige Kinder wiederzugewinnen. Dieses Programm hat sowohl Eltern dabei geholfen, sich vor den Forderungen ihrer Kinder schützen, als auch Kindern dabei, als Erwachsene zu funktionieren.[13]

Verlust von Freiraum und Grenzen

Folgende Fragen zum Verlust von persönlichem Freiraum und zum Thema Grenzen können Eltern helfen, herauszufinden, ob und inwiefern sie das Kind positiv unterstützen oder krankhaft beschützen:

- Gehört meine Zeit (zum Beispiel Arbeitszeit oder Freizeit) noch mir oder wird sie vollständig von den Ängsten und Problemen meines Kindes in Anspruch genommen?
- Schränken die Probleme meines Kindes meinen persönlichen Freiraum ein?
- Fühle ich mich gezwungen, *sofort* zu reagieren, damit mein Kind nicht leidet?
- Werden das tägliche Familienleben und die Alltagsroutine von den Ängsten, Problemen oder Forderungen meines Kindes bestimmt?
- Mache ich selbst immer mehr und übernehme damit Dinge, die eigentlich mein Kind tun sollte?
- Entwickeln sich zu Hause langsam Gewohnheiten, die einzig und allein den Zweck haben, den Bedürfnissen meines Kindes gerecht zu werden, oder es ihm leichter zu machen?
- Kann ich mein Kind daran hindern, mich zu unterbrechen, wenn ich rede oder wenn ich gerade mit etwas beschäftigt bin?
- Habe ich ein Recht auf eigene Wünsche und Pläne? Kann ich sie auch verwirklichen?

Manche Eltern werden quasi »ausradiert« bei dem schleichenden Prozess, bei dem sie allmählich ihren Platz aufgeben, ihre Stimme

13 Dulberger, D., Omer, H. (2021).

verlieren und angesichts der Bedürfnisse, Erwartungen und Forderungen ihrer Kinder resignieren. Manchmal handelt es sich dabei um ein freiwilliges Opfer, manchmal ist es jedoch auch Zwang. Manchmal droht das Kind mit drastischen Reaktionen, wenn die Eltern nicht tun, was es erwartet. Manchmal scheint aber auch das Leiden des Kindes so unerträglich, dass die Eltern sich gezwungen fühlen, seinen Forderungen nachzugeben. Das Ergebnis ist jedoch immer dasselbe: Die Eltern verlieren sich selbst und ihren Einfluss, während das Kind seinen Selbstrespekt verliert und verlernt, klarzukommen.

Entfremdung

SAMANTHA: »Ich weiß nicht, wer die Freunde meiner Tochter sind. Wenn sie uns besuchen, macht sie es mir absichtlich unmöglich, mit ihnen zu sprechen.«

RICHARD: »Wenn ich ihn frage, wohin er geht, gibt er mir allgemeine Antworten wie ›Mit Freunden weg‹ und weigert sich, das näher auszuführen. Es ist auch schon vorgekommen, dass er mir sagte, er gehe zu einem bestimmten Freund nach Hause, und letztlich stellte sich heraus, dass er gar nicht dort war!«

LAURA: »Wenn mein Sohn zu Hause am Computer sitzt, sperrt er die Zimmertür ab. Sein Handy ist sein bester Freund!«

ROBERT: »Ich fühle mich in der Welt meiner Kinder wie ein Fremder!«

MARTHA: »Wenn ich etwas wissen will, spioniere ich es lieber hinter ihrem Rücken aus. Das ermöglicht mir, ohne Konfrontationen herauszufinden, was Sache ist.«

Vielen Eltern scheint es, als lebte ihr Kind in einer zunehmend fremden Welt, zu der sie keinen Zutritt haben. Dieses Gefühl der Marginalisierung ist aufgrund der sich überschlagenden technologischen Entwicklungen besonders stark geworden. Die Kinder von heute wachsen in einer ganz anderen Welt auf als die, in der ihre

Eltern groß wurden. Handys, soziale Netzwerke und Onlinespiele haben eine fast undurchdringliche Parallelwelt geschaffen. Wenn ein Kind in der virtuellen Realität versinkt, ist es schwierig, auch nur eine einfache Unterhaltung mit ihm zu führen oder Augenkontakt mit ihm aufzunehmen. Die Zeit, die Eltern bewusst mit ihren Kindern verbringen, wird immer weniger. Es wurde viel über den Einfluss der digitalen Welt auf die kindliche Entwicklung geredet; das Versinken der Kinder in ihrem Handy wirkt sich jedoch auch auf die Entwicklung der Eltern aus, die dadurch schon früh zu Randfiguren im Leben ihrer Kinder werden. Sie gewöhnen sich daran, diese nicht bei den Unterhaltungen zu stören, die sie mit anderen führen. Die Kinder empfinden die Appelle der Eltern als lästig. Viele Eltern gehen mit dem Trend und erkennen nicht, dass sie damit ihre elterliche Rolle massiv einschränken. Das Einzige, was sie sich vielleicht noch trauen, ist, dass sie dem Kind androhen, ihm das Handy wegzunehmen, wenn es sich nicht benimmt. Diese Drohung macht den Streit nur schlimmer und verringert den elterlichen Einfluss noch mehr.

Die Unantastbarkeit der Privatsphäre

Ein weiteres Novum, das die Eltern an ihre Grenzen bringt, ist die Unantastbarkeit der Privatsphäre, die heute nicht mehr nur ein Wert von vielen ist, sondern als geradezu heilig gilt. Wir nennen diese weitverbreitete und als selbstverständlich akzeptierte Haltung »Privatsphärenreflex«. Heutzutage beschuldigen Heranwachsende ihre Eltern mit dem Gefühl gerechtfertigter Empörung auch dann, wenn sie ihre Privatsphäre offensichtlich für Aktivitäten missbrauchen, die nicht gut sind. Dieser Protest ist aus mehreren Gründen laut und effektiv:

- Das Kind fühlt sich absolut im Recht, wenn es die Flagge der Privatsphäre schwenkt.
- Die Eltern fürchten, beschuldigt zu werden, dass sie die Privatsphäre ihrer Kinder verletzen.
- Das heutige soziale Milieu bestärkt das Recht auf Privatsphäre und gestattet Eltern nicht, diese Grenze im Hinblick auf ihre Kinder zu überschreiten.

Der Einfluss der Eltern schrumpft in dem Maße, in dem sich die vermeintliche Privatsphäre auf bedenkliche Art und Weise erweitert. Zu den Bereichen, die die Kinder als Privatsphäre und damit als »Tabu-Zone« für die Eltern betrachten, gehören ihr Zimmer, ihre Besitztümer, ihr Geld, ihre Freunde, ihre Freizeitaktivitäten und selbstverständlich auch ihr Handy.

Eltern respektieren diese unantastbare Privatsphäre oft auch dann noch, wenn das Kind offensichtlich gefährdet ist. Das verstärkt ihre Hilflosigkeit in ihrer Fürsorge für das Kind, und ihr Einfluss nimmt weiter ab. Im Namen von Diskretion und Privatsphäre bringen sich die Eltern in eine Position der Isolation und der Hilflosigkeit. Wenn der Anspruch der Kinder auf die uneingeschränkte Diskretion der Eltern trifft, verschwindet der elterliche Einfluss vollends. Es resultiert eine tödliche Gleichung, die zur Lähmung der Elternrolle führt:

Uneingeschränkte Privatsphäre des Kindes + strikte Diskretion der Eltern = Null Einfluss.

Manchmal versuchen Eltern, die Falle aus Privatsphäre und Diskretion zu umgehen, indem sie ihre Kinder ausspionieren. Spionierende Eltern machen sich jedoch etwas vor: Während sie vermeintlich ihre Kinder unter Kontrolle haben, vertieft sich ihre Hilflosigkeit. Denn sie belasten ihr Verhältnis zum Kind, indem sie es anlügen. Dadurch dass die Eltern sich nicht auf das Wissen berufen können, das sie hinter dem Rücken ihrer Kinder heimlich erworben haben, wird ihre Hilflosigkeit noch größer. Manchmal lassen sich Eltern zu komplizierten und riskanten Manövern hinreißen, wenn sie versuchen, Konsequenzen aus einer Entdeckung zu ziehen, die sie heimlich gemacht haben.

Ein Vater, der herausfand, dass seine Tochter mit ihrem Freund zu Hause gekifft hatte, verstieg sich zu einer ziemlich extremen Lösung: Damit nicht herauskäme, dass er das Zimmer des Mädchens durchsucht hatte, schmiedete er ein Komplott mit einem Freund, der bei der Kriminalpolizei arbeitete. Der wandte sich an die Tochter und teilte ihr angeblich im Vertrauen mit, dass die Drogenpolizei hinter ihr und ihrem Freund her sei. Sie versprach dem Polizisten, sofort mit dem Drogenkonsum aufzuhören, nahm ihm jedoch das Versprechen ab, ihrem Vater nichts zu verraten. Auf diese Weise war das Problem scheinbar gelöst. Aber um welchen Preis? Die Spionage und die Lügen des Vaters haben die Beziehung letztlich nur vergiftet.

Eltern, die herausfinden möchten, inwieweit sie sich von ihren Kindern entfremdet haben und marginalisiert worden sind, und inwiefern sie bereits in der Blase der Hilflosigkeit gefangen sind, können sich folgende Fragen stellen:

- Fällt es mir schwer, mein Kind zu erreichen, weil es sich hinter dem Computer oder dem Handy verkriecht?
- Kenne ich die Freunde meiner Kinder und weiß ich, wie sie ihre gemeinsame Zeit verbringen?
- Weiß ich, wie es ihnen in der Schule geht?
- Bekomme ich Antworten auf meine Fragen?
- Versuche ich, den Grund für mein Interesse zu verheimlichen und ihnen Informationen zu entlocken, ohne dass sie merken, warum ich ihnen diese Fragen stelle?
- Habe ich das Gefühl, in ihrem Leben eine Randfigur zu sein?

Diese Muster und Fragen können Eltern dabei helfen, herauszufinden, inwieweit ihre Präsenz bereits Schaden genommen hat. Das Untergraben elterlicher Aufmerksamkeit ist ein destruktiver Prozess; denn die aufmerksame elterliche Fürsorge ist der wichtigste Faktor, wenn es darum geht, Kinder vor Gefahren zu schützen. Die Kombination aus mangelnder Aufmerksamkeit, das Überhandnehmen der Versuchungen, mit denen unsere Kinder konfrontiert sind, und die Anonymität in unserer modernen Welt sind ein gefährliches Umfeld, in dem Kinder einer größeren Gefahr ausgesetzt sind, während die Eltern gleichzeitig aus dem Leben ihrer Kinder ausgeschlossen werden.

Eltern als Anker

Die Antwort auf dieses Abdriften, die Marginalisierung und den Verlust des elterlichen Einflusses besteht darin, dass Eltern einen festen Stand einnehmen und für ihre Kinder ein zuverlässiger Anker sind. Ein Anker stabilisiert ein Schiff, indem er fest im Boden steckt. Genauso müssen Eltern fest in ihrem »elterlichen Boden« verankert sein, um ihren Kindern Halt geben zu können. Die Verankerung des Kindes beginnt mit der elterlichen »Selbst-Verankerung«. Wenn Eltern in ihrer Rolle keinen festen Stand haben, dann werden sie nicht in der Lage sein, die Kinder vor dem Abdriften zu bewahren. Stattdessen werden sie selbst von den Strömungen hinweggespült, die an ihren Kindern reißen. Der elterliche Anker beruht auf vier Säulen: Präsenz, Selbstbeherrschung, Unterstützung und Struktur.

Präsenz

Verankerte Eltern haben eine spürbare Präsenz. Kinder erleben ihre Eltern als präsent, wenn sie die Nachricht vermitteln: »Wir sind deine Eltern! Du kannst uns weder kündigen noch dich von uns scheiden lassen. Hier bin ich und hier bleibe ich.« Wenn Eltern sich so verhalten, dass sie diese Präsenz vermitteln, dann spüren die Kinder, dass sie Eltern haben und nicht nur Versorger und Dienstleister. Auch die Eltern empfinden sich selbst dann als präsent: Sie haben etwas zu sagen und ihr Einfluss macht sich bemerkbar. Diese bewusste Präsenz ist die Basis für Stabilität in der Familie. Elterliche Präsenz macht sich nicht durch Wutausbrüche oder autoritäre Salven bemerkbar. Präsenz ist das Gegenteil von impulsiven Ausbrüchen. Die Botschaft »Hier bin ich und hier bleibe ich« schafft eine Atmosphäre, in der der elterliche Anker hält – selbst wenn sich die Kinder dessen gar nicht bewusst sind, und auch wenn sie etwas mit ihren Freunden unternehmen oder in sozialen Netzwerken unterwegs sind.

Aidy (13) war ein frühreifes und unabhängiges Mädchen. Ihr Vater Maury, bei dem sie lebte, hatte wieder geheiratet. Aidys Beziehung zu ihrem Vater und seiner neuen Frau schwankte zwischen Phasen der Nähe und Phasen der Kälte und Feindseligkeit. In schlechteren Zeiten kam sie stundenlang nicht nach Hause und übernachtete sogar mehrmals bei einer Freundin. Maury hatte das Gefühl, dass Aidy nicht nur unabhängig sei, sondern auch verantwortungsbewusst. Er vermied es, klar abzustecken, wann und unter welchen Bedingungen sie bei ihrer Freundin übernachten dürfe, nicht zuletzt deshalb, weil sie nach ein paar Tagen außer Haus für gewöhnlich viel versöhnlicher gestimmt zurückkam.

Das änderte sich, als Maury herausfand, dass Aidy öfters die Schule geschwänzt hatte und seinen Fragen auswich. Als er stärker nachhakte, drohte sie damit, zu ihrer Mutter zu ziehen. Obwohl das nicht realistisch war, da man ihm das gerichtliche Sorgerecht für seine Tochter zugesprochen hatte, erschütterte es sein Vertrauen. In einem Gespräch mit der

Schulberaterin sagte Maury, er wolle Aidy gegenüber nicht autoritärer auftreten, um die Harmonie zu wahren und eine Verschlechterung ihrer Beziehung zu vermeiden. Maury gestand, dass Aidys Drohung, zu ihrer Mutter zu ziehen, ihn stark erschüttert hatte. Die Schulberaterin sagte: »Ich glaube, Aidy hält Sie mit ihrer ständigen Kündigungsdrohung in Schach. Sie gibt Ihnen das Gefühl, ein Vater auf Probe zu sein, aber das verschlimmert lediglich ihr eigenes Empfinden, haltlos zu treiben wie ein Blatt im Wind. In Wahrheit kann Aidy Ihnen nicht kündigen!« Die Schulberaterin hatte den Nagel auf den Kopf getroffen.

Daraufhin vereinbarte Maury mit der Klassenlehrerin seiner Tochter, dass sie ihn jedes Mal sofort informieren sollte, wenn das Mädchen die Schule schwänzte. Außerdem nahm er Kontakt mit den Eltern von einigen Freundinnen seiner Tochter auf, und bat sie, sich bei ihm zu melden, wenn Aidy bei ihnen übernachten wollte.

Dann setzte er sich mit seiner Tochter zu einem Gespräch zusammen und sagte: »Ich hatte während der vergangenen Monate das Gefühl, dass du die Orientierung verlierst. Anfangs habe ich nicht reagiert, weil ich dachte, wenn ich nichts unternehme, kommst du von selbst wieder zur Vernunft. Nun verstehe ich, dass das weder für dich gut war noch für mich. Da du die Schule geschwänzt hast und verschwunden bist, habe ich beschlossen, dich jetzt stärker im Blick zu behalten. Ich bin mit den Eltern deiner Freundin in Kontakt und auf täglicher Basis auch mit deiner Schule. Wenn du schwänzt, werde ich nach dir suchen. Wenn du bei einer Freundin übernachtest, werde ich mit ihren Eltern sprechen und notfalls dort hinkommen. Ich bin und bleibe dein Vater, egal was geschieht. Du bist mir zu wichtig, um dich aufzugeben!«

Maury hatte das Gefühl, jeder seiner neu geknüpften Kontakte und jeder Besuch in der Schule vermittelte die Stärke seiner Präsenz: »Ich bin da! Ich bin da! Ich bin da!« Er verhielt sich weder aggressiv, noch drohte er oder schlug einen autoritären Ton an. Ganz im Gegenteil ... er sprach liebevoll und aufrichtig. Aidy antwortete ihm nicht, aber schon innerhalb von einer Woche hatte sich ihr Verhalten stabilisiert. Die Standhaftigkeit ihres Vaters ermöglichte es ihr, sich nicht länger zu fühlen wie ein trockenes Blatt im Wind, das von jeder neuen Laune oder jedem neuen Einfluss hochgewirbelt wird.

Selbstbeherrschung

Selbstbeherrschung befähigt Eltern, den Herausforderungen des Alltags und auch ungewöhnlichen Situationen gewachsen zu sein. Viele Studien haben bewiesen, dass Eltern Fähigkeiten entwickeln können, mit Hilfe derer sie ihre impulsiven Reaktionen überwinden und entschlossener auftreten können, als sie es für möglich gehalten hätten. Die »Muskeln« der Selbstbeherrschung können genauso trainiert werden wie alle anderen Muskelgruppen. Bei unseren Eltern-Trainingsprogrammen gibt es drei Mottos, die das Prinzip der Selbstbeherrschung demonstrieren:

1. Schmiede das Eisen, wenn es kalt ist!
2. Du musst nicht gewinnen, nur beharrlich sein!
3. Fehler sind unvermeidbar, aber sie sind auch korrigierbar.

Eltern, die diese Prinzipien verstanden haben und sie anwenden, entdecken, dass Situationen, die früher zu Konflikten führten, tatsächlich kontrollierbar sind.

Rita verbrachte viel Zeit mit ihrem Sohn Tom (8) allein, nicht zuletzt, weil sein Vater, der im Hightech-Bereich tätig war, lange Arbeitszeiten hatte und oft beruflich verreiste. Mit ihren drei älteren Kindern hatte sie die Situation gut im Griff gehabt, Tom jedoch führte sie hart an ihre Grenzen. Er war anhänglich und fordernd. Wenn er verlangte, dass sie ihm etwas kaufe, wiederholte er seine Forderung mit zunehmend schriller Stimme, und wenn sie nicht einwilligte, bekam er einen Wutanfall.

Rita war erschöpft. Manchmal gab sie nur nach, um ein wenig Ruhe und Frieden zu bekommen. Sie sagte, seine Stimme ginge ihr bis ins Mark und durchdringe sie wie ein Bohrer. Sie begann, an Migräne zu leiden, was sie umso lärmempfindlicher machte. Jedes Schreien und jede Forderung von Tom wurden für sie zur ernsten Herausforderung. Sie verkrampfte sich schon, sobald sie den gewissen Ton in seiner Stimme vernahm, der signalisierte, dass eine neue Forderung ins Haus stand.

Schließlich erzählte sie einer Freundin, die zwei an ADHS leidende Kinder hatte, von ihrem Problem. Diese Frau, die im Rahmen unseres Programms ein Eltern-Training absolviert hatte, erklärte Rita eine einfache und überraschende Methode, wie sie ungeachtet von Toms Gezeter ihren mentalen Freiraum erweitern und ihr Kontrollgefühl verbessern könne. Der Grundgedanke war das Prinzip des verzögerten Handelns - »Schmiede das Eisen, wenn es kalt ist« - mit einem einfachen Mittel der Selbstverteidigung zu kombinieren, genauer gesagt: ihre Ohren zu schützen.

Nach diesem Gespräch teilte Rita Tom mit, dass sie von nun an jedes Mal, wenn er verlange, ihm etwas zu kaufen, erst am nächsten Tag antworten wolle. Sie zeigte ihm, dass sie seinen Wunsch mit Datum und Uhrzeit in ein eigens dafür bestimmtes Notizbuch eintrug.

Natürlich änderte Tom sein Verhalten auch nach dieser Ankündigung Ritas nicht und verfiel sofort wieder in seine Gewohnheit des ewigen Nörgelns und der vokalen Zermürbung. Nun führte seine Mutter die zweite Maßnahme ein. Sie benutzte Ohrstöpsel und sagte ihrem Sohn: »Ich stecke mir jetzt Ohrstöpsel ein, damit ich nicht wütend werde, wenn du schreist! Ich kann dich nach wie vor hören, aber viel leiser, damit ich nicht durchdrehe!« Um Tom zu demonstrieren, dass dadurch zwar die Lautstärke seiner Stimme gedämpft wurde, sie ihn aber immer noch hören konnte, steckte sie die Stöpsel in seine Ohren und sagte etwas. So konnte Tom sich selbst überzeugen. Zudem übte Rita sich darin, ein ruhiges, fast gleichgültiges Gesicht aufzusetzen, als habe man sie hypnotisiert.

Zwar wurde Tom nach dieser innovativen Maßnahme gewiss kein ruhiges Kind, Rita fühlte aber, dass sie ihr Verhalten zunehmend positiv verändern konnte. Sie gab viel seltener nach und hatte auch ihre Wutausbrüche weitgehend im Griff. Toms nervtötende Forderungen reduzierten sich auf ein wesentlich vernünftigeres Maß. Rita hingegen spürte, dass sie nicht nur ihre Position als Mutter gerettet hatte, sondern auch ihr Gehör.

Unterstützung

Schon ein relativ kleiner Anker kann ein großes Schiff stabilisieren, weil er drei Spitzen hat. Genauso ist es für Eltern leichter, ein Anker für ihre Kinder zu sein, wenn sie Verwandte und gute Freunde haben, die sie unterstützen.

Vielen Eltern fällt es nicht leicht, von Verwandten, Freunden oder der Schule Hilfe anzunehmen. Das Bedürfnis nach Privatsphäre und die Überzeugung, dass sich jeder um seine eigenen Angelegenheiten kümmern sollte, macht es ihnen schwer, darum zu bitten. Wenn es ihnen gelingt, diese Hürde zu überwinden, entdecken sie jedoch, dass es ihnen leichter fällt, die Last zu tragen. Und die Hilfe ihrer Unterstützer verleiht ihnen Legitimität, Einfluss und Stabilität.

Vielen Eltern ist gar nicht bewusst, dass es Menschen gibt, die sie unterstützen könnten. Sie meinen, sie müssten alles selbst regeln. Dabei merken sie gar nicht, dass sie es sich unnötig schwer machen. Argumente wie »Oma ist krank – ich will sie nicht in Anspruch nehmen«; »jeder hat doch selbst genügend Probleme«; »die Leute haben keine Zeit, mir zu helfen«; »wir haben niemand, der uns unterstützt; unsere Verwandten wohnen alle weiter weg«; oder »ich schäme mich, um Hilfe zu bitten« isolieren die Eltern in einer privaten Blase und verhindern jegliche Initiative, die sie ergreifen könnten, um sich Hilfe zu holen. Die folgenden Beispiele zeigen, welche Möglichkeiten der Selbststabilisierung und der Verankerung der Eltern darin liegen, wenn man die richtigen Ansprechpartner um Hilfe bittet.

Wieder einmal schlug Hugo (14) seine Schwester Shirley (11) und demütigte sie vor ihren Freundinnen. Seine Mutter hörte das Geschrei, kam ins Zimmer und schickte Hugo raus. Sie teilte ihm mit, dass sie sich ihre nächsten Maßnahmen noch überlegen wolle. Früher hatte sie immer gleich losgebrüllt, gedroht und bestraft, jedoch ohne das gewünschte Ergebnis: Hugo hatte seine Schwester weiter schikaniert und sie selbst immer wieder ihre Beherrschung verloren.

Diesmal beschloss die Mutter, anders zu reagieren. Einige Stunden nach dem nächsten Zwischenfall bekam Hugo einen Anruf von seinem Großvater, der im Ausland lebte. Er sagte ihm: »Du weißt, dass du mir sehr wichtig bist und ich große Stücke auf dich halte. Aber was du deiner Schwester heute angetan hast, ist schrecklich! Du musst sofort damit aufhören. Wenn du wütend bist, darfst du mich jederzeit anrufen. Wir finden dann schon einen Weg, dich zu beruhigen und das Problem zu lösen. Aber schlagen, spucken und beleidigen wie du es heute getan hast, das geht gar nicht! Von jetzt an halte ich mich auf dem Laufenden. Du hast doch sicher nicht vergessen, dass auch deine Schwester mein Enkelkind ist und ich sie ebenso liebe wie dich!«

Hugo fragte den Großvater, ob seine Mutter ihm erzählt habe, was geschehen sei. Darauf entgegnete der Großvater: »Darauf kannst du Gift nehmen! Ich wusste, dass es Probleme gibt und jetzt frage ich jedes Mal ganz spezifisch nach!«

Im weiteren Verlauf des Tages bekam Hugo eine E-Mail von seiner Tante, die ebenfalls weit entfernt lebte. Sie äußerte sich ähnlich wie zuvor der Großvater. Hugo ging zu seiner Mutter und fragte erstaunt: »Weiß denn die ganze Welt, was zwischen mir und Shirley vorgefallen ist?«

Darauf antwortete die Mutter: »Wenn du sie schlägst, dann werden es tatsächlich alle wissen!«

In den folgenden Wochen rief Hugos Großvater den Jungen wiederholt an und lobte ihn jedes Mal für seine Selbstbeherrschung.

* * *

Julian (12) war ein ruheloses Kind, das leicht in schlechte Gesellschaft geriet. Schließlich wurde er dabei erwischt, als er versuchte, mit zwei Freunden in der Schule einen Abfalleimer mit mehreren Rollen Toilettenpapier anzuzünden. Sie wurden für drei Tage von der Schule verwiesen.

Nach Ablauf dieser Frist rief der Direktor jedes der drei Kinder mit den jeweiligen Eltern zu sich. Er sagte ihnen, dass da noch eine Komponente fehle, um die Angelegenheit wirklich zu bereinigen: Die Kinder müssten einen Weg finden, die Schule zu entschädigen und zugleich ihren eigenen Status als angesehene Schüler mit allen Rechten und Pflichten wiederherzustellen. Er führte das weiter aus: »Es gibt in unserer Gesellschaft ein Prinzip, das sagt: Wenn du etwas kaputtmachst, musst du es auch reparieren. Wir verlangen von euch, euren guten Willen durch einen Akt zu beweisen, der das wieder in Ordnung bringt, was ihr durch euren Vandalismus in eurer Beziehung zur Schule zerstört habt. Ihr müsst mir jetzt nicht sofort etwas anbieten. Aber in drei Tagen erwarte ich euren gemeinsamen Vorschlag.« Er erkundigte sich, ob es noch irgendwelche Fragen gäbe und beendete das Gespräch.

Schon auf dem Heimweg begann Julian, mit seinen Eltern darüber nachzudenken, was er tun könne. Nachdem er aber mit seinen Freunden gesprochen hatte, änderte der Junge seine Meinung und zeigte sich wütend und feindselig. Er erklärte, er verstehe aus alldem, dass jeder, der eine Bestrafung abgeleistet habe, als unschuldig gelte, weil diese Bestrafung seine Tat lösche. Daher, so verkündete er, wolle der Schuldirektor sie alle nur demütigen. Dabei war klar, dass Julian seinen Freunden nachplapperte.

Seine Eltern erkannten dies als Gelegenheit, Julian zu helfen, sich nicht ständig von seinen Freunden beeinflussen zu lassen. Sie sagten ihm, sie wollten darüber nachdenken, die Schule müsse aber auf jeden Fall entschädigt werden.

Am nächsten Tag erhielt Julian unerwarteten Besuch von seinem Cousin Dave, den er bewunderte, nicht zuletzt, weil er schon zweiundzwanzig war und als professioneller Fußballspieler, der bereits zwei Titel gewonnen hatte, nicht übel verdiente. Dave sagte ihm: »Ich habe von dem Brand, der Suspendierung und der Forderung des Schuldirektors gehört. Ich verstehe deinen Ärger, weil man mit dir zuvor nicht über das Thema Entschädigung gesprochen, sondern dich lediglich von der Schule suspendiert hat. Ich will dir helfen, aus dieser Klemme herauszukommen. Ich weiß, dass deine Eltern entschlossen sind, der Entschädigungsforderung nachzukommen, und tatsächlich kann ich sie verstehen. Eine solche Handlung würde die Familienehre wiederherstellen. Die Frage ist, wie wir das so bewerkstelligen, dass auch du das Gefühl hast, dein Gesicht zu wahren und dich durch deine Kooperationsbereitschaft nicht erniedrigt fühlst!«

Gemeinsam dachten die beiden nach. Schließlich hatte Dave einen Einfall, den auch Julian für sehr respektvoll hielt: Die Eltern jedes der beteiligten Kinder würden der Schule einen Fußball spenden, wobei jedes Kind einen Teil seines Taschengelds beisteuern müsste. Mit Hilfe von Dave wollten sie dann eine besondere Sportveranstaltung organisieren, nämlich ein Match zwischen den beiden siebten Klassen.

Dave sprach zuerst mit Julians und dann auch mit den Eltern der beiden anderen Kinder, denen sein Name wohlbekannt war. Ihnen sagte er: »Wenn ihr das macht, kommt ihr ohne Gesichtsverlust aus der Geschichte heraus. Alle werden euch respektieren! Ich bin bereit, bei diesem Fußballspiel der Schiedsrichter zu sein.«

Bei der Eröffnung der festlichen Spielveranstaltung verkündete der Schuldirektor vor allen Anwesenden, wie sehr er die drei Jungen und ihre Familien dafür schätze, wie sie es geschafft hatten, ein Unrecht wiedergutzumachen und einen Beitrag für die gesamte Schulgemeinschaft zu leisten. Alle jubelten und klatschten.

Regeln, Routine und Struktur

In einem Zuhause ohne Regeln, feste Routine und klare Verteilung von Zuständigkeiten ist es sehr schwer zu verhindern, dass sich das Verhältnis zwischen Eltern und Kindern verschlechtert. Eltern wie Kinder finden dann keinen festen Halt. Wie aber kann es gelingen, Ordnung und Struktur zu schaffen, wenn man es gewohnt ist, vage und unbestimmt zu sein? Viele Eltern, die an unserem Programm teilgenommen haben, waren überrascht zu sehen, dass Ordnung ein Prozess ist, der sich in dem Moment auszubreiten beginnt, in dem man beschließt, klein anzufangen und die Sache wachsen zu lassen. Es ist wie bei einem Kristall, der in einer Flüssigkeit entsteht: Nach und nach bildet sich eine Lösung heraus. Manchmal genügt es, ein kleines Element hinzuzufügen. Die Lösung beginnt dann von selbst, sich zu organisieren und eine kristallisierte Struktur zu bilden. In der Familie beginnt dieser Prozess manchmal damit, dass Eltern eine rote Linie ziehen und aufzeigen, was geht und was nicht akzeptabel ist. Sie treffen die Entscheidung und machen dann eine klare Ankündigung, welche Verhaltensweisen sie nicht länger dulden werden. Daran müssen sie sich natürlich konsequent halten. Wenn sie es erst einmal geschafft haben, dieses erste wesentliche »Nein« in ihrer Rolle als Eltern durchzusetzen, gelingt es ihnen zunehmend besser, zu ihren Regeln zu stehen.

Jahrelang hatte Familie Meyer in der Kindererziehung an Spontaneität und Freiheit geglaubt. Die Eltern waren davon überzeugt, dass jedes Kind als einzigartiges Geschöpf mit individuellem Kern geboren werde, der sich nur unter Bedingungen eines freien Wachstums ohne Einschränkungen oder Forderungen optimal entfalten könne. Die Atmosphäre im Haus war harmonisch und gut.

Schwierigkeiten tauchten erst mit dem dritten Kind auf. Ron zeigte schon sehr früh die Tendenz, sich zurückzuziehen und seine ganze Freizeit in seinem Zimmer zu verbringen. Seine Eltern respektierten diese Neigung und seine Unabhängigkeit. Sie taten das selbst dann, als sie schmerzerfüllt feststellen mussten, dass Ron lieber allein war, als sich am Familienleben zu beteiligen. Dennoch blieben sie ihren Prinzipien treu und respektierten seinen Willen. Ron bevorzugte es auch, allein vor dem Fernseher zu essen und nahm immer seltener an den Familienmahlzeiten teil. Als er in die Pubertät kam, begann er, das Essen mit auf sein Zimmer zu nehmen. Zudem begann er auch, zu spät in die Schule zu gehen. Manchmal blieb er sogar lieber den ganzen Tag daheim. Seine Noten verschlechterten sich. Es wurde immer schwieriger, alle in der Früh rechtzeitig aus dem Haus zu bringen, und seine Mutter, die dafür zuständig war, fühlte sich von dieser Herausforderung überfordert. Sie begann, die Kinder anzuschreien. Langsam, aber sicher sah die Freiheit eher aus wie eine Anarchie.

Als sich die Beschwerden der Schule über Rons Verspätungen und Abwesenheit häuften, verstanden die Eltern, dass es an der Zeit war, zu handeln. Unter Anleitung der Schulpsychologin beschlossen sie, sich mit einer gemeinsamen Ankündigung an ihre drei Kinder zu wenden. Sie versammelten sie im Wohnzimmer und teilten ihnen Folgendes mit: »Wir haben beschlossen, die Hausregeln zu ändern. Ab sofort isst niemand mehr vor dem Fernseher oder in seinem Zimmer. Wir werden diese Angewohnheiten entschlossen unterbinden. Frühstück und Abendessen werden nur noch gemeinsam am Tisch eingenommen. Um sicherzustellen, dass jeder pünktlich aus dem Haus kommt, steht das Frühstück morgens um 07.15 Uhr fertig auf dem Tisch.«

Die Eltern waren selbst überrascht, als sie diese Entscheidung trafen. Am Anfang klangen ihnen sogar ihre eigenen Stimmen fremd. Die Kinder waren nicht weniger skeptisch. Vor dem Schlafengehen setzten sich die Eltern mit Ron hin, um seine Schultasche und seine Kleidung so vorzubereiten, dass am Morgen alles bereitlag. Sie standen eine halbe Stunde früher auf, machten das Frühstück und weckten dann die Kinder. Durch die Mitwirkung seines Vaters schaffte Ron es sogar, gewaschen und angezogen rechtzeitig am Tisch zu erscheinen. Es war das erste Familienfrühstück seit Langem.

Die Eltern fühlten sich gestärkt. An den Folgetagen setzten sie auch die Regel durch, nicht mehr in den Zimmern oder vorm Fernseher zu essen. Rons Neigung zur Isolation verschwand zwar nicht, aber er aß nicht länger auf seinem Zimmer und verpasste auch keine Mahlzeiten mehr. Er hörte auf, die Schule zu schwänzen. Nach wie vor gewährten die Eltern ihren Kindern große Freiheiten, stellten jedoch sicher, dass der individuelle Spielraum nicht auf Kosten der Familie ging. Die familiären Mahlzeiten wurden bald ebenso heilig wie das Prinzip der Spontaneität.

Liebe und der elterliche Anker

Der Titel eines der bekanntesten Bücher, das über Elternschaft geschrieben wurde, ist »Liebe allein genügt nicht« von Bruno Bettelheim. Wir alle wissen, dass Liebe für die emotionale, wie für die körperliche Entwicklung eines Kindes unverzichtbar ist. Liebevolle Eltern sind ein sicherer Hafen: Sie geben dem Kind das Gefühl, in ihren Armen jederzeit Zuflucht, Ermutigung und Trost finden zu können. Liebevolle Eltern geben ihren Kindern die emotionale Sicherheit, die es ihnen ermöglicht, ihre Umwelt zu entdecken, zu spielen, zu lernen und ihre Unabhängigkeit zu entwickeln. Das sind die Grundvoraussetzungen für eine sichere Bindung, für die emotionale Sicherheit, die dem Kind in allen Entwicklungsphasen ein Gefühl des Selbstwerts vermittelt.

Um eine sichere Bindung zu entwickeln, genügt es nicht, geliebt zu sein. Eltern müssen nicht nur liebevoll sein, sondern auch stark genug, um das Kind zu stabilisieren und es vor den Gefahren zu schützen, die sowohl in seinem Umfeld als auch in Form seiner eigenen Impulse lauern. Ein sicherer Hafen beschränkt sich nicht darauf, das Kind liebevoll zu umgeben, ihm zu vermitteln, dass es angenommen ist, und es zu ermutigen. Der Hafen ist nur dann sicher, wenn das Schiff verankert ist. Der elterliche Anker stabilisiert und schützt das Kind während seiner Entwicklung davor, von den unterschiedlichen Strömungen abgetrieben zu werden, sich vom Gesang der Sirenen locken zu lassen oder durch die eigenen aufwallenden Gefühle und Impulse Schaden zu nehmen. Ohne Anker gibt es keinen festen Halt. Der elterliche Anker ist das Element der Stärke, das der Liebe das notwendige Element der Stabilität hinzufügt.

Die Kombination von Liebe und Stärke ist auch für die körperliche Entwicklung wichtig, denn Kinder sind anfällig und verletzlich. Sie überleben nur dann, wenn sie den Schutz einer starken erwachsenen Person haben, die sie behüten und auf die Herausforderungen des Lebens vorbereiten kann. Wenn Eltern nicht stark genug sind, um die notwendige Stabilität und den notwendigen Schutz zu bieten, fühlt sich das Kind trotz der elterlichen Liebe und Zuwendung nicht sicher und geborgen. Deshalb wird die Liebe von schwachen Eltern oft verachtet. Das folgende Beispiel illustriert das auf traurige Weise:

Alex (15) war früher einmal der Liebling seiner Mutter gewesen. Ihre besondere Nähe war auf zahllose Arten zum Ausdruck gekommen. Seine Mutter küsste, umarmte und streichelte ihn, und Alex fühlte sich als etwas Besonderes und geliebt. Sogar für ihre Kommunikation hatten die beiden eine Art gemeinsame Geheimsprache. Die Mutter hatte einen schweren polnischen Akzent und ihr Englisch war höchst fehlerhaft. Wenn Alex mit ihr sprach, imitierte er beides auf ganz natürliche Weise. Er machte sich dabei keineswegs über sie lustig, sondern tat es aus Liebe zu ihr, aus dem Wunsch heraus, eine besondere Nähe zu ihr zu schaffen.

Als Alex in die Pubertät kam, fing er an, seine Mutter unverhohlen abzulehnen. Er hörte auf, die gemeinsame Geheimsprache zu sprechen, distanzierte sich von ihr, wählte Dinge, die nicht ihrem Geschmack entsprachen, und lehnte jeden noch so kleinen Körperkontakt ab. Er begann, seine Mutter zu kränken und sie bewusst zu verspotten.

Die Mutter litt schwer unter seiner Ablehnung. Sie weinte, flehte und wurde schließlich depressiv. Aber auch der Ernst ihres Zustands vermochte ihr ihren Sohn nicht näherzubringen. Ganz im Gegenteil, seine Abneigung vertiefte sich nur umso mehr. Irgendwann erklärte sie ihm unter Tränen, wie sehr sie sich von ihm verraten fühle und sagte: »Früher warst du einmal ein so liebevoller Sohn! Jetzt habe ich das Gefühl, ich sei ein Mülleimer! Wenn ich versuche, dir einen Kuss zu geben, spüre ich richtig, dass ich dich anekle!«

Mit brutaler Offenheit entgegnete Alex: »Wer will schon von einem Mülleimer geküsst werden?«

Jeder versteht, dass die Art der Zuwendung, die uns ein kleines Kind entgegenbringt, bei einem Heranwachsenden nicht mehr angemessen wäre. Trotzdem können auch schon kleine Kinder ihre Ablehnung und Verachtung der elterlichen Liebe zum Ausdruck bringen. Die Eltern fragen dann überrascht: »Wo hast du denn das gelernt? So benehmen wir uns aber hier zu Hause nicht!« Es ist nicht schwer, die Antwort zu finden: Das Kind übernimmt die Redens- und Verhaltensweisen von anderen, die es als stark empfindet. Indem es versucht, sie nachzuahmen, bringt es den Eltern gegenüber zum Ausdruck: »Ich will nicht zu den Schwachen gehören!«

Die Herausforderung für die Eltern besteht dann darin, dem Kind gegenüber nicht unbedingt mehr Liebe zum Ausdruck zu bringen, sondern mehr Entschlossenheit, sich selbst und das Kind vor seinen destruktiven Impulsen und den Versuchungen einer problematischen Gesellschaft zu schützen. In einer solchen Situation braucht es nicht die Umarmung, die ihm das Gefühl des Angenommenseins verleiht, sondern die Kraft und Standhaftigkeit eines elterlichen Ankers.

Fazit

Eltern sehen sich heute mit anderen Herausforderungen konfrontiert als Eltern in früheren Zeiten. Das liegt unter anderem an den veränderten Gesellschaftsstrukturen sowie am Wertewandel und an veränderten Vorstellungen davon, wie man ein Kind großziehen sollte. Die gesellschaftlichen Veränderungen äußern sich in der Schwächung der Großfamilie, einer hohen Scheidungsrate und der Zunahme an Alleinerziehenden. Die Urbanisierung bringt unzählige Versuchungen mit sich, und die Inhalte in Internet und Handys bombardieren unsere Kinder mit nie gekannten Einflüssen. Gleichzeitig ist es so, dass die Rolle der Eltern früher klar war, heutzutage aber eher vage ist. So entsteht eine Generation von »verwirrten Eltern«, die oft traurig und geschwächt mit ansehen müssen, wie ihr Verhältnis zu ihrem Kind erodiert.

Tipps

- Fragen Sie sich, ob Sie dazu neigen, zu plappern, zu predigen und unnötig viel zu erklären.
- Fragen Sie sich, ob Sie sich oft auf Konfrontationen mit Ihrem Kind einlassen.
- Fragen Sie sich, ob Ihre Privatsphäre, Ihre freie Zeit und Ihre Freundschaften unter den Ängsten oder Schwierigkeiten Ihrer Kinder leiden.
- Fragen Sie sich, ob Sie zunehmend weniger über Bereiche Bescheid wissen, in denen Ihr Kind Probleme bekommen könnte.
- Fragen Sie sich, ob das Handy und der Computer das Leben Ihrer Kinder so sehr dominieren, dass Sie selbst zu einer Randfigur geworden sind.
- Die beste Antwort auf diese Herausforderung ist die Funktion des elterlichen Ankers. Eltern, die als Anker dienen, stabilisieren ihre Kinder gegen die Strömung und geben ihnen Sicherheit und Zugehörigkeit.
- Die Rolle des Ankers basiert auf einer resoluten Präsenz. Lernen Sie, durch Ihr Handeln die Botschaft zu vermitteln: »Wir sind deine Eltern! Du kannst mir nicht kündigen, kannst dich nicht

von mir scheiden lassen, und du kannst mich auch nicht ignorieren. Hier bin ich und hier bleibe ich!«

- Die Rolle des Ankers beruht auf Selbstbeherrschung. Lernen Sie, sich nicht in Konflikte hineinziehen zu lassen, und lassen Sie Konflikte nicht eskalieren.
- Die Rolle des Ankers beruht außerdem auf dem Halt, den ihm seine Umgebung gibt. Lernen Sie, starke Schultern zu entwickeln und benutzen Sie das »Wir« im Gespräch mit Ihrem Kind.
- Die Rolle des Ankers beruht darüber hinaus auf festen Regeln, die im Leben der Kinder und der Familie eine klare Ordnung und Struktur ermöglichen.

Zweites Kapitel

Selbstbeherrschung

Unsere Studien haben ergeben, dass die Selbstbeherrschung von Eltern eine Schlüsselrolle dabei spielt, ihren Status zu verbessern und die Probleme der Kinder zu lösen.[14] In diesem Kapitel werde ich eine Reihe von »gebrauchsfertigen« Lektionen und Schritten präsentieren, die Eltern dabei helfen können, ihre impulsiven Reaktionen in den Griff zu bekommen und Besonnenheit, Geduld und Durchhaltevermögen zu entwickeln. Ich werde erläutern, wie diese Veränderungen sich auf die Eltern-Kind-Beziehung auswirken, wie sie Eltern Stärke und Stabilität verleihen und ihnen ermöglichen, auf ihre Kinder Einfluss zu nehmen.

»Ich kann dich nicht beherrschen; ich kann nur mich selbst beherrschen!«

Diese Einsicht ist ein wichtiger Schlüssel, um die Eltern-Kind-Beziehung zu verbessern – egal, in welcher Entwicklungsphase sich das Kind befindet. Wenn Kinder noch klein sind, müssen die Eltern sie buchstäblich an die Hand nehmen, um sie davor zu schützen, sich in Gefahr zu bringen. Jedoch werden alle Mütter und Väter früher oder später feststellen, dass ihr Auftrag mit dem zunehmenden Alter des Kindes immer schwieriger wird.

In Wirklichkeit haben Eltern nämlich von Anfang an keine Kontrolle über ihr Kind. Sie merken schon bald, dass sie die Gedanken und Emotionen ihrer Kinder nicht kontrollieren können. Allmählich dämmert ihnen dann auch, wie schwierig es ist, das Verhalten ihrer Kinder unter Kontrolle zu halten. Schon bald erleben sie, wie viel Spaß es den Kleinsten macht, genau das Gegenteil von dem zu tun, was von

14 https://www.haimomer-nvr.com/publications-and-research (Zugriff am 26. März 2024).

ihnen erwartet wird. Dieses Verhalten ist Ausdruck der Entwicklung des autonomen Willens eines Kindes und der natürlichen Abneigung gegen Zwang. Eltern, die versuchen, die Abwehr ihrer Kinder zu dominieren und sie dazu zu zwingen, zu tun was sie als Eltern wollen, werden schon bald feststellen, dass die Kinder genau das Gegenteil davon tun, sobald sie unbeobachtet sind. Diese Neigung nimmt im Laufe der Entwicklung des Kindes zu. Besonders bei Heranwachsenden erreichen die Eltern mit dem Versuch, ihr Kind unter Kontrolle zu haben, genau das Gegenteil von dem, was sie eigentlich wollten.

Zum Glück gibt es eine Alternative: nämlich die Kombination aus persönlichem Vorbild, einer vernünftigen Erklärung und einem festen Stand. Ein fester Stand ist nicht dasselbe wie der Versuch, ein Kind zu kontrollieren. Wenn Eltern einen festen Stand einnehmen, dann haben sie die Kontrolle über sich selbst, nicht über das Kind. Sie sagen dann nicht zum Kind: »Du machst jetzt, was ich dir sage!« Sondern: »Wir werden tun, was wir sagen!«

Die moralische Basis für diesen festen Stand ist das Pflichtgefühl der Eltern. Leider haben viele Eltern heute die Fähigkeit verloren, mit klarer und fester Stimme zu sagen: »Es ist meine Pflicht!« Dieser Satz tut vielen Eltern in den Ohren weh. *Pflicht* ist zu einem unpopulären, steifen, blechernen Begriff geworden, so wie die schnarrende Stimme eines altmodischen Schulmeisters. Viele Eltern versuchen es eher mit Überzeugungskraft, mit Belohnungen oder sogar mit Bestechung. Was aber, wenn sich das Kind nicht überzeugen lässt? Oder wenn sich jeder Überzeugungsversuch zu einer endlosen Diskussion auswächst? Um das zu vermeiden, müssen Eltern einen festen Stand einnehmen, an dem sich auch durch Fragen, Tricks und Proteste nicht rütteln lässt, und der auf dem Pflichtgefühl beruht, das aus der Sorge und der Verantwortung für das Kind erwächst. Genauso wie wir in der Mathematik unverrückbare Axiome haben, brauchen wir sie auch in der Erziehung. Die elterliche Pflicht ist das »Axiom«, auf das sich eine gesunde und stabile Eltern-Kind-Beziehung gründet. Eltern mit einem vagen oder zögerlichen Pflichtgefühl hindern ihre Kinder daran, Stabilität zu erleben. Dann wird das Familienschiff ohne Anker hin- und hergeworfen.

Wenn Eltern sagen: »Es ist unsere Pflicht!«, dann bringt das etwas ganz anderes zum Ausdruck als wenn sie sagen: »Du machst jetzt gefälligst, was wir dir sagen!« Kinder streben von Natur aus Autonomie an. Deshalb kollidiert die Botschaft »Du machst jetzt, was ich sage!« mit ihrem inneren Bedürfnis. Viele Kinder reagieren allergisch auf Befehle und Drohungen. Kein Wunder, dass es manchen Eltern dann so vorkommt, als mache es den Kindern geradezu Spaß, ihnen nicht zu gehorchen! Was diesen Kindern jedoch eigentlich Spaß macht, ist die Entdeckung, dass sie einen eigenen Willen haben, den die Eltern nicht verbiegen können.

Kinder, die den Befehlen ihrer Eltern nicht gehorchen wollen, zeigen drei typische Verhaltensweisen:

- Frechheit,
- Gleichgültigkeit,
- innere Wut.

Frechheit ist der offene und unverhohlene Ausdruck der Ablehnung der Wünsche und Regeln der Eltern. Manchmal schreit das Kind die Eltern an oder zuckt einfach nur mit den Schultern, um seine spöttische Zurückweisung zum Ausdruck zu bringen.

Gleichgültigkeit ist eine ausgeklügelte Form des Widerstands: Die Worte der Eltern prallen am Kind ab. Zum Beispiel indem es die Befehle der Eltern ignoriert, ohne auch nur ein Wort zu sagen. Vielleicht rollt es nur verächtlich die Augen.

Die schlimmste Reaktion besteht darin, dass das Kind sich nach innen kehrt, die Lippen zusammenpresst und ein steifes Genick macht. Diese körperlichen Reaktionen bringen eine zunehmende innere Wut zum Ausdruck und die Entschlossenheit, dem Willen der Eltern zu trotzen oder sich sogar an ihnen zu rächen. Wenn man Kinder mit der Botschaft konfrontiert: »Du musst tun, was ich sage«, haben sie nur zwei Möglichkeiten: zu gehorchen oder zu rebellieren. Ganz anders hingegen klingt die Botschaft: »Es ist unsere Pflicht, für dich zu sorgen!« Damit bekommt das Kind eine positive Gelegenheit, sich anders zu verhalten, als wenn es sich um blinden Gehorsam handeln würde.

Tagtäglich kämpfte Moira, die Mutter von Liz (13), mit ihrer Tochter wegen der Hausaufgaben, aber das Mädchen klebte förmlich an den sozialen Netzwerken. Sie ging immer später schlafen und war morgens oft nicht imstande, aufzustehen. Moira erklärte, schrie, drohte und strafte. Sie strich ihrer Tochter das Taschengeld und verdonnerte sie zu Hausarrest, ohne Erfolg. Wenn Moira versuchte, den Computer abzuschalten, während Liz davorsaß, reagierte diese mit Gewalt.

Als Liz' Eltern zum Eltern-Trainingsprogramm kamen, war Moira von den unaufhörlichen Kämpfen und Liz völliger Verweigerung jeglicher Bitte oder Forderung zutiefst erschöpft. Der erste Punkt der Programmtagesordnung bestand darin, Moiras Selbstbeherrschung wiederherzustellen. Sie lernte, sich angesichts der Provokationen ihrer Tochter zurückzuhalten und ihre Reaktionen zu verzögern. Ronny, der Vater, bekam die Rolle zugeteilt, Moira in ihrer Haltung beizustehen.

Die Eltern gingen zu Liz ins Zimmer und sagten: »Uns ist klar, dass du nicht kontrolliert werden kannst. Wir können weder dein Mundwerk noch deine Hände oder deine Füße kontrollieren. Aber wir können uns selbst kontrollieren, und es ist unsere Pflicht, dich nicht mit Dingen zu versorgen, die dir schaden. Dieses ständige Surfen im Internet, das wir dir bisher erlaubt haben, ist für dich zu einer Quelle des Schadens geworden. Wir dürfen dir nichts geben, was dir schadet!«

Nach dieser Erklärung verließen sie das Zimmer. Zwei Tage später stellte Liz verblüfft fest, dass ihr Internetzugriff gesperrt und das Modem aus ihrem Zimmer entfernt worden war. Sie konnte zwar nach wie vor bei ihren Freunden oder auch am Computer ihres Bruders surfen, aber diese Optionen waren begrenzt und unbequem. Sie protestierte, weinte und drohte, aber die Eltern, die angeleitet worden waren, solchem Druck standzuhalten, blieben hart.

Einige Tage später wurde auch Nancy einbezogen, eine Freundin der Familie, die zu Liz eine gute Beziehung hatte. Sie ließ das Mädchen wissen, dass sie eine kooperative Lösung finden wolle, die Liz' Selbstachtung nicht beeinträchtigen, und ihr zugleich erlauben würde, wieder mit ihrem Umfeld klarzukommen. Zunächst gab Liz sich desinteressiert. Einige Tage später rief Nancy sie an und betonte abermals die Sache mit der Wahrung ihrer Würde. Dieses Mal war Liz einverstanden. Allein die Erwähnung ihrer Würde, die es zu wahren galt, schenkte ihr das Gefühl, dass es abgesehen von Nachgeben oder Rebellion noch eine dritte Möglichkeit geben könnte.

Nancy bot Liz an, ein paar Tage lang nach der Schule zu ihr zu kommen, um die Lage zu Hause zu entspannen und ihre versäumten Schulaufgaben aufzuarbeiten. Das ermöglichte Liz, eine Form von Kooperation zu erleben, die sich nicht wie eine Niederlage anfühlte und auch nicht so, als ergebe sie sich den Bedingungen ihrer Eltern. Einige Tage später sagte ihre Mutter zu ihr: »Wir sind stolz auf dich! Wir betrachten deine Initiative, deine Schulversäumnisse mit Nancy nachzuholen, als wichtigen Schritt.«

Ronny einigte sich mit Liz auf zwei Punkte: Erstens sollte sie wieder im Internet surfen und auf ihren Computer zugreifen können, und zweitens wollte er jeden Nachmittag um 16 Uhr kurz mit ihr telefonieren. Er notierte diese Telefonanrufe in seinem Kalender, um ihnen die Bedeutung von Arbeitsterminen zu verleihen. Ronny würde sich nach ihren Hausaufgaben erkundigen, seiner Tochter aber zugleich erlauben, ihren Tag frei zu gestalten. Das ermöglichte Liz, ohne ein Gefühl von Ehrverlust zu kooperieren.

Liz machte ihre Hausaufgaben noch eine ganze Weile lang lieber bei Nancy, sogar an Tagen, an denen diese gar nicht zu Hause war. Nach einer Weile begann sie, ihre Hausaufgaben allmählich wieder daheim zu erledigen. Moira arbeitete zwischenzeitlich daran, Provokationen besser abzubremsen, ohne bissig zu reagieren. Ihre Beziehung zu Liz verbesserte sich. Die Konfrontationen ließen nach und Moira hatte das Gefühl, dass sie nun wieder gemeinsame Aktivitäten anregen könne, die ihnen beiden früher Spaß gemacht hatten.

Um ein rebellierendes Kind zum Kooperieren zu bewegen, müssen Eltern ihr Gefühl der Hilflosigkeit und ihren Mangel an Selbstbeherrschung überwinden und Lösungen finden, die die Würde des Kindes respektieren. Ganz allmählich kann das Kind dann beginnen zu kooperieren, wenn es empfindet und zum Ausdruck bringen kann, dass es freiwillig mitmacht und nicht aus blindem Gehorsam.

Trotz der positiven Ergebnisse für Eltern und Kind, die man erzielt, wenn man die Illusion aufgibt, das eigene Kind kontrollieren zu können, fällt dieser Schritt manchen Eltern sehr schwer. Sie empfinden es als Versagen, wenn ihr Kind ihnen nicht gehorcht. »Dann denkt er ja, er hat gewonnen!«, sagen sie zum Beispiel. Die Furcht vor der eigenen Schwäche ist tief in der menschlichen Psyche verwurzelt. Diese Wurzeln sind sowohl biologischer als auch kultureller Natur. Die Dichotomie zwischen dem Starken und dem Schwachen hat sich in der gesamten Evolutionsgeschichte bemerkbar gemacht und sie geprägt: Das Schwache ist dem Aussterben geweiht und wird verschwinden. Es ist wichtig zu verstehen, wie tief das Streben nach Macht im wahrsten Sinne des Worts in uns verwurzelt ist. Dann können wir Eltern eine überzeugende Alternative bieten: nämlich die Kraft, die auf Selbstbeherrschung sowie einem festen Stand, Durchhaltevermögen und Legitimität beruht.

Manche Eltern entgegnen auf den Anspruch der Selbstbeherrschung mit Empörung: »Soll ich einfach still dasitzen und mir anhören, wie er mich mit Schimpfwörtern bombardiert?«, oder: »Soll ich mir etwa gefallen lassen, dass er auf mir herumtrampelt, wie es ihm gerade passt?«

Das Problem der Macht ist uns nicht egal. Doch wir wollen es ehrlich angehen. Unser Motto ist: »Sie müssen in der Tat stärker werden, aber auf eine Weise, die Ihnen Ihre Stabilität und Legitimität zurückgibt. Wenn Sie Selbstbeherrschung und Entschlossenheit an den Tag legen, wird Ihr Kind spüren, dass Sie so unerschütterlich sind wie ein Fels in der Brandung.« Oder: »Wenn Ihr Kind mit all seiner Kraft an Ihnen zerrt, dann dürfen Sie stark sein wie ein Anker!«

Das Prinzip der verzögerten Reaktion: »Schmiede das Eisen, wenn es kalt ist!«

Wir alle wissen, wie wichtig es ist, uns zu beherrschen und nicht überstürzt zu handeln. Gerade dann, wenn wir besonders wütend sind, ist es wichtig, bis zehn zu zählen oder ein »Mantra« aufzusagen, um uns erst einmal zu beruhigen. Wenn uns das gelingt, dann vermeiden wir eine übertriebene Reaktion und richten weniger Schaden an. Außerdem ist es ein Zeichen von Stärke, das auch vom Gegenüber wahrgenommen wird, wenn man dem Drang zu einer impulsiven Reaktion nicht nachgibt.

Wenn Eltern eine problematische Verhaltensweise erst später zur Sprache bringen, zeigen sie damit, dass sie die Angelegenheit nicht vergessen haben und sich ihrer Rolle als Eltern bewusst sind. Manchmal hat das Kind nach ein paar Stunden oder Tagen schon vergessen, was vorgefallen ist, wenn die Eltern das Problem dann ansprechen. Es ist überrascht, dass die Eltern noch daran gedacht haben. Manchmal protestieren Kinder dann sogar: »Warum fängst du jetzt nochmal damit an? Das ist doch schon ewig her!«

Dann können die Eltern zum Beispiel antworten: »Klar weiß ich das noch; ich denke ständig an dich!« Wenn Eltern ihre Reaktion hinauszögern und die Angelegenheit erst später ansprechen, dann sind sie damit auch ihren Kindern ein gutes Vorbild, und zwar in dreierlei Hinsicht:

a. *Die Eltern demonstrieren Selbstbeherrschung und verhindern, dass die Situation eskaliert.* Damit schaffen sie eine Situation, in der auch das Kind Selbstbeherrschung lernen kann. Selbstbeherrschung ist genauso ansteckend wie Impulsivität. Es ist schwer, zu schreien, zu drohen und auszuflippen, wenn das Gegenüber nicht genauso reagiert. Wenn Eltern ganz in Ruhe sagen: »Wir akzeptieren dieses Verhalten nicht, aber wir werden uns Gedanken machen, wie wir damit umgehen sollen«, nehmen sie den Wind aus den Segeln und verhindern, das sich die Sache hochschaukelt. Es braucht bekanntlich immer zwei Personen zum Streiten. Wenn die angegriffene Person sich nicht einschüchtern lässt und nicht angreift, dann legt sich die Wut. So lernt auch das Kind, sich zu beruhigen.
b. *Eltern zeigen ihren Kindern, dass sie immer an sie denken.* Für Kinder ist es wichtig zu wissen, dass ihre Eltern immer an sie denken – auch in der Zeit zwischen der Konfrontation und dem Zeitpunkt, an dem die Eltern das Problem ansprechen. Es sind wichtige Momente, wenn Eltern zu ihrem Kind sagen: »Weißt du noch, als wir zusammen am See spazieren gegangen sind?«, oder: »Weißt du noch, als du Papa mit Schokolade vollgeschmiert hast?« Die emotionale Befriedigung in diesen Momenten rührt daher, dass sich das Kind über diese Erinnerungen freut, und auch darüber, sich gemeinsam zu erinnern – besonders die Tatsache, dass sich auch die Eltern daran erinnern. Deshalb entsteht bei Kindern selbst dann das Gefühl der Kontinuität, wenn Eltern sie an problematische Verhaltensweisen erinnern: Es zeigt, dass Eltern immer an sie denken und sie nie aus den Augen verlieren. Das Leben des Kindes besteht dann nicht mehr aus einer Ansammlung von zusammenhanglosen Fragmenten, sondern aus einer Abfolge sinnstiftender Ereignisse. Viele Theoretiker weisen darauf hin, wie wichtig es ist, ein positives und stabiles Selbstbild im Kind zu fördern und ein konfuses und zusammenhangloses

Bild zu verhindern. Kinder, die ohne das Gefühl von Kontinuität aufwachsen, erleben sich selbst und ihre Welt als chaotisch. Eltern, die Stabilität entwickeln, Selbstbeherrschung an den Tag legen und schwierige Angelegenheiten erst nach einer Denkpause ansprechen, tragen dazu bei, ein Gefühl der Kontinuität zu erzeugen, das für die Entwicklung des Kindes wichtig ist.

c. *Eltern helfen dem Kind, indem sie ihm ihr Gedächtnis »zur Verfügung stellen« und ihm so dabei helfen, auch sein eigenes Gedächtnis zu erweitern.* Dieser Vorgang ist vergleichbar damit, wenn ein Kind Fahrradfahren lernt: Am Anfang laufen die Eltern hinter ihm her und stabilisieren das Fahrrad, damit es nicht umkippt. Doch allmählich lassen sie los – zunächst nur für den Bruchteil einer Sekunde, dann eine ganze Sekunde, und schließlich sogar mehrere Sekunden lang. So lernt das Kind, das Gleichgewicht zu halten – indem es die Stabilität beibehält, die ihm zunächst von den Eltern vermittelt wurde. Genauso können Eltern ihren Kindern auch dabei helfen, über Dinge zu reden, die vor einer Minute, vor fünf Minuten, vor einer halben Stunde oder gestern geschehen sind. Allmählich lernt das Kind, es selbst genauso zu machen.

Bo (9) litt an ADHS. Es fiel ihm schwer, eine Aufgabe vollständig auszuführen, aber auch, nach einer Pause zu ihr zurückzukehren, weil er inzwischen vergessen hatte, was davon bereits erledigt und was noch zu tun war. Als seine Eltern das »Schmiede das Eisen, wenn es kalt ist«-Prinzip anwenden wollten, sah es so aus, als könne sich Bo gar nicht an das Ereignis erinnern, von dem seine Eltern sprachen. Zuerst dachten sie, er mache ihnen etwas vor, gelangten aber allmählich zu der Überzeugung, dass er sich tatsächlich nicht auf den betreffenden Vorfall konzentrieren konnte, nicht zuletzt, weil er ihn mit anderen Dingen verwechselte, die seither passiert waren.

Nun beschlossen die Eltern, das Prinzip an Bos spezifische Probleme anzupassen. Zunächst wollten sie ein Thema schon fünf Minuten nach einem Vorfall ansprechen. Später erst nach zehn Minuten. Innerhalb eines Monats waren sie so weit vorangekommen, dass sie mit Bo ein sinnvolles Gespräch über etwas führen konnten, das bereits drei Stunden zurücklag. Um ihm zu helfen, erinnerten sie ihn an die Details: »Du bist auf dem Sofa herumgesprungen. Ich ging zu dir hin, berührte deine Hand und bat dich, damit aufzuhören. Kannst du dich erinnern, was du dann getan hast?«

Allmählich begann Bo damit, sich auf diese Unterhaltungen einzulassen und hatte sogar Spaß daran, fehlende Details zu ergänzen. Seine Fähigkeit, sich an die unterschiedlichen Vorfälle zu erinnern und sich darin einzubringen, bedeuteten einen weiteren Schritt nach vorn. Jetzt legten seine Eltern ein Album von Erinnerungen und Ereignissen an, die sich in Bos Leben zugetragen hatten. Die darin festgehaltenen Geschichten bezogen sich vorwiegend auf positive Ereignisse, es wurden aber auch ein paar problematischere Zwischenfälle verzeichnet. Als seine Großeltern zu Besuch kamen, sah Bo das Album freudig mit ihnen zusammen an. Etwa ein Jahr später machte es ihm sogar Spaß, sich an schwierigere zurückliegende Vorkommen zu erinnern, nicht zuletzt, weil sie ihm zeigten, wie groß der Abstand zwischen seinen gegenwärtigen Fähigkeiten und seinen einstmaligen Schwächen geworden war.

Das Prinzip des längeren Atems: »Du musst nicht gewinnen, du musst nur durchhalten!«

Einer der Gründe, die zur Eskalation führen, ist die Annahme, dass man ein Problem auf einen Schlag lösen kann. Dieser Irrglaube führt zu dem Trugschluss, dass die Strafe nicht hart genug war, wenn sie das Problem nicht gelöst hat. Die Folge ist, dass Eltern und Kind immer wieder ihre Kräfte messen – ohne Erfolg, aber mit dem Resultat, dass der nächste Machtkampf schlimmer ist als der vorige.

Das Prinzip des längeren Atems besteht auf dem entgegengesetzten Ansatz: Er beruht auf der Überzeugung, dass Veränderungen allmählich stattfinden – besonders dann, wenn Eltern nicht aufgeben. Durchhaltevermögen bedeutet dabei nicht, immer wieder die gleichen Handlungen oder Phrasen zu wiederholen, sondern die Bereitschaft, bei der Suche nach Lösungen nicht aufzugeben, positive Entwicklungen wahrzunehmen und sich auch über kleine Fortschritte zu freuen.

Nach der Scheidung seiner Eltern als er dreizehn war, brach Liam den Kontakt zu seiner Mutter Sinead ab. Das Zerwürfnis war umso schmerzhafter, weil Liam sich von der gesamten Familie seiner Mutter löste, zu der er immer eine herzliche und enge Beziehung gehabt hatte.

Etwa ein Jahr nach dem Bruch beschloss Sinead, die bitter trauerte, die Barriere seiner Ablehnung zu durchbrechen. Unangekündigt erschien sie während eines Termins Liams mit seiner Psychologin. Ihr Sohn reagierte mit einem Wutausbruch, verfluchte die Mutter und rannte aus dem Zimmer. Die Psychologin musste erhebliche Mühe aufwenden, um die therapeutische Beziehung wiederherzustellen.

Wie sich erwies, war der Versuch der Mutter, das Problem »ein für alle Mal« zu lösen, ein schwerer Fehler gewesen. Einige Monate später hatte Sinead das Gefühl, dass es an der Zeit sei, einen neuen Versuch zu starten. Dieses Mal stimmte sie ihren Plan mit Liams Vater Peter ab, der ebenfalls meinte, der fortwährende Boykott sei für alle schädlich. Mit den beiden Eltern zusammen entwarf die Psychologin, die aus dem vorherigen Zusammenstoß ihre Lehre gezogen hatte, einen mehrstufigen Plan. Sie sagte: »Wir müssen geduldig vorgehen und versuchen, die Situation behutsam und vielleicht auch nur partiell zu entspannen. Jeder Versuch einer umfassenden Lösung könnte sich als Bumerang erweisen!«

Der erste Schritt war, Sineads Beteiligung an Liams schulischer Mitarbeit zu erhöhen. Sie begann, Peter zu den Besprechungen mit seinem Klassenlehrer zu begleiten. Liam wusste Bescheid und protestierte nicht gegen diese Veränderung. Dann fing Sinead an, Liam einen wöchentlichen Brief zu schreiben, ohne jeden Versuch, ihn zu überreden, seinen Boykott aufzugeben. Eine Kopie ihrer Briefe wurde jeweils von der Psychologin verwahrt, da man davon ausging, dass Liam sie vielleicht gar nicht las. Sinead konzentrierte sich auf schöne Erinnerungen und Updates über Liams Großeltern, Tanten und Buffy, den Hund seiner Tante, den er liebte. Nur ein einziges Mal erwähnte Sinead den Bruch ihrer Beziehung: Sie entschuldigte sich für ihr unangekündigtes Auftauchen bei der Therapeutin. Dabei gab sie zu, ihn in Verlegenheit gebracht zu haben, erklärte aber, sie sei von ihrem Schmerz angetrieben worden.

Allmählich begann die Therapeutin, mit Liam über die Möglichkeit einer Wiederaufnahme seiner Beziehung zur Familie seiner Mutter zu sprechen. Liam sperrte sich zwar nicht gegen diesen Gedanken, zeigte aber auch keine Begeisterung. Einige Wochen später schickte seine Großmutter ihm einen Brief und ein Geburtstagsgeschenk. Peter überreichte ihm das Schreiben, versuchte jedoch nicht, seinen Sohn zu überzeugen, als Liam sich weigerte, es zu lesen. Stattdessen legte er es auf seinen Schreibtisch. Einige Tage später war der Brief vom Tisch verschwunden. Peter sah nach ... der Brief war auch nicht in Liams Papierkorb. Einen Monat später erzählte Liam seiner Therapeutin, er habe einen Brief und ein Geschenk bekommen.

Die Anzeichen einer Veränderung zeigten sich nur langsam, aber Eltern und Therapeutin waren aufmerksam genug, sie wahrzunehmen. Sineads Briefe an Liam erschienen in einem neuen Format: Sie wurden nun in ein Album eingetragen, wo andere Familienmitglieder Botschaften, Bilder und Erinnerungen hinzufügten. Nach Abschluss ihrer Sitzung ließ die Therapeutin Liam noch eine ganze Weile mit dem Album sitzen. Dann fragten sein Onkel und sein Großvater väterlicherseits den Jungen, ob er bereit sei, seine Tante mütterlicherseits zu treffen. Liam erklärte, er würde es ihnen mitteilen, sobald er so weit sei. Zwei Wochen später erwartete ihn eine freudige Überraschung: Als er von der Schule nach Hause kam, fand er Buffy in der Küche vor. Liam fragte, wer den Hund vorbeigebracht habe. Peter sagte, das sei er gewesen, aber seine Nichten sollten später kommen, um ihn abzuholen. Liam freute sich sehr und hörte nicht auf, mit Buffy zu spielen, bis die beiden Mädchen erschienen. Als sie kamen, unterhielt er sich mit ihnen so natürlich, als ob nie etwas vorgefallen sei.

An diesem Punkt war die Wiederaufnahme der Beziehung zur ganzen Familie nur noch eine Frage der Zeit. Der Boykott war nicht mehr hermetisch. Er war porös geworden und die Strömungen familiärer Liebe begannen, von allen Seiten einzusickern.

Elterliche Ausdauer und die Bereitschaft, selbst kleinste Veränderungen wahrzunehmen, sind eine besondere Quelle der Kraft. Im Gegensatz zur autoritären Haltung, die sofortigen Gehorsam fordert, schöpft das Prinzip der Besänftigung seine Kraft aus der Zeit selbst. Ein Elternteil, der nach diesem Prinzip handelt, öffnet sich für Veränderungen, die nach ihrem eigenen Zeitplan auf unerwartete Weisen erscheinen mögen. Diese Veränderungen unterscheiden sich erheblich von erzwungenem Gehorsam. Sie lassen die Anfänge von Kooperation zu und schaffen die nötigen Bedingungen, Werte zu internalisieren.

Selbstbeherrschung und elterlicher Freiraum

Um Selbstbeherrschung zu entwickeln, ist es wichtig, dass Eltern sich beruhigen, sammeln und in Ruhe auf das vorbereiten können, was die Zukunft bereithält. Sie brauchen Schutz und sie brauchen Bremsen. Eltern, die ständig mit Aggressivität und Forderungen konfrontiert sind, laufen Gefahr, einen Burn-out zu erleiden und die Kontrolle zu verlieren. Deshalb ist es für Eltern unverzichtbar, dass sie lernen, ihren Körper zu schützen, sowie ihre Zeit, ihre Privatsphäre, ihre Beziehungen, ihre Arbeit und ihre Ruhezeiten.

Die erste Aufgabe für Eltern, die sich problematischen Verhaltensweisen in ihrer Familie stellen wollen, besteht darin, dass man gemeinsam rote Linien festlegt. Damit dies gelingt, müssen sie zwischen Vorfällen unterscheiden, die die rote Linie überschreiten und Verhaltensweisen, die zwar problematisch sind, die man aber flexibler und toleranter angehen kann.

Die Drei-Körbe-Übung

Uri Weinblatt, einer der Pioniere unseres Ansatzes, hat die »Drei-Körbe-Übung« entwickelt, die Eltern dabei helfen kann, gemeinsam ihre Prioritäten festzulegen. Dafür müssen sie sich drei Körbe vorstellen: einen roten, einen gelben und einen grünen.

- Der rote Korb enthält absolut inakzeptable Verhaltensweisen, gegen die die Eltern entschieden vorgehen werden.
- Der gelbe Korb enthält problematische Verhaltensweisen, auf die die Eltern jedoch weniger drastisch reagieren, sondern sie durch Gespräche, Erklären und Ermutigen zu lösen versuchen.
- Im grünen Korb befinden sich Verhaltensweisen, die die Eltern vielleicht nicht unbedingt mögen, die sie aber zumindest vorerst durchgehen lassen wollen, um schwerpunktmäßig die wirklich problematischen Verhaltensweisen im Blick zu behalten.

Die Drei-Körbe-Übung hat eine doppelte Zielsetzung: Zum einen bringt sie Eltern dazu, miteinander zu reden und sich zu einigen. Außerdem ermöglicht sie eine Hierarchisierung der Ziele, sodass die Eltern ihre Anstrengungen bündeln können und sich nicht verzetteln, weil sie meinen, alle möglichen Ziele gleichzeitig im Blick behalten zu müssen.

Typische Inhalte des roten Korbs sind zum Beispiel: »Gewalt gegenüber Eltern oder anderen Familienmitgliedern« oder »grobes Stören im Schlafzimmer, Bett oder Büro der Eltern«. Die Prioritäten werden von Familie zu Familie sehr unterschiedlich ausfallen. Der

Schutz der Geschwister und der Eltern darf aber auf gar keinen Fall im gelben Korb landen.

Ein Problem besteht darin, dass manche Eltern bei dieser Übung den roten Korb mit einer langen Liste von verbotenen Verhaltensweisen füllen. Wenn man ihnen sagt, dass das nicht zielführend ist, entgegnen sie, dass sie keine dieser Verhaltensweisen dulden können. Solche Eltern sagen dann zum Beispiel: »Was, wir sollen sie ins Bett gehen lassen, ohne dass sie sich die Zähne geputzt hat?« Oder: »Wir können doch nicht erlauben, dass er seine Hausaufgaben nicht macht!« Es ist wichtig zu verstehen, dass der rote Korb nicht *alle* Dinge enthält, auf die die Eltern reagieren müssen, sondern eine Hierarchie darstellt: Der rote Korb soll nur diejenigen (wenigen) Punkte enthalten, gegen die die Eltern ganz entschieden vorgehen müssen, verglichen mit anderen Zielen, die ebenfalls relevant sind, aber nicht im gleichen Maße drastisch angegangen werden müssen. Wenn Eltern eine kleine Anzahl (zwei oder drei) Verhaltensweisen definieren, die in den roten Korb gehören, dann können sie ihre ganze Kraft in den Kampf gegen diese Dinge investieren. Eltern, die ihren Stand festigen, indem sie auf einigen wenigen roten Linien beharren, stärken ihren Einfluss auch im Hinblick auf andere Punkte. Im Gegensatz dazu erodieren Eltern ihren Status, wenn sie von einem Verbot zum nächsten springen und am Ende feststellen müssen, dass jedes »Nein«, das sie aussprechen, platzt wie eine Seifenblase.

Der Zusammenhang zwischen persönlichem Freiraum, der Eltern das Durchatmen ermöglicht, und der Fähigkeit, sich um ihre Kinder zu kümmern, ist vergleichbar mit den Anweisungen im Flugzeug für den Umgang mit der Sauerstoffmaske: Zuerst müssen Eltern ihre eigene Maske anlegen und dann die des Kindes. Und zwar aus gutem Grund: Wenn Eltern zuerst dem Kind die Maske anlegen und dabei selbst keine Luft mehr bekommen, atmet am Ende keiner von beiden mehr. Genauso ist es im täglichen Leben: Eltern müssen zuerst »ihre eigene Sauerstoffmaske anlegen«, damit sie sich selbst im Griff haben und erfolgreich für ihre Kinder sorgen können.

Johnny (13) war ein Junge, der sich ständig Sorgen machte. Jedes Mal, wenn er oder seine Eltern auch nur den kleinsten Schmerz verspürten, vor jeder Schulprüfung sowie bei dem leisesten Hinweis darauf, dass seine Eltern böse auf ihn waren, erlebte er starke Angstanfälle. Weiter sorgte er sich ständig über die Gefahren von Krieg, Epidemien und Erdbeben.

Sein Vater Robby war sein stärkster Trost und Halt. Obwohl er sehr beschäftigt war, nahm er jeden Anruf seines Sohnes entgegen. In jüngster Zeit hatten diese Anrufe aber zugenommen. Johnny begnügte sich nicht mehr mit einem ersten Zuspruch, sondern rief ein zweites, drittes und sogar viertes Mal an, bis alle seine Bedenken hinsichtlich einer vermeintlich drohenden Gefahr zerstreut waren. Robby entwickelte allmählich eine Wut auf seinen Sohn und schrie ihn öfters an. Nach solchen Ausbrüchen führte er ausgedehnte Gespräche mit Johnny, manchmal sogar bis spät in die Nacht, um den Schaden wiedergutzumachen.

Eine Weile war Johnny sogar in Therapie gewesen, als ihm jedoch klar wurde, dass es zu diesen Sitzungen gehörte, sich den belastenden Situationen aktiv zu stellen, weigerte er sich, weiterzumachen. Auch eine medikamentöse Behandlung lehnte er ab, weil er gelesen hatte, dass man von Psychopharmaka abhängig werden konnte.

Dann hörte Robby von einem therapeutischen Programm für Eltern von Kindern mit Angststörungen, die sich weigerten, selbst behandelt zu werden.

Nun wurden auch die Großeltern miteinbezogen und erklärten sich bereit, zu helfen, den Teufelskreis der endlosen Sorgen und beruhigenden Gespräche zu durchbrechen. Vater, Mutter und die beiden Großeltern teilten Johnny mit, dass Robby seine Anrufe bei der Arbeit ab dem nächsten Tag nicht mehr entgegennehmen könne. Er dürfe aber stattdessen seinen Großvater anrufen und das bis zu dreimal täglich.

Robby plante einen Arbeitstag auswärts und »vergaß« sein Handy zu Hause. Als er abends heimkam, war Johnny in Tränen aufgelöst. Robby sagte ihm: »Ich bin stolz auf dich!«

Der Junge entgegnete: »Warum stolz? Ich bin fast gestorben!«

Robby antwortete: »Genau deshalb bin ich stolz auf dich ... du hast überlebt!«

Am nächsten Tag schon konnte Robby Johnnys Anrufe nicht entgegennehmen, obwohl er das Handy bei sich hatte. Als er abends heimkam, fand er seinen Sohn am Computer spielend vor. Der Vater verstand, dass er ein wichtiges Mittel gefunden hatte, seinem Sohn beim Umgang mit seinen Ängsten zu helfen.

Das Prinzip der Wiedergutmachung

Wenn man die Kontrolle verliert, liegt das daran, dass der Stress überhandgenommen hat. Eltern fühlen sich in die Ecke gedrängt, ohne Freiraum und Luft zum Atmen, und das macht sie aggressiv. Es ist dann sehr entlastend, wenn ihnen klar wird, dass sie selbst dann, wenn sie Fehler machen, diese wieder in Ordnung bringen können. Das erweitert ihren Spielraum. Auch ihr Zeitempfinden kann sich dadurch ändern, sodass sie sich weniger im Hier und Jetzt gefangen fühlen.

Dan (15) litt unter Panikanfällen, die durch Kurzatmigkeit, rasenden Herzschlag und Zittern zum Ausdruck kamen. Jedes Mal, wenn er das Gefühl hatte, unmittelbar vor einem solchen Anfall zu stehen, rief er seinen Vater oder seine Mutter an und bat darum, von der Schule abgeholt zu werden.

In Beratung mit einem Therapeuten beschlossen seine Eltern Martha und David, damit aufzuhören, Dan von der Schule abzuholen. Wenn er anrief, erinnerten sie ihn daran, dass er in der Schule bleiben müsse, aber zur Schulberaterin gehen und in ihrem Beratungsraum auf dem Stuhl neben der Tür warten dürfe, bis er sich beruhigt habe. Dans Lehrerin und die Schulberaterin waren an diesem Plan beteiligt, sodass der Junge auch dann freien Zugang zu ihrem Beratungsraum hatte, wenn sie nicht da war. Zwei Tage nach dieser Ankündigung der Eltern rief Dan seine Mutter an und sagte, er stehe kurz vor einem Panikanfall. Wie ein Mantra rief Martha sich in Erinnerung, dass sie ihren Beschützerreflex beherrschen müsse und sagte ihm:

»Dan, auch wenn das jetzt schwer ist, du schaffst das. Wenn du nicht anders kannst, dann geh zur Schulberaterin und ruf mich von dort aus in einer Viertelstunde wieder an. Tschüss.«

Stattdessen rief Dan sofort seinen Vater an: »P… P… Papa, ich, ich … ich weiß nicht, was mit mir los ist! Ich kann nicht atmen … Ich glaube … ich glaube, es ist was Ernstes … ich ersticke … ich …«

Der Vater antwortete: »Dan, ich bin schon unterwegs.«

Erst im Auto erinnerte sich David an die Vereinbarung und das Zimmer der Schulberaterin. Dans Verzweiflung hatte ihn seine Kontrolle verlieren lassen und ihm das Gefühl gegeben, er müsse sofort los, um seinen Sohn zu retten. Auf dem Heimweg sagte er Dan: »Erzähl das bloß nicht Mama, sie wird es uns nicht verzeihen …«

Das ursprüngliche Fehlverhalten des Vaters ist nur allzu verständlich. Es ist nicht leicht, auf so einen Hilferuf nicht zu reagieren, außer man ist gut darauf vorbereitet. Der Entschluss, das Ereignis vor Martha zu verheimlichen und sich mit Dan zu verbünden, war jedoch ein schwerer Fehler. Die Koalition zwischen David und Dan mit dem Pakt, der Mutter nichts davon zu erzählen, schwächt die Allianz, die die Eltern miteinander aufbauen wollten.

Doch zu diesem Zeitpunkt ist der Fehler noch korrigierbar. In unserem Programm für Kinder mit Angststörungen[15] zeigen wir Eltern in ähnlichen Situationen, wie sie die Lage retten können: Beide Eltern treten gemeinsam vor das Kind und sagen: *»Wir haben heute einen Fehler gemacht: Wir haben dir vermittelt, dass du mit deiner Angst allein nicht zurechtkommst. Inzwischen haben wir darüber nachgedacht und uns ist klar geworden, dass das nicht gut war. In Zukunft werden wir anders mit solchen Situationen umgehen. Deshalb möchten wir dir jetzt nochmal sagen, was du selbst tun kannst, wenn du eine Panikattacke bekommst. Wir als Eltern werden dieser Angststörung nicht mehr nachgeben.«*

Selbstverständlich muss das derjenige Elternteil sagen, der den Fehler gemacht hat. Aber auf diese Weise können Eltern ihre Einheit demonstrieren, statt den Graben zu vertiefen. Der Fehltritt kann dabei helfen, dem Kind zu vermitteln, dass sich die Eltern kümmern. Außerdem zeigen diese durch ihr Verhalten, dass Fehler kein Grund sind, aufzugeben.

Und wie steht es um die Selbstbeherrschung des Kindes?

Kann ein Kind, das an einer schweren Störung wie ADHS, einer psychischen Krankheit oder einer geistigen Behinderung leidet, Selbstbeherrschung lernen? Macht ein solcher Zustand mit schweren psychischen oder neurologischen Veränderungen eine solche Entwicklung nicht unmöglich?

Selbstbeherrschung kann man nicht einfach an- und ausknipsen. Stattdessen macht sie sich auf verschiedenen Ebenen und in unter-

15 Lebowitz, E. R., Omer, H. (2013). *Treating child and adolescent anxiety: A guide for caregivers.* New Jersey: Wiley & Sons.

schiedlichem Maße bemerkbar – abhängig von der jeweiligen Situation und dem Zeitpunkt sowie den Fähigkeiten und der Motivation der Betroffenen. Hier ein Beispiel von einem Gespräch mit den Eltern eines Kindes, das an Wutausbrüchen litt:

VATER: Ich glaube nicht, dass er sich beherrschen kann. Er schreit und tobt seit er ein Baby war!

THERAPEUT: Er hat zweifellos eine niedrige Frustrationsschwelle und manchmal kann die kleinste Herausforderung ihn zum Explodieren bringen. Gibt es irgendwelche Situationen, in denen er sich etwas besser unter Kontrolle hat?

MUTTER: Ja, wenn Freunde zu Besuch sind, hat er keine Anfälle.

THERAPEUT: Wie schafft er das?

VATER: Es sieht so aus, als würden sie ihn von den Dingen ablenken, die ihn normalerweise reizen.

THERAPEUT: So, er kann also abgelenkt werden. Das ist eine der wichtigsten Grundlagen der Selbstbeherrschung. Wie glauben Sie, schafft er es, sich abzulenken?

MUTTER: Ich glaube nicht, dass er das tut. Es passiert einfach, wenn Freunde da sind.

THERAPEUT: Wäre es möglich, dass es nichts gibt, was ihn verärgert, wenn seine Freunde da sind?

MUTTER: Nein, natürlich gibt es das. Er hasst es, beim Spielen zu verlieren. Jedes Mal, wenn er gegen seine Geschwister verliert, bekommt er einen Anfall. Aber mit seinen Freunden hat er keine Anfälle.

THERAPEUT: Das heißt also, er ist imstande zwischen Situationen zu unterscheiden und entsprechend zu reagieren. Das ist eine weitere wichtige Komponente der Selbstbeherrschung. Gibt es noch andere Situationen, in denen er weniger Wutausbrüche hat?

VATER: Nur, wenn er mit seinem Onkel Moritz zusammen ist, der ihn zum Fischen mitnimmt. Dort verhält er sich völlig anders.

THERAPEUT: Geht er denn gern fischen?

VATER: Er liebt es!

THERAPEUT: Fischen erfordert eine ganze Menge Selbstbeherrschung. Er scheint mehr Fähigkeiten zu besitzen, als wir dachten.

VATER: Aber mit seinem Onkel erlebt er ja keine Frustrationen, Fischen bedeutet einen Tag lang Spaß. Keine Hausaufgaben, niemand sagt einem, man solle sich die Zähne putzen oder duschen, keine Tagesordnung. An so einem Tag würde ich meine Selbstbeherrschung auch nicht verlieren.

THERAPEUT: Fischen ist ein Hobby voller Frustrationen. Es gibt Stunden, in denen keiner anbeißt, in denen nichts geschieht. Ebenso ärgerlich ist es, wenn einem ein Fisch durch die Lappen geht. Und es ist auch frustrierend, wenn ein anderer Fischer mehr fängt als man selbst.

MUTTER: Das stimmt. Moritz hat uns erzählt, dass unser Sohn anfangs sehr frustriert darüber war, weniger zu fangen als sein Onkel! Dann hat er aber gelernt, dass das nun mal so ist. Hilfreich war auch, dass er begann, selbst mehr Fische zu fangen, obwohl es immer noch sehr viel weniger waren als bei seinem Onkel.

THERAPEUT: Das zeigt uns, dass er zu bestimmten Zeiten, in bestimmten Situationen und vor allem dann, wenn er motiviert ist, die Fähigkeit zur Selbstbeherrschung und Kontrolle entwickeln kann. Nun ist die Frage, wie man dafür sorgt, dass das auch im Alltagsleben geschieht.

Die entscheidenden Fragen, die sich die Eltern bezüglich der Fähigkeit ihres Kindes stellen sollten, Selbstbeherrschung zu lernen, sind folgende:

- In welchen Situationen zeigt das Kind mehr Selbstbeherrschung?
- In welchen Situationen ist es am impulsivsten?
- Was sind seine besten Zeiten, welche seine schlechtesten?
- In wessen Gesellschaft kommt das Kind besser zurecht, in wessen schlechter?
- Hat Ihr Kind Sie schon einmal damit überrascht, dass es mit einer schwierigen Situation gut zurechtkam, ohne einen Wutausbruch zu bekommen?
- Hat sich das Verhalten des Kindes in Folge eines außergewöhnlichen Ereignisses (zum Beispiel, weil die Schulleitung hinzugezogen wurde oder weil es mit dem Gesetz in Konflikt kam) schon einmal eine Zeit lang gebessert?
- Verhält sich das Kind unterschiedlich, je nachdem, bei welcher Lehrkraft es Unterricht hat?
- Hat das Kind bei einem der Elternteile weniger Wutausbrüche als beim anderen?

Eltern können auch überlegen, ob das Kind sich in manchen Situationen mehr gehen lässt als in anderen. Manchmal kündigen Kinder sogar an, dass sie jetzt gleich demonstrieren werden, wie sehr sie außer sich sind. Damit zeigt das Kind bereits, dass es eigentlich in der Lage ist, seinen Mangel an Selbstbeherrschung zu kontrollieren.

Hernan (8) war ein launisches Kind. Eines Tages stürmte er nach einem Streit mit einem Freund in die Wohnung und knallte die Tür ins Schloss. Seine Mutter sagte: »Du musst doch nicht so wütend sein!«

Der Junge entgegnete: »Ich will aber wütend sein!«

Als sie sich während eines entspannten Moments mit der Familie an diesen Vorfall erinnerten, gaben seine Eltern ihm den Spitznamen »Trueno«, was »Donner« auf Spanisch bedeutet. Hernan lächelte stolz.

Diese Fragen und Überlegungen ermöglichen eine ganz neue Perspektive auf das Kind: Es ist seinen unkontrollierbaren Ausbrüchen nicht mehr wehrlos ausgeliefert, sondern vielmehr ein Kind, dessen Selbstbeherrschung unvollkommen ist, sich aber unter bestimmten Umständen verbessern kann. Sogar Kinder mit einer besonders schweren psychiatrischen Diagnose können Selbstbeherrschung lernen.

Ich möchte Sie zu einem kleinen Gedankenexperiment auffordern: Stellen Sie sich zwei Heranwachsende vor, bei denen Schizophrenie diagnostiziert wurde – ohne Frage eine der schwerwiegendsten Diagnosen, die es gibt. Sagen wir, sie haben ähnliche Symptome, die sich bei beiden auch mit Medikamenten nur mäßig verbessern lassen. Die Eltern des einen Patienten gehen davon aus, dass ihr Sohn Anforderungen nicht gewachsen und nicht in der Lage ist, eine normale Alltagsroutine aufrechtzuerhalten. Die Eltern des anderen Jungen hingegen glauben, dass ihr Sohn trotz seiner Erkrankung an seinen Fähigkeiten arbeiten und deshalb auch im Alltag besser zurechtkommen kann. Die Eltern des ersten Jungen nehmen seine Launen und Reaktionen geduldig hin, weil sie davon ausgehen, dass er nicht in der Lage ist, sich zu beherrschen. Die Eltern des anderen Jungen hingegen unterstützen alle Anzeichen von normalem Verhalten, schützen sich und das gesamte Haus vor seinen Wutausbrüchen und versuchen, ein normales Leben zu führen und eine normale Routine zu leben.

Stellen wir uns nun vor, wir besuchen diese beiden Familien nach einigen Jahren wieder. Der Unterschied zwischen den beiden ist enorm: In der ersten Familie geht es allen schlecht. In der zweiten gibt es zwar auch Probleme, es herrscht aber trotzdem eine Atmosphäre der Sicherheit, manche Bereiche funktionieren ganz normal und man sieht klare Fortschritte.

Die Zukunftsaussichten der beiden Jungen sind deutlich verschieden: Der erste hat ein Leben in einer Randgruppe vor sich, mit eingeschränkten Möglichkeiten – wahrscheinlich in einer betreuten Einrichtung. Der andere hingegen kann arbeiten, eine gewisse Routine aufrechterhalten und soziale Kontakte pflegen. Häufig haben solche Personen auch besondere Fähigkeiten, die sie dann entwickeln können. All das ist trotz der Krankheitssymptome möglich. Die Fähigkeit zur Selbstbeherrschung war jedoch nicht angeboren, sondern entwickelte sich allmählich mit der Unterstützung, den Grenzen und den Umgebungsbedingungen, die ihm geboten wurden.

Fazit

Um problematisches Verhalten bei Kindern zu verändern und den Einfluss und die Autorität der Eltern zu verbessern, ist es unerlässlich, dass Eltern Selbstbeherrschung an den Tag legen. Eltern sind immer wieder überrascht, wenn sie feststellen, welche Kraft darin liegt.

Der erste Schritt zur Entwicklung von Selbstbeherrschung besteht darin, dass Eltern erkennen, dass sie ihr Kind nicht kontrollieren können, sondern nur sich selbst. Wenn es Eltern gelingt, dominante Botschaften wie »Du tust gefälligst, was ich dir sage!« zu unterlassen zugunsten von Aussagen wie »Wir werden uns an das halten, was wir gesagt haben!«, stärken sie sich selbst damit den Rücken. Dann sind sie nicht mehr abhängig von der Reaktion ihres Kindes, sondern können sich auf sich selbst verlassen. Und schon bald werden sie bemerken, wie die Wahrscheinlichkeit zunimmt, dass ihr Kind kooperiert.

Das zweite Prinzip der Selbstbeherrschung lautet: »Schmiede das Eisen, wenn es kalt ist!« Es befreit Eltern von dem Druck, sofort reagieren zu müssen und bietet ihnen die Möglichkeit, erst zu überlegen und mit Bedacht zu handeln. Daran erkennt das Kind dann auch, dass die Eltern sich an alles erinnern. Das führt ihm die Fürsorge seiner Eltern vor Augen. Das Wissen, dass die Eltern immer an sie denken, gibt Kindern ein Gefühl der Kontinuität.

Das dritte Prinzip der Selbstbeherrschung besteht darin, den längeren Atem zu haben. Es befreit Eltern von der Haltung »Alles oder nichts!« Ausdauer verleiht Eltern positive Kraft. Auch kleine Fortschritte sind Zeichen dafür, dass noch mehr möglich ist.

Das vierte Prinzip lautet: »Fehler sind unvermeidlich, aber korrigierbar!« Es ist das Sicherheitsnetz, das Eltern auffängt und ihnen ermöglicht, weiter an sich zu arbeiten, auch wenn sie einen Fehler gemacht haben. Damit sind sie gleichzeitig ihren Kindern ein Vorbild, weil sie ihnen zeigen, dass man zu seinen Fehlern stehen und sie in Ordnung bringen kann.

Tipps

- Selbstbeherrschung verleiht Stärke und Status!
- Vermeiden Sie Botschaften wie: »Du tust jetzt gefälligst, was ich dir sage!« Sagen Sie stattdessen lieber: »Wir werden uns an das halten, was wir gesagt haben«, oder: »Es ist unsere Pflicht! Wir geben dich nicht auf.«
- Lernen Sie, mit Bedacht zu handeln. Wenn Sie Stunden oder Tage später auf ein schwieriges Ereignis zurückblicken, dann zeigen Sie Ihrem Kind damit, dass Sie die Dinge nicht aus den Augen verlieren, dass Sie nicht aufgeben und nach wie vor präsent sind.
- Die Erwartung, dass sich Angelegenheiten sofort und auf der Stelle lösen lassen, ist eine der gefährlichsten Elternfallen.
- Lernen Sie, auch kleine Fortschritte wahrzunehmen und wertzuschätzen.
- Eltern, die Menschen haben, die sie unterstützen, fällt es leichter, in sich selbst zu ruhen.
- Fehler und Versäumnisse bedeuten nicht das Ende der Möglichkeit, Selbstbeherrschung zu lernen. Ganz im Gegenteil: Sie bieten die Chance, selbst gemachte Fehler auch selbst wieder auszu-

bügeln. Wenn man zu seinen Fehlern steht und sie in Ordnung bringt, dann führt das nicht zu Statusverlust.
- Selbstbeherrschung ist ansteckend: Wenn es Ihnen gelingt, sich zu beherrschen, fördern Sie damit auch die Fähigkeit Ihrer Kinder, sich zu beherrschen.

Drittes Kapitel

Unterstützung und Zugehörigkeit

Ein traditionelles afrikanisches Sprichwort besagt, dass man ein ganzes Dorf braucht, um ein Kind großzuziehen. Heutzutage sind Eltern jedoch viel isolierter als früher. Eine hohe Scheidungsrate, weniger Einfluss der erweiterten Familie, Migration und die Isolation in der Anonymität großer Städte – all das zehrt an der zwischenmenschlichen Substanz, die Eltern früher Halt und Legitimität verliehen hat. Kinder werden zunehmend im engen Rahmen der Kleinfamilie großgezogen – nicht selten von einem alleinerziehenden Elternteil, das die ganze Last allein trägt. Isolierte Eltern sind jedoch kein stabiler Anker. Ein paar kräftige Wellen und sie werden hin- und hergeworfen bis sie schließlich ganz den Halt verlieren.

In diesem Kapitel möchte ich über die Hindernisse sprechen, die Eltern davon abhalten, sich Unterstützung zu suchen. Unser Ziel ist es, Eltern klarzumachen, dass es in ihrem Umfeld Menschen gibt, die ihnen und ihren Kindern dabei helfen können, mit ihrer schwierigen Situation besser zurechtzukommen. Wenn Eltern es wagen, sich aus der Blase zu befreien, in der sie gefangen sind, merken sie schon bald, dass es Familienmitglieder, Freunde und andere Menschen gibt, die ihnen gerne zur Seite stehen. Hilfe steht bereit. Bei vielem, was zuvor unlösbar und festgefahren schien, tun sich plötzlich neue Wege auf. Solche Menschen können auch dazu beitragen, dass Kinder sich wieder zugehörig fühlen – und das ist wahrscheinlich der größte Gewinn, der daraus resultieren kann, dass eine Familie Hilfe und Unterstützung in ihrem Umfeld findet.

Der Intimitäts-Reflex: »Probleme mit der Familie bleiben in der Familie!«

Zahlreiche Eltern reagieren auf unseren Vorschlag, sich Hilfe zu holen, mit Ablehnung. Sie betrachten die Intimität und Privatsphäre der Familie als unantastbar. In ihrer Vorstellung von »guten Eltern« werden alle Schwierigkeiten unter vier Augen zwischen Eltern und Kind gelöst. Das mag vielleicht auch funktionieren, wenn das Verhältnis zwischen Eltern und Kind in Ordnung ist. Sobald es allerdings Probleme gibt, geht nichts mehr.

Man könnte diese Position auch als »Religion der Intimität« bezeichnen: Es ist der Glaube daran, dass ein enges Verhältnis zwischen Eltern und Kind nicht nur das höchste Ziel sei, sondern auch die eigentliche Grundlage für die gute Entwicklung eines Kindes. Diese Annahme ist zum Glaubenssatz einer ganzen Generation von Eltern und Psychologen geworden. Hat das Kind ein Problem? Dann stimmt etwas nicht im Verhältnis zwischen Eltern und Kind. Um das Problem zu lösen, müssen wir also an dieser Beziehung arbeiten. Manchmal wird diese Annahme sogar noch enger ausgelegt: Es ist die *Mutter*-Kind-Beziehung, an der alles hängt. Alle anderen Beziehungen sind nicht so wichtig. Selbst die Väter sind bei dieser Sichtweise nur zweitrangig.

Diese Annahme ist jedoch grundverkehrt. Mütter handeln nicht in einem Vakuum. Eine Mutter, die kein stützendes Netzwerk hat, hat es schwer, ihrem Kind Halt zu geben. Oder sie sucht den Halt, der ihr fehlt, in ihrem Kind – wodurch ein isoliertes geschlossenes System entsteht, das einer gesunden Entwicklung des Kindes im Wege steht. Es hat sich gezeigt, dass die frühe Einbindung der Väter eine bedeutende Quelle der Resilienz ist.

Manchmal spielen auch die Geschwister eine wichtige Rolle. In der Zeit des Holocaust gab es kleine Kinder, die ihre Eltern verloren hatten. Die Nähe ihrer Geschwister füllte jedoch dieses Vakuum, sodass sie sich trotz des gewaltigen Verlusts, den sie erlitten hatten, gut entwickeln konnten. Und wie bereits erwähnt, kann auch die Unterstützung von Großeltern sowie Onkeln und Tanten Heranwachsende vor Delinquenz und anderen riskanten Verhaltensweisen bewahren.

Ich wuchs in São Paulo (Brasilien) bei Eltern auf, die beide Holocaust-Überlebende waren. Die Atmosphäre im Haus war düster. Meine Mutter war depressiv und ihre Beziehung zu meinem Vater problematisch. Die Situation verschlimmerte sich, als jeder Kontakt zur Familie meines Onkels wegen eines Streits abgebrochen wurde, als ich noch ein kleiner Junge war. Großeltern gab es keine (sie waren während des Holocaust ermordet worden), sodass die Isolation meiner Familie noch erdrückender war.

São Paulo war schon damals eine große Stadt und die Familie meines Onkels lebte am anderen Ende, zwei Busstunden von uns entfernt. Ich empfand jedoch das dringende Bedürfnis nach einer familiären Zugehörigkeit, die über meine Kernfamilie hinausging. Schon mit elf Jahren lernte ich, die lange Fahrt ganz allein zu machen. Ich begann, immer mehr Zeit bei meinem Onkel und meiner Tante zu verbringen, Jechiel und Marta, die ich jeden Freitagabend besuchte. Ich fuhr auch mit ihnen und meinen drei Cousins in den Urlaub. Letztlich blieb ich nicht der Einzige, der durch diese Beziehung gewann ... das tat die ganze Familie, weil ich als eine Art Brücke zur Erneuerung ihres schwer geschädigten Verhältnisses diente.

Ich glaube, dass ich mein Vorbild solider Familienbeziehungen der Familie meines Onkels zu verdanken habe. Ohne die Erfahrung mit diesen Angehörigen wäre ich kaum imstande gewesen, meinen eigenen Kindern eine gesunde Familie zu schaffen.

Oft tun sich Eltern aus verschiedenen Gründen schwer im Umgang mit ihren Kindern:

- Die Kinder kennen die Schwächen ihrer Eltern und wissen, was sie triggert.
- Kinder halten die Hilfe und Unterstützung, die sie von den Eltern bekommen, für selbstverständlich; deshalb bedeutet sie ihnen nichts.
- Eltern sind manchmal extrem sensibel für jedes Anzeichen, dass ihr Kind gestresst ist und eilen sofort zu Hilfe, auch wenn das Kind eigentlich alleine zurechtkäme.
- Darüber hinaus gibt es eine besondere Schwierigkeit, die einige Eltern kennen: Viele Kinder – besonders solche, die gerade pubertieren – finden, dass sie ihre Selbstständigkeit auf eine Art und Weise behaupten müssen, die zu Konflikten mit den Eltern führt. Die Versuche der Eltern, Einfluss auf ein solches Kind zu nehmen, haben oft das Gegenteil zur Folge.

Eltern, die sich angesprochen fühlen, können sich folgende Fragen stellen:

- Weiß mein Kind, wie es mich provozieren kann?
- Weiß mein Kind, wie es mich unter Druck setzen kann, sodass ich nachgebe?
- Nutzt unser Kind Zwiespalt zwischen uns als Eltern zu seinen Gunsten aus?
- Betrachtet mein Kind alles, was wir ihm geben, als selbstverständlich?
- Bringt unser Kind uns oft dazu, dass wir alles stehen und liegen lassen und ihm zu Hilfe eilen, weil es weint oder Panik signalisiert?
- Habe ich das Gefühl, dass das, was ich sage, auf taube Ohren stößt?
- Ignoriert mich mein Kind?
- Habe ich das Gefühl, dass mein Kind sich bedienen lässt und sich kindisch verhält, wenn ich anwesend bin?

All dies sind Faktoren, bei denen die besondere Nähe zwischen Eltern und Kind problematische Ergebnisse zeitigen kann. Die Lösung besteht jedoch nicht darin, die Distanz zu vergrößern – was sowohl für die Eltern als auch für das Kind unerträglich wäre; sondern darin, das Netzwerk an unterstützenden Personen zu erweitern, sodass auch andere Menschen in Bereichen auf der Bildfläche erscheinen, in denen die Eltern-Kind-Beziehung so eng ist, dass die Eltern nicht mehr atmen und die Kinder nicht mehr wachsen können. Elternschaft in einer Eltern-Kind-Blase ist oft schmerzhaft, und sie ist nicht effektiv. Sie ist deshalb schmerzhaft, weil jeder Versuch, die Verbindung zu lockern und für beide Seiten Raum zu schaffen, als unerträglicher Bruch empfunden wird. Und sie ist wenig effektiv, weil übertriebene Nähe und Abhängigkeit den natürlichen Reifungsprozess unterlaufen.

Der Scham-Faktor: »Wenn das ans Licht kommt, blamieren wir uns bis auf die Knochen«

Der Scham-Faktor behindert Eltern auf zweierlei Weise: Sie tun sich schwer damit, ein Problem zuzugeben, weil sie fürchten, vor anderen nicht gut dazustehen; und noch mehr befürchten sie, dass eine solche Blamage ihr Kind traumatisieren würde. Damit Eltern besser mit dem Problem der Scham zurechtkommen, müssen sie verstehen, wie wichtig diese Emotion für die kindliche Entwicklung ist.

Sich schämen zu müssen, ist immer unangenehm; aber es muss nicht unbedingt schädlich sein. Ganz im Gegenteil: Scham spielt eine entscheidende Rolle dabei, dass das Kind ein Zugehörigkeitsgefühl entwickelt und moralische Werte verinnerlicht. Der Unterschied zwischen hilfreicher Scham und schädlicher Scham hat mit dem weiteren zwischenmenschlichen und emotionalen Kontext zu tun, in dem die Scham erlebt wird. Scham, die mit Ablehnung und Ausgrenzung einhergeht, ist nicht nur extrem unangenehm, sondern kann tatsächlich Schaden zufügen. Beschämende Strafen, die marginalisieren, demütigen oder verbal herabsetzen, überbringen die Botschaft der Ausgrenzung. Auch wenn das Kind theoretisch wieder dazugehören würde, sobald es sagt, dass ihm sein Fehlverhalten leidtue, weigern sich manche Kinder, das zu tun. Sie leiden lieber ohne Ende, als diese Demütigung hinzunehmen. Andere hingegen, die gezwungen werden, sich zu unterwerfen, entwickeln einen Groll, der sowohl ihr Zugehörigkeitsgefühl als auch ihre Loyalität gegenüber den moralischen Werten untergräbt, die diejenigen ihnen vermitteln möchten, die für sie Verantwortung tragen. Ganz anders hingegen ist es, wenn ein Kind Scham in einem Kontext erlebt, der Zugehörigkeit und Schutz vermittelt.

In unserem Programm zum Umgang mit gewalttätigen Kindern beziehen wir die »öffentliche Meinung« bewusst mit ein: Bei dieser »Öffentlichkeit« handelt es sich um eine Gruppe, die eine positive Einstellung zum Kind hat. Wir helfen den Eltern dabei, aus Verwandten, Freunden, Lehrern und Lehrerinnen oder anderen Personen, die für das Kind wichtig sind (zum Beispiel ein Leiter des Sportvereins oder eine Seelsorgerin) eine Gruppe von Unterstützern zusammenzustellen. Wenn das Kind gewalttätig wird (wenn es zum Beispiel ein Geschwisterkind schlägt), erhalten alle Mitglieder dieser Gruppe einen Bericht über diesen Vorfall. Daraufhin kontaktieren ein oder zwei Gruppenmitglieder das Kind und sagen: »Ich habe mitbekommen, dass du gestern deine Schwester geschlagen hast. Du weißt ja, dass du mir am Herzen liegst. Ich glaube, dass da mehr in dir steckt und dass du es schaffen kannst, deine Wutausbrüche in den Griff zu bekommen. Ich helfe dir gern dabei, nicht mehr in so etwas hineinzugeraten. Das geht nämlich gar nicht, dass du gewalttätig wirst und deine Geschwister schlägst.«

Diese Botschaft beinhaltet drei positive Komponenten: eine Botschaft der Liebe und der Zuwendung, eine Botschaft des Vertrauens und der Wertschätzung und eine Botschaft, dass man bereit ist, zu helfen. Dadurch entsteht ein positiver Kontext, der dem Kind dabei helfen kann, mit der Scham zurechtzukommen. Die Kombination von Wertschätzung, Zugehörigkeit und Hilfe in dieser Botschaft, gepaart mit dem ehrlichen und direkten Bezug zum inakzeptablen Verhalten, stärkt die Fähigkeit des Kindes, die Scham zu ertragen. Solche Erfahrungen sind für eine gesunde Entwicklung wichtig.

Die Erkenntnis, dass Scham nicht nur erträglich, sondern sogar wichtig ist, hilft vielen Eltern dabei, ihre Hemmungen zu überwinden und Hilfe zu suchen. Bei manchen Eltern reicht dies jedoch nicht: Sie fürchten, dass sie als schlechte Eltern dastehen, wenn ihre Schwierigkeiten ans Licht kommen. Für solche Eltern ist es hilfreich, wenn sie in einer Weise um Hilfe bitten können, die ihre Selbstachtung hebt und nicht mindert. Sie können beispielsweise zu ihren Freunden oder Verwandten sagen: »Ihr könnt euch bestimmt vorstellen, dass es uns nicht leichtfällt, euch zu sagen, dass wir Probleme mit unserer Tochter haben. Aber sie liegt uns so sehr am Herzen, und wir möchten, dass sie eine gute Zukunft hat. Deshalb möchten wir euch mit einbeziehen.« Eltern, die auf diese Weise anderen ihre Schwierigkeiten mitteilen, zeigen, dass sie ihre Scham im Interesse des Kindes und der ganzen Familie überwunden haben. Das ist ein Ausdruck von Stärke, nicht von Schwäche.

Eine weitere Möglichkeit besteht darin, die besondere Bedeutung der Unterstützer hervorzuheben, zum Beispiel mit der Botschaft: »Ihr wisst ja, dass ich nicht gerne über Schwierigkeiten rede. Es fällt mir auch immer schwer, um Hilfe zu bitten. Aber ihr bedeutet uns und unseren Kindern sehr viel; deshalb wollte ich unsere Probleme nicht vor euch verheimlichen.« Diese Art von Hilferuf bringt den Respekt und das Vertrauen zum Ausdruck, das man den Unterstützern entgegenbringt.

Solche Aussagen enthalten ein wichtiges Geheimnis im Hinblick auf Hilfeleistungen: Sie vermitteln sowohl der helfenden als auch der Hilfe suchenden Person gegenüber Wertschätzung. Bei unseren

Unterstützertreffen legen wir Wert darauf, dass eine Atmosphäre herrscht, von der alle profitieren: Die Eltern erfahren Unterstützung und die Unterstützer genießen das Privileg, sowohl dem Kind als auch der betroffenen Familie helfen zu dürfen.

Die Furcht davor, schwach zu erscheinen

Manche Eltern reagieren auf den Vorschlag, sich Hilfe zu holen, oft spontan mit der Befürchtung: »Aber dann hält mich das Kind für zu schwach, um es allein zu schaffen!«

Für Eltern ist es dann oftmals hilfreich, sich klarzumachen, dass die Macht, die eine erhobene Hand symbolisiert, oder ein einschüchternder Schrei oder eine Strafe weniger wichtig und weniger »stark« sind als die Kraft, die von breiten Schultern ausgeht. Das »Wir« hat mehr Legitimität und Überzeugungskraft als das »Ich«. Eltern, die das verstanden haben, haben es leichter im Umgang mit einem trotzigen Kind. Sie können ihre Unterstützer aktivieren, indem sie zu ihrem Kind sagen: »Selbstverständlich werde ich mich an Opa und Oma und auch an deine Onkel und Tanten wenden. Wir sind uns alle einig, dass wir uns keine Gewalt mehr bieten lassen.« Oder: »Wenn du abhaust, dann werden wir alle Hebel in Bewegung setzen. Du bist uns nicht egal.«

Durch solche Aussagen verändert sich die Wahrnehmung der Eltern deutlich: Statt sich schüchtern klein zu machen aus Furcht, schwach zu erscheinen, können sie sich nun stark fühlen – als Repräsentanten oder Anführer einer ganzen Gruppe von Menschen, die es sich zum Ziel gesetzt hat, keine Gewalt, Zerstörung und Selbstgefährdung mehr zuzulassen. Die Beziehung zwischen Eltern und Kind gewinnt einen neuen Charakter. Es gibt keine erfolgreichere Strategie gegen den Trotz eines Kindes als die Position: »Du weißt doch genau, dass wir alle zusammenhalten und Gewalt ablehnen.«

Elisabeth, eine alleinerziehende Mutter, war von den Machtkämpfen mit ihrem elfjährigen Sohn Leo völlig erschöpft. Sie hatte das Gefühl, je mehr sie drohte und forderte, desto hartnäckiger und resistenter wurde der Junge. Manchmal dachte sie, er genieße es, mit ihr zu diskutieren, einzig um des Argumentierens willen. Sie sah nicht, wie sie aus diesem Labyrinth herauskommen konnte. Zudem hatte sie schon eine ganze Reihe von Beratern konsultiert und es im Guten wie im Bösen versucht.

Leo war sowohl gegen ihre Überredungsversuche resistent als auch gegen positive Bestätigungen, Verlockungen, Drohungen und Bestrafungen. Einer seiner Lieblingssprüche war: »Was wäre das Schlimmste, was du mir antun könntest?« Es klang geradezu wie eine Aufforderung, ihren Werkzeugkasten nach einer weiteren Bestrafung zu durchsuchen, nur, damit er ihr ein neues Bein stellen konnte.

In Gesprächen mit einer Therapeutin unserer Klinik wurden zwei Ziele gesetzt. Erstens zu lernen, jeder Form von Duell und Tauziehen aus dem Weg zu gehen, und zweitens ein unterstützendes Netzwerk aufzubauen, das es der Mutter ermöglichte, als »Wir« aufzutreten und zu handeln. Um zu betonen, dass sie sich fortan nicht mehr auf Machtkämpfe einlassen wollte, verfasste Elizabeth mit ihren Unterstützern (den Großeltern des Kindes, ihren beiden Geschwistern und ihrer erwachsenen Tochter) ein »Attest«, das Folgendes bescheinigte: »Leo ist ein unbesiegbares Kind. Man kann ihm nicht beikommen, weil er die Art von Junge ist, die lieber sterben würde, als nachzugeben.« Anschließend unterzeichneten alle Unterstützer, inklusive des Hundes, der wohl Leos liebstes Geschöpf war.

Dann wurde das Attest ausgedruckt und in Leos Zimmer aufgehängt. Zwei Tage nachdem er es bekommen hatte, zerbrach Leo absichtlich eine der Vasen seiner Mutter. Am selben Abend kam diese einige Stunden später in sein Zimmer, in Begleitung seines Onkels und seiner Tante. Sie setzten sich hin und teilten dem Jungen mit, dass sie beabsichtigten, solange da zu bleiben, bis er ihnen vorschlug, wie er seine Mutter für den Schaden entschädigen wolle. Leo zeigte auf das Attest an der Wand und sagte: »Ihr habt keine Chance. Ihr habt es doch selbst gesagt: Ich bin unbesiegbar!«

Sein Onkel entgegnete: »Das stimmt, du bist unbesiegbar! Aber wir alle hier sind verpflichtet, Gewalt zu bekämpfen, auch wenn wir verlieren!«

Für eine ganze Weile wurde es im Zimmer völlig still. Leo bot keine Entschädigung an, weil das seinen Stolz verletzt hätte. Zwei Tage später wandten seine Großeltern sich an ihn und sagten: »Wir können dich nicht zwingen, deine Mutter zu entschädigen, wenn du das nicht willst. Aber wir können eine Entschädigung von dir einholen, weil die Gerechtigkeit das ganz einfach verlangt. Wir haben beschlossen, unser Versprechen, dir zu Weihnachten eine neue Playstation zu kaufen, zurückzunehmen. Das Geld dafür wird stattdessen dazu verwendet, die Vase zu ersetzen, die du zerbrochen hast.«

Leo wurde angeboten, sich die Option der Entschädigung seiner Mutter noch einmal zu überlegen, aber er verharrte in seinem Widerstand. Als er das Geschenk an Weihnachten nicht bekam, tat er so, als sei ihm das egal.

Früher hatte seine Mutter mit ihm immer wieder fruchtlose Diskussionen darüber geführt, wie er sich selbst schade. Dieses Mal enthielt sie sich jeden Kommentars. Wortlos wurde die neue Vase an den Platz der alten gestellt und die Mutter erzählte der Therapeutin: »Ich hätte nie gedacht, dass ich mich so gut fühlen würde, weil ich unterstützt werde. Ich habe nicht länger das Bedürfnis, zu schreien! Stattdessen kann ich ruhig sprechen, weil ich Teil eines ganzen Chores bin!«

Obwohl Leo zu keinem Zeitpunkt nachgab oder etwa Reue zeigte, veränderte sich sein Verhalten. Er hatte einfach keinen Diskussionspartner mehr.

Furcht vor der Reaktion des Kindes

In manchen Familien kommt es einem Tabubruch gleich, über die Probleme der Kinder zu reden – selbst mit den Großeltern. Die Eltern befürchten, dass das beim Kind zu heftigen Gefühlsausbrüchen und vielleicht sogar einer ernsthaften psychischen Krise führen könnte. Manchmal droht das Kind sogar direkt mit solchen extremen Reaktionen.

Hier einige Fragen, die Eltern sich bezüglich dieser Angst vor der Reaktion ihrer Kinder stellen können:

Habe ich Angst, dass mein Kind sich fühlen könnte, als kämpfte es allein gegen den Rest der Welt?

Diese Furcht rührt von der Vorstellung her, dass sich alle Unterstützer gegen das Kind verbünden. In Wirklichkeit soll die Einbindung von Verwandten und Freunden jedoch das Gegenteil bewirken. Nach einem problematischen Vorfall sollten nur eine oder zwei dieser vertrauten Personen auf das Kind zugehen – und zwar immer wohlwollend und freundlich, so wie es im Absatz über konstruktive Scham beschrieben wurde. Dann stehen die Chancen gut dafür, dass auch die positiven Neigungen des Kindes zum Vorschein kommen.

Denn in ihrem tiefsten Inneren wollen die meisten Kinder ihr problematisches Verhalten eigentlich verbessern, aber sie wissen nicht, wie. Selbst solche, die so scheinen, als wollten sie ihre Wut und ihre

Gewalt beibehalten wünschen sich, dass ihr Problem gelöst wird und sie nicht mehr zu Wutausbrüchen provoziert werden.

Dies gilt sogar für delinquente Jugendliche und solche mit Substanzmissbrauch. Tief im Innern haben auch sie positive Stimmen und den heimlichen Wunsch, dass es besser wird; doch diese positiven Stimmen haben es nicht leicht, Gehör zu finden. Sobald das Kind jedoch merkt, dass man sich um seinetwillen bemüht, und besonders wenn man es respektvoll anspricht, statt zu schimpfen und zu kommandieren, dann werden die positiven inneren Stimmen lauter.

Wird mein Kind nicht extrem wütend auf mich sein?

Tatsächlich löst es manchmal einen Wutanfall aus, wenn Eltern sich Hilfe holen. Manche Kinder beschuldigen ihre Eltern, dass sie sie verraten und ihre Privatsphäre verletzen.

Es gibt auch Kinder, die ihren Eltern ausdrücklich verbieten, mit Fremden über sie zu reden. Sie wissen sehr genau, dass die Privatsphäre in unserer Gesellschaft als heilig gilt. Schon allein das Stichwort lässt die Eltern strammstehen und sie geben den Plan auf, das Problem offenzulegen. Eltern sollten sich dessen bewusst sein. Statt in diese Falle zu tappen, sollten sie geduldig erklären: »Es sind eben nicht nur deine Probleme, sondern auch unsere!« Auf diese Weise können sie erklären, warum sie das Recht haben, Hilfe zu suchen und in Anspruch zu nehmen.

Es fällt Eltern leichter, den Zorn ihres Kindes als Reaktion auf die vermeintliche Verletzung ihrer Privatsphäre zu ertragen, wenn sie verstehen, dass sie damit eigentlich die gesamte Hausgemeinschaft schützen. Wenn ihnen das klar wird, können sie es auch dem Kind erklären. Die Botschaft »Wir haben beschlossen, Hilfe zu suchen, weil wir alle darunter leiden« ist absolut legitim. Im Gespräch mit dem Kind können Großeltern, andere Verwandte oder Freunde einfach sagen: »Na klar! Dieses Problem betrifft uns alle!«

Es gibt einen weiteren Grund, weshalb sich der Zorn des Kindes legen wird: Das Problem wird ein für alle Mal offengelegt; danach gibt es kein Zurück mehr. Irgendwie muss das Kind jetzt mit der neuen Situation zurechtkommen. Die Unterstützung hingegen ist anhaltend. Die wohlwollende Präsenz der Personen, die unterstützen wollen, ist heute, morgen und auch in der Zukunft spürbar. Allmählich überwiegt der positive Einfluss dieser Unterstützung gegenüber dem unangenehmen Gefühl, exponiert zu sein. Wenn das Kind erst einmal aufrichtige Hilfe erlebt hat, merkt es, dass es zu seinen Gunsten war, dass das Geheimnis ans Licht gekommen ist.

Und was, wenn das Kind einen seelischen Zusammenbruch erleidet, weil das Geheimnis ans Licht kommt?

Das ist eines der Horrorszenarien, vor denen Eltern sich fürchten. Nicht selten haben sie sogar Angst, dass das Kind sich etwas antun wird. Manche Eltern halten den mentalen Zustand ihres Kindes für sehr instabil – schon eine leichte Brise könnte es umblasen. Unsere Erfahrung zeigt jedoch das Gegenteil: Unterstützer zu involvieren ist offenbar eine der besten Garantien, um den seelischen Zustand eines Kindes zu verbessern, während das Verheimlichen der Probleme und die Isolation hauptsächlich zu ihrem Fortbestehen beitragen. Unter Hunderten von Fällen, die wir betreut haben, haben wir es kein einziges Mal erlebt, dass die Beteiligung von Freunden, Verwandten und Lehrkräften zu einer seelischen Krise geführt hat. Ganz im Gegenteil: Es gibt zahlreiche Beispiele, bei denen Kinder oder Heranwachsende mit Hilfe von Unterstützern aus der Krise geholfen wurde.

Natürlich ist es wichtig, sorgfältig abzuwägen, was man den Unterstützern erzählt, und auf welche Weise. Es ist wichtig, mit privaten Informationen über Dinge wie intime Vorkommnisse oder die sexuelle Orientierung von Jugendlichen sensibel umzugehen. Das Recht auf Privatsphäre in diesen Bereichen muss auch dann gewahrt bleiben, wenn Unterstützer zur Hilfe herangezogen werden. Manchmal muss man im Hinblick auf dieses Thema zwischen Helfern mit unterschiedlichen Rollen unterscheiden. Vielleicht gibt es einen Verwandten oder eine befreundete Person, die das Vertrauen des Jugendlichen gewinnt und mit ihm gezielt über dieses Thema sprechen kann. Informationen über solche Bereiche sollten jedoch nicht mit der gesamten Gruppe geteilt werden. Unterstützer haben Verständnis, wenn ihnen mitgeteilt wird, dass es Bereiche gibt, über die das Kind nur mit einer bestimmten Person seines Vertrauens bespricht.

Dabei gilt eine wichtige Regel: Gewalt ist niemals eine private Angelegenheit. Sie betrifft immer mehrere Personen. Dazu gehören Gewaltvorkommnisse sowie missbräuchliches Verhalten gegenüber Eltern oder Geschwistern und auch Selbstverletzung – sei es durch Schnittwunden, Fehlernährung oder andere destruktive Verhaltensweisen. Auch die Androhung von Suizid – egal, ob ausdrücklich oder implizit – ist keine Privatsache. Ganz im Gegenteil: Mit Suizid zu drohen, ist eine der gewaltsamsten Handlungen, die es gibt. Mit einer einzigen Tat zerstört das Kind dabei nicht nur sein eigenes Leben, sondern auch das seiner Eltern. Die Tatsache, dass sich die Gewalt nach innen richtet, macht diese Drohung deshalb nicht weniger gewalttätig oder reduziert sie gar auf die Privatsphäre. Wenn Familienmitglieder von einer solchen Handlung oder auch nur ihrer Androhung erfahren, sind sie aufgerufen, das Kind offen darauf anzusprechen. Wenn das Kind dann protestiert oder sich auf seine Privatsphäre beruft, dann sagen Sie einfach: »Leben und Tod sind keine Privatsache; das geht alle an, denen du etwas bedeutest.«

Was tun, wenn das Kind von zu Hause fortläuft oder androht, dass wir es nie wiedersehen werden?

Der beste Umgang mit Horrorszenarien besteht darin, einen Krisenplan zu erarbeiten. Ein Kind, das wegzulaufen droht oder das schon einmal verschwunden ist, müssen die Eltern besonders im Auge behalten, und sie sollten den Personenkreis ausweiten, den sie bei Bedarf kontaktieren können. Die Vorbereitung auf solche Situationen stärkt die Präsenz der Eltern. Die Tatsache, dass es im Umfeld des Kindes Menschen gibt, die die Eltern kontaktieren und zu Hilfe rufen können (Freunde, die Eltern von Freunden, Lehrer, Sport-Coaches, Kassiererinnen etc.) nimmt ihnen das Gefühl, in einer Blase gefangen zu sein. Um der Drohung gewachsen zu sein, dass das Kind weglaufen will, können Eltern bereits im Vorfeld eine Liste von Namen und Telefonnummern von Personen zusammenstellen, mit denen das Kind befreundet ist, oder die es kennen. Mit ein bisschen Anstrengung sind alle Eltern in der Lage, eine solche Liste zu erstellen.

Die Barriere der Einsamkeit: »Wir haben niemanden, der uns hilft!«

Viele Eltern reagieren auf den Vorschlag, sich ein Netzwerk der Unterstützung zu suchen, mit der Entgegnung, dass es niemanden gäbe, der ihnen hilft. Die Erfahrung von Einsamkeit und Mangel an hilfsbereiten Menschen ist für viele Familien typisch. Die moderne Familie gleicht einer sozialen Insel. Einsamkeit ist jedoch nicht nur eine objektive Situation, sondern auch eine Gewohnheit und eine Mentalität. Wir haben die Erfahrung gemacht, dass viele Eltern, die dachten, dass es niemanden gäbe, der für sie da sei, überrascht waren, als sie erlebten, dass das Gegenteil der Fall war, sobald sie es wagten, die Grenzen ihrer Einsamkeit mit ein paar einfachen Fragen auf den Prüfstand zu stellen:

Gibt es Personen innerhalb der näheren Verwandtschaft, die in Frage kommen? Habe ich sie um Hilfe gebeten?

Häufig offenbart die erste, spontane Antwort auf diese Frage bereits die scheinbaren Hindernisse. Zum Beispiel wohnen die Großeltern zu weit weg, sind zu alt, zu krank oder zu übervorsichtig; das Verhältnis der Eltern zu ihren Geschwistern ist nicht eng genug; der Onkel ist altmodisch und würde sowieso nur ärgerlich und kritisch reagieren, wenn er wüsste, was vor sich geht; und die Freunde der Eltern haben mit sich selbst schon genug zu tun.

Bei genauerem Hinsehen halten diese Hindernisse jedoch einer Prüfung nicht stand. Besonders wenn es um Großeltern geht, ist die räumliche Entfernung meistens kein unüberwindbares Hindernis, denn Telefon und digitale Kommunikationsmittel machen die Unterstützung auch über die Distanz hinweg möglich. Oft kommunizieren die Kinder sowieso schon häufig mit ihren Großeltern, ohne dass die Eltern auf die Idee gekommen wären, diese Beziehung für den Umgang mit problematischen Bereichen zu nutzen. Wenn man die Großeltern nicht mit einbezieht, dann vergrößert sich die emotionale Distanz und die Beziehung verliert an Tiefe. Die Unterhaltungen werden oberflächlich und nichtssagend. Das vermittelt den Großeltern ein unrealistisches Bild von der Familie, und die Eltern schließen sie von der traditionellen Rolle aus, die ihren eigenen Eltern eigentlich zukommt und die für ihr Leben bedeutsam sein könnte. Auch die Rücksicht auf das Alter oder den Zustand der Eltern ist nicht hilfreich. Werden die Großeltern in Unwissenheit gehalten, geben sie sich nur ihren eigenen Sorgen, Gebrechen und Leiden hin.

Peter (12) neigte dazu, sich zu isolieren und weigerte sich oft tagelang, sein Zimmer zu verlassen. Seine Eltern, Lara und Eugen, zögerten zunächst, Peters Großvater miteinzubeziehen, weil er an einer Knochenkrankheit litt, die seine Bewegungsfreiheit stark beeinträchtigte. In der Vergangenheit hatte Peter gern mit seinem Großvater zusammen Fußball geschaut, aber das hatte aufgehört, als der Junge im Vorjahr begann, sich immer mehr zurückzuziehen.

Letztlich beschlossen die Eltern, den Großeltern von der Veränderung und ihrer Sorge um Peter zu erzählen. Daraufhin begann der Großvater, den Jungen bei wichtigen Spielen, die jeder bei sich zu Hause ansah, Textnachrichten zu schicken. Ein paar Wochen später besuchte Peter seinen Großvater und sie schauten sich gemeinsam ein Spiel an. Dann trat der Enkel einer Fußballmannschaft bei. Ungeachtet seiner Behinderung begann der Großvater, zu Peters Spielen zu kommen. Offensichtlich profitierten beide Seiten von der Unterstützung des Großvaters.

Onkel, Tanten, Cousins und Cousinen sowie Freunde der Eltern erweisen sich oft als wertvolle Hilfen, die dazu beitragen können, den Zusammenhalt in der Familie zu stärken. Besonders ältere Cousins und Cousinen spielen häufig eine ähnliche Rolle wie ältere Geschwister. Eltern sind manchmal überrascht, wenn sie sehen, dass Cousins oder Cousinen sich gern um ihre Kinder kümmern; die Onkel und Tanten hingegen wundern sich gar nicht! Denn sie kennen ihre Kinder und wussten schon, dass sie hilfsbereit sind. Es ist wichtig zu wissen, dass die Hilfe gar nicht intensiv sein muss. Oft genügt es schon, den Cousin einmal im Monat einzuladen, sodass die Kinder Zeit miteinander verbringen können. Manchmal gibt es auch einen Cousin oder eine Cousine, der oder die dem betroffenen Kind in einem bestimmten Bereich weiterhelfen kann – zum Beispiel bei den Hausaufgaben oder beim Sport. Gelegentlich nehmen Onkel und Tanten auch ihre Neffen und Nichten mit in den Urlaub. Solche Ereignisse können viel dazu beitragen, das Gefühl der Zugehörigkeit zur Familie zu verbessern.

Habe ich ein gutes Verhältnis zu den Lehrkräften oder anderen schulischen Mitarbeitenden?

Meistens erwarten Eltern von den Lehrerkräften nicht sehr viel Unterstützung. Die meisten stehen ihnen eher kritisch gegenüber. Wenn das Kind Probleme in der Schule hat, verschlechtert sich das Verhältnis zwischen Eltern und Lehrkräften oftmals erst recht. Gegenseitige Schuldzuweisungen sind die Folge. Das ist allerdings nicht nur unerfreulich für beide Seiten, sondern auch schädlich für das Kind. Je weiter sich Schule und Zuhause voneinander entfernen, desto weniger konsistent und kohärent wird auch das Leben des Kindes. Viele Eltern sind überrascht, wenn sie merken, dass sie nicht nur die Schulprobleme besser in den Griff bekommen, wenn sie das Verhältnis zur Schule verbessern, sondern sich auch ihr Status hebt, weil das Kind mitbekommt, dass sie Bescheid wissen und am Ball bleiben. Wenn es Eltern gelingt, eine gute Beziehung zur Schule zu pflegen, weitet sich ihr Horizont und sie können mehr Einfluss nehmen. Die Autorität der Eltern findet ein Echo in der Autorität des Lehrpersonals und umgekehrt. Wenn Eltern über Details Bescheid wissen, zum Beispiel über die Hausaufgaben, das Schulmaterial, Vorkommnisse im Klassenzimmer sowie die soziale Situation ihres Kindes, ist sich das Kind der Präsenz der Eltern stärker bewusst. Im Gegensatz dazu verlieren Eltern an Präsenz, wenn ihr Kind aufgrund fehlender Koordination mit den Lehrkräften unter dem Radar fliegt. Wenn Eltern und Schulpersonal ihre Kooperation erneuern, spürt das Kind, dass sich beide Seiten gemeinsam kümmern.

Kenne ich die Freunde meiner Kinder und deren Eltern? Habe ich Kontakt zu ihnen?

Eines der Probleme der modernen Gesellschaft sind Anonymität und Abgeschiedenheit. Jeder von uns lebt in seiner eigenen Blase. Das Zuhause der Freunde unserer Kinder ist uns manchmal fremd wie eine ferne Welt. Eltern fühlen sich oft befangen und scheuen sich davor, die Eltern der Freunde ihrer Kinder anzusprechen, als brächen sie damit ein unausgesprochenes Tabu. Selbst einfacher Smalltalk mit den Freunden ihrer Kinder fällt ihnen schwer.

Manche Kinder lassen es auch gar nicht zu, dass ihre Eltern sich Zeit für ihre Freunde nehmen: Sobald sie das Haus betreten, »schmuggelt« Tochter oder Sohn sie schnell in ihr oder sein Zimmer, wo sie vor den Blicken der Eltern oder gar einer Begegnung mit ihnen sicher sind. Solange Eltern diese ungeschriebenen Gesetze resigniert akzeptieren, werden sie keinen Zugang zur sozialen Welt ihrer Kinder finden, und von den Einflüssen, denen sie ausgesetzt sind, keine Ahnung haben.

In der Regel zeigen sich Eltern offen für den Vorschlag, den Graben zu überbrücken, der sie von den Freunden ihrer Kinder und von deren Eltern trennt, wenn ihnen klar wird, dass es zu ihrer Rolle als Eltern gehört, dass sie die Freunde ihrer Kinder kennen und mit ihnen sowie mit ihren Eltern reden können. Schon die Tatsache, dass ein Kind versucht, diesen Kontakt zu verhindern, ist ein Warnzeichen dafür, dass ein problematischer Prozess im Gang ist. Es gibt mehrere Gründe, weshalb es wichtig ist, dass Eltern mit den Freunden ihrer Kinder und deren Müttern und Vätern reden können:

- Eltern merken dann, dass ihr Kind Kontakte pflegt, die nicht gut sind;
- es öffnet ein Fenster, durch das sie einen Blick auf die Pläne und Aktivitäten ihrer Kinder werfen können;
- es ermöglicht ihnen, Aktivitäten zu koordinieren, Ausgehzeiten festzulegen sowie den Zeitpunkt, wann das Kind wieder zu Hause sein muss;
- Eltern finden ihr Kind leichter wieder, wenn es versucht, ihnen aus dem Weg zu gehen;
- die Eltern beider Familien können sich besser abstimmen;
- es stützt die Legitimität der elterlichen Entscheidungen – besonders solcher, die mit den anderen Eltern abgesprochen sind.

Clara merkte, dass Vivi (13) nach Zigaretten und Alkohol roch, als sie von einer Party bei einer Klassenkameradin nach Hause kam. Sie hatte sich in letzter Zeit bereits Sorgen darüber gemacht, dass Vivi sich einer neuen Gruppe von Freundinnen angeschlossen hatte. Die Mutter hatte das Gefühl, dass diese Mädchen ihre Tochter negativ beeinflussten.

Clara beschloss, einen für dieselbe Woche angesetzten Elternabend wahrzunehmen, um mit zwei anderen Müttern in Kontakt zu treten, ihre Bedenken mit ihnen zu teilen und Telefonnummern auszutauschen. Die drei Frauen vereinbarten, mehr herauszufinden und falls nötig, zu intervenieren, um dem Rauchen und dem Alkoholkonsum auf Partys ein Ende zu setzen. Sie sprachen auch mit den Eltern der Klassenkameradin, auf deren Party Vivi offenbar geraucht und getrunken hatte. Diese erzählten, als sie an jenem Abend spät nach Hause gekommen seien, hätten sie festgestellt, dass die Kinder sich an ihre Hausbar herangemacht und von dort eine Flasche Whisky entwendet hätten.

Daraufhin beschloss die neue Elternkoalition, mit den Kindern über diese Entdeckung und ihre Abmachung zu sprechen. Sie teilten ihnen mit, sie hätten gemeinsam beschlossen, in Zukunft vor jeder Party oder gesellschaftlichen Aktivität nachzuforschen, sich dann mit den gastgebenden Eltern in Verbindung zu setzen und zu vereinbaren, was zu tun sei, um sicherzustellen, dass es auf den Partys keine Zigaretten und keinen Alkohol geben werde. Zudem kontaktierten sie weitere Eltern aus der Klasse und erklärten ihnen ihren Plan.

Die Anforderungen an die Unterstützer halten sich in Grenzen und jede Person kann einfach das tun, was im Rahmen ihrer Möglichkeiten machbar ist. Allmählich kristallisiert sich dann heraus, dass manche von ihnen eine wichtigere Rolle spielen als andere. Trotzdem verändert sich die Lage schon allein dadurch, dass sie Bescheid wissen und dass auch das Kind weiß, dass sie Bescheid wissen. Denn Versteckspiel und Heimlichtuerei sind eine Brutstätte für viele Verhaltensstörungen. Sobald die Probleme ans Licht kommen, ändert sich die Situation grundlegend.

Wie können wir als Eltern unserem Kind ein Netzwerk schaffen, damit es sich zugehörig fühlt?

Eines der wichtigsten Dinge, das ein Netzwerk der Unterstützung beitragen kann, ist, dem Kind ein Gefühl von Geborgenheit zu vermitteln. Die beste Unterstützung besteht darin, dem Kind die Möglichkeit zu geben, dazuzugehören. Dazu bedarf es keiner formellen Einladung; vielmehr soll das Kind bei jeder Kontaktaufnahme spüren, dass es willkommen ist. Das Vorgehen von Eltern und Unterstützern signalisiert ihm: »Du bist uns wichtig!«, »Wir sind für dich da«, »Wir haben dich ins Herz geschlossen!«, »Wir denken immer an dich« und »Du bist nicht allein!«

Selbst Kinder, die diese Botschaften demonstrativ ignorieren, nehmen sie in Wirklichkeit doch wahr, und sie lassen sie nicht kalt. Nach und nach hinterlässt die Einladung, dazuzugehören, ihre Wirkung. Der Wandel vollzieht sich nicht schlagartig, sondern allmählich – zunächst zögerlich, aber dann zunehmend bemerkbar.

Auch für die Eltern ist dieser Prozess wichtig: Wenn sie erkennen, dass es für das Kind schön ist, Unterstützer zu gewinnen, und wenn es merkt, dass es dazugehört, verlieren sie allmählich ihre Hemmungen. Im Folgenden finden Sie eine Reihe von Prinzipien und Botschaften, die die positive Wirkung der Einbindung von Freunden und Verwandten hervorheben.

»Wir haben unseren eigenen Stamm!«

Ein isolierter Elternteil ist keine attraktive Adresse für das Zugehörigkeitsbedürfnis des Kindes. Im Laufe ihrer Entwicklung lernen Kinder, »soziale Landkarten« zu lesen und die Qualität von Beziehungen zu evaluieren, sowie den Status, den die Menschen in ihrem Umfeld haben. Sie beobachten die Beziehungen ihrer Eltern zueinander sowie zu anderen Leuten und ziehen daraus Folgerungen bezüglich ihrer Position und ihres Status. Eltern, die zurückgezogen und isoliert sind, verlieren in den Augen der Kinder an Status und Achtung. Das ändert sich jedoch, wenn sich Eltern aus der Isolierung befreien und sich Unterstützung holen. Wenn Mütter, Väter und Unterstützer als »Wir« voneinander reden, versteht das Kind: »Wir haben unseren eigenen Stamm!« Allmählich wird ihm klar, dass sich die soziale Landkarte geändert hat. Jetzt kann es die Eltern nicht mehr einfach ignorieren, weil ein Netzwerk der Unterstützung hinter ihnen steht. Viele Eltern sind überrascht, wenn sie erleben, dass ihr Kind sie allmählich respektiert, selbst wenn es protestiert.

In unserer Einrichtung haben wir eine Studie durchgeführt, bei der deutlich wurde, dass Alleinerziehende – und besonders solche, die Unterstützung eigentlich sehr nötig hätten – diejenigen sind, die die meisten Probleme damit haben, sich Hilfe zu suchen. Das liegt vielleicht daran, dass diese Eltern gewohnt sind, alles allein zu meistern. Tatsächlich erklären sie ihr Verhalten auch selbst damit, dass es ihrer Vorstellung von der Elternrolle widerspricht. Wir glauben, dass sie dabei etwas ganz Wichtiges aus den Augen verloren haben: Ein isolierter Elternteil läuft Gefahr, die Kraft zu verlieren, die er braucht, um das Zugehörigkeitsbedürfnis des Kindes zu aktivieren. Infolgedessen akzeptiert es Vater oder Mutter immer weniger als Autorität, Führungsperson und als Kompass für seine Werteorientierung. Ein Mädchen brachte das einmal besonders drastisch zum Ausdruck. Es sagte: »Ich habe das alles gemacht, weil ich auf keinen Fall so einsam sein wollte wie meine Mutter!«

Das ändert sich, wenn Unterstützer dem Kind vermitteln: »Als deine Mutter sich an uns gewandt hat, ist uns klar geworden, dass sie alle erdenkliche Unterstützung verdient.« Oder: »Wir sind in dieser Sache mit deinen Eltern ganz einer Meinung.« Diese Botschaften zeigen, dass das Elternteil es nicht nur gewagt hat, sich aus der Falle der Einsamkeit zu befreien, sondern dass es auch Unterstützung verdient. Kinder haben einen sehr scharfen Instinkt für die soziale Landkarte. Wenn ein Elternteil also breite Unterstützung erfährt, hebt das seinen Status in den Augen des Kindes.

Weniger dominierende Botschaften ermöglichen ein neues Zugehörigkeitsgefühl

Es ist wichtig, einem Kind, dessen Zugehörigkeitsgefühl man fördern will, den Weg zu ebnen. Dominierende Botschaften hingegen erreichen genau das Gegenteil. Wenn ein Kind zu hören bekommt: »Wenn du mir nicht gehorchst, dann …«, fühlt es sich geradezu dazu gedrängt, mit Ungehorsam zu reagieren. Es wird sein Bedürfnis nach Zugehörigkeit dann woanders zu stillen versuchen. Botschaften wie: »Du tust jetzt gefälligst, was ich dir sage!«, erzeugen in vielen Kindern das Gefühl, dass ihnen nichts anderes übrig bleibt als sich mit aller Kraft zu widersetzen. Ganz anders hingegen klingt die Botschaft: »Wir werden tun, was wir gesagt haben!« Diese Botschaft erreicht zweierlei: Zum einen stärkt sie den Stand der Eltern, und zweitens vermindert sie die Distanz, die das Kind überwinden muss, um dazuzugehören. Zugehörigkeit ist jetzt auch nicht mehr das Gegenteil von Autonomie, und Kooperation bedeutet nicht mehr, nachgeben zu müssen.

Zwischen Andy (15) und seiner Familie war eine sehr schlechte Stimmung entstanden, weil der Junge aggressiv war und seine Schwestern schikanierte. Als er seine ältere Schwester wieder einmal mit einem obszönen sexuellen Schimpfwort bedachte, fühlte sich deren Freund genötigt, sie zu verteidigen und gab ihm eine Ohrfeige. Nach diesem Vorfall teilte Andy seinen Eltern mit, er werde das Haus jedes Mal für einige Tage verlassen, wenn dieser Freund zu Besuch käme. Entschlossen teilte sein Vater Morris ihm mit: »Das hier ist mein Haus und ich lade jeden ein, der mir passt!«

In Reaktion darauf knallte Andy die Haustür hinter sich zu und verschwand für ganze zwei Tage. Nun fanden sich Vater und Sohn in einem Machtkampf wieder, bei dem beide Beteiligten jedes Zugeständnis als unerträgliche Niederlage betrachteten.

Schließlich berieten sich die Eltern mit Morris' Bruder. Der rief Andy an und sagte ihm: »Komm doch dieses Wochenende zu uns! Dann wollen wir beide miteinander ausgehen und darüber nachdenken, wie du ohne Gesichtsverlust wieder aus den Scherereien herauskommst, in die du zu Hause geraten bist.«

Andy antwortete ihm: »Ich gehöre zu keiner Familie, die bereit ist, jemanden einzuladen, der mich schlägt!«

Der Onkel entgegnete: »Dieses Wochenende gehörst du zu uns. Wir werden dich gern umarmen.«

Andy empfand die Einladung seines Onkels als Botschaft von Respekt und Zugehörigkeit. Nach dem Wochenende bei ihm erhielt er weitere Einladungen von anderen Verwandten. Einen Teil davon nahm er an, obwohl ihm diese Verwandten ganz offen sagten, dass sie in Absprache mit seinen Eltern handelten. Einige seiner Unterstützer sagten ihm klipp und klar: »Wir alle und allen voran deine Eltern finden, dass sowohl du als auch deine Schwester es verdienen, sich in eurem Elternhaus sicher zu fühlen!«

Andy fühlte sich akzeptiert und unterstützt. Nun begannen auch seine Eltern, auf Besuch vorbeizukommen, wenn er bei anderen Verwandten war. Allmählich entspannte sich die Atmosphäre. Zwei Monate später saß Andy zuhause am Esstisch bereits neben dem Freund seiner Schwester. Sein herabwürdigendes Verhalten ihr gegenüber war Vergangenheit.

Heranwachsende hören besser zu, wenn Unterstützer involviert sind

Viele Eltern – besonders solche von Jugendlichen – erleben, wie ihre Kinder zunehmend ihre Positionen, ihr Wissen und ihre Führungsansprüche in Frage stellen. Man sollte das als Teil einer normalen Entwicklung betrachten. Während kleine Kinder von ihren Eltern Antworten auf alle Fragen erwarten, möchten Jugendliche sich nicht mehr nur auf ihre Mütter und Väter verlassen, sondern andere Wissensquellen nutzen. Sie lassen sich bei Entscheidungen auch von anderen Einflüssen leiten.

Schon sehr früh profitieren Kinder davon, dass die Personen in ihrem Umfeld mit ihren Eltern einer Meinung sind. Wenn zum Beispiel die Mutter ihrem Kind erklärt, wie sie das eine oder andere von ihren eigenen Eltern gelernt hat, spürt das Kind den Zusammenhalt innerhalb der Familie, in der Wissen und Weisheit von einer Generation zur nächsten weitergegeben werden. Auch wenn Freunde oder Verwandte dem Kind etwas Besonderes über seinen Vater oder seine Mutter erzählen, sind die Eltern plötzlich nicht mehr diese isolierten, schalen und manchmal sogar lästigen Gestalten, mit denen das Kind jeden Tag in Konflikt gerät. Sie werden dann mit einer größeren Tiefe wahrgenommen.

Während meiner Pubertät distanzierte ich mich von meinen Eltern. Praktisch jede von mir getroffene Wahl oder Entscheidung entsprang einer Antihaltung. Das ging so weit, dass ich bestimmte Einstellungen oder Meinungen einfach nur deshalb vertrat, weil sie denen meiner Eltern entgegengesetzt waren. Aufgrund meines starken Unabhängigkeitsbedürfnisses verließ ich Brasilien, wo wir damals lebten, und zog im Alter von achtzehn Jahren nach Israel.

Einige Monate später besuchten mein Onkel und meine Tante das Land und ich traf sie für ein paar Stunden. Bei dieser Gelegenheit erzählte mir mein Onkel, wie mein Vater, meine Mutter und er selbst aus Polen geflohen waren, nachdem die Judenverfolgung nach dem Zweiten Weltkrieg begann und einige Menschen in ihrer Stadt ermordet worden waren. Die drei mussten durch fünf Staaten reisen, bis sie schließlich in Italien Zuflucht fanden und zwei Jahre dortblieben. Weiter erzählte mein Onkel mir, wie mein Vater alle möglichen Hindernisse unterwegs mit einer List und Waghalsigkeit gemeistert hatte, die eines Abenteuerfilms würdig gewesen wären, vor allem an den Grenzübergängen. Die Erzählungen meines Onkels waren umso wichtiger für mich, als er niemals übertrieb oder etwas ausschmückte.

Einige Monate später besuchte mein Vater Israel und nahm mich auf meine erste Europareise mit. Es waren die intimsten zwei Wochen, die wir jemals miteinander erlebt hatten. Während dieser Zeit begann ich, meinen Vater aufs Neue zu schätzen. Er nahm mich in den Lido in Paris, wo man uns nicht reinlassen wollte, weil ich keine Krawatte trug. Es war spätabends und alle Läden waren längst geschlossen. Keine Möglichkeit, mir eine Krawatte zu kaufen. Mein Vater trat beiseite, nahm den Gürtel meines Regenmantels ab und verschlang ihn um meinen Nacken zu einem ganz besonders dekorativen Knoten. Als wir in den Lido zurückkehrten und am selben Türsteher vorbeikamen, der uns zuvor abgewiesen hatte, fragte mein Vater den Mann auf Französisch: »Ist das nicht eine schöne Krawatte?« Der Türsteher lächelte zustimmend, obwohl er sicher sehr wohl merkte, dass es sich nicht um eine gewöhnliche Krawatte handelte. Ich hätte mich an diesen Vorfall kaum so lebhaft erinnert, wenn ich nicht zuvor die Geschichten meines Onkels über das Talent meines Vaters gehört hätte, sich aus allen möglichen Miseren zu befreien.

Später hielt unsere Reise noch weitere Überraschungen für mich bereit. In Italien hörte ich, wie mein Vater mit verschiedenen Menschen jeweils eine unterschiedliche Art von Italienisch sprach. Ich fragte ihn nach dem Grund und er erklärte: »Mit dem einen redete ich Neapolitanisch, zum anderen im Barese-Dialekt und mit wieder anderen Hochitalienisch.«

Das kam mir vertraut vor. Mein Onkel hatte mir erzählt, dass mein Vater im Konzentrationslager die Sprachen und Dialekte der Litauer, Ukrainer und sogar einige Sätze Ungarisch gelernt hatte, um auch mit den Ungarn zu kommunizieren. Weiter hatte er mir erzählt, wie Vater ständig geübt hatte, um sich das alles zu merken ... damit er kleine Deals abschließen konnte, die für das Überleben entscheidend waren.

Durch die Geschichten des Onkels konnte ich meinen Vater schließlich in einem völlig neuen Licht sehen. Auf dieser gemeinsamen Reise verbanden sich seine Taten mit den Geschichten meines Onkels und entwickelten in mir eine Hochachtung für ihn, die mich bis zu seinem Tod und darüber hinaus begleitete.

Zurück zum Prinzip der verzögerten Reaktion: Geben Sie dem Kind Zeit, runterzukommen

Das Prinzip der verzögerten Reaktion nach dem Motto »das Eisen schmieden, wenn es kalt ist« erfordert zwar von Eltern Selbstbeherrschung – es verhindert jedoch Eskalation und Flächenbrand. Außerdem stärkt es die Position der Eltern, weil dem Kind klar wird, dass sie sich auch an Vorfälle in der Vergangenheit erinnern. Und das sind noch lange nicht alle Vorteile dieses Prinzips. Eltern, die ihrem Kind in Ruhe sagen können: »Du brauchst uns nicht jetzt sofort zu antworten; lass dir Zeit!«, geben ihrem Kind die Gelegenheit, sich Gedanken zu machen und den positiven Stimmen in seinem Inneren Ausdruck zu verleihen. Wenn Eltern ihrem Sohn oder ihrer Tochter Zeit geben, sich zu beruhigen, beseitigen sie das Hindernis der Wut, das ihnen sonst den Weg zu einer positiven Reaktion verbaut.

Wenn Eltern hingegen Forderungen stellen wie: »Gib halt endlich zu, dass du lügst!«, oder: »Du bringst das jetzt sofort in Ordnung!«, oder auch: »Entschuldige dich sofort bei deiner Schwester!«, fühlt sich das Kind gezwungen, sich zu weigern, selbst wenn es dafür bestraft wird.

Doch auch wenn man Kindern Zeit lässt, brauchen sie manchmal Hilfe, um den ersten Schritt in die richtige Richtung zu gehen. Dabei können Unterstützer eine bedeutende Rolle spielen. Wenn der Großvater oder ein Freund der Familie sich zum Beispiel am nächsten Tag bei dem Kind meldet, berichtet, dass er von dem Vorfall erfahren habe und anbietet, bei der Suche nach einer Lösung zu helfen, stehen die Chancen gut, dass das Kind positiv reagiert. Wenn es sich trotzdem weigert (für viele Kinder ist es Ehrensache, sich zu weigern), kann der Unterstützer zum Beispiel sagen: »Du brauchst mir nicht jetzt gleich zu antworten. Ich möchte einfach, dass du weißt, dass ich gerne bereit bin, dir dabei zu helfen, eine Lösung zu finden, bei der deine Würde gewahrt bleibt und du nicht das Gesicht verlierst. Mach dir einfach mal Gedanken!«

Das verschafft dem Kind zusätzlichen Freiraum und das Thema »Gesichtsverlust« wird etwas entschärft. Zudem verschafft die Tatsache, dass Unterstützer mit ins Boot geholt werden, dem Kind neue Möglichkeiten der Zugehörigkeit: zum Beispiel über den Großvater oder über den Freund der Familie. Meistens fällt es dem Kind leichter, diese offene Tür in Anspruch zu nehmen als seinen Eltern direkt gegenüberzutreten. Durch die Unterstützer hat es die Möglichkeit, das Netzwerk der Familie durch die Hintertür zu betreten – vergleichbar mit jemandem, der bei einer Party, die bereits in vollem Gange ist, unbemerkt dazustoßen möchte; wenn er jedoch erst einmal drin ist, gehört er dazu und feiert mit.

Erwins (11) Lieblingsausdruck war: »Das ist unfair!« Er hatte das Gefühl, dass seine Eltern ihn im Vergleich zu seiner Schwester Shirley (9) ständig benachteiligten und rächte sich dafür an ihr bei jeder Gelegenheit. Wenn die Eltern ihn tadelten oder bestraften, machte er dicht und gab sich ganz seinem Groll hin. Seine Eltern behandelten ihn wie ein rohes Ei. Oft zogen sie es sogar vor, zu ignorieren, wie er seine Schwester piesackte.

Seine Tante Alice hatte eine besondere Art, mit Erwin umzugehen. Er freute sich immer, wenn sie zu Besuch kam und noch mehr, wenn sie ihn ausführte, obwohl sie dabei immer auch Shirley mitnahm. In Gegenwart seiner Tante zeigte er sich Shirley gegenüber nur selten neidisch.

Schließlich suchten die Eltern eine Beratung auf und machten Erwin gegenüber eine »Ankündigung«[16]. Sie sagten ihm, sie hätten beschlossen, seine Aggressionen und Sticheleien gegen sie selbst und Shirley nicht länger zu dulden. Nach dieser Ankündigung beherrschte sich Erwin einige Tage lang, bis er wieder begann, Shirley zu ärgern, und das noch schlimmer als zuvor. Am Abend kamen beide Eltern zu Erwin ins Zimmer und teilten ihm mit, dass er Shirley dafür entschädigen müsse, sie verletzt zu haben. Sie sagten: »Wir erwarten nicht, dass du jetzt gleich etwas vorschlägst. Du kannst darüber nachdenken, wenn du Zeit hast!«

Wie gewöhnlich protestierte Erwin dagegen, dass seine Eltern »nicht fair« seien, sie ließen sich aber auf keine Debatte mit ihm ein. Am nächsten Tag lud Alice den Jungen zu sich ein. Erwin freute sich darüber umso mehr, als sie seine Schwester diesmal nicht eingeladen hatte. Kurz darauf sagte seine Tante zu ihm: »Wie du dir sicher vorstellen kannst, hat man mir erzählt, was geschehen ist. Du weißt, dass ich sehr fair mit dir bin. Was ich dir jetzt anbiete, ist ein Weg, wie auch du mir gegenüber fair sein kannst. Warum fair mir gegenüber? Weil ihr beiden meine Nichte und mein Neffe seid, und wenn du Shirley verletzt, dann verletzt du auch mich! Ich möchte, dass wir gemeinsam darüber nachdenken, wie du etwas Nettes für Shirley tun kannst, und zwar so, dass du deine eigene Würde nicht verlierst und es für mich nicht unangenehm wird!«

Erwin verfiel in verblüfftes Schweigen. Es fiel ihm schwer, das Gespräch fortzusetzen.

Alice sagte ihm: »Ich erwarte jetzt keine Antwort. Ich habe eine Vorstellung davon, wie du dein Gesicht sehr gut wahren kannst, aber lass uns später darüber reden.«

Nachdem sie seine Neugier geweckt hatte, führte Alice Erwin in die Küche und verwöhnte ihn mit ihren frischgebackenen berühmten Chocolate Chip Cookies. Unter allen Naschereien auf Erden waren diese Kekse schlicht und einfach Erwins und Shirleys absolute Favoriten. Das mag den Eindruck erwecken, als werde Erwin für sein schlechtes Verhalten sogar

16 Der Ablauf der Ankündigung wird in Kapitel 5 beschrieben.

noch belohnt. Der Sinn von Alices' Einschreiten war jedoch, keine Strafen und Belohnungen anzuwenden, sondern vielmehr einen Akt der Wiedergutmachung gegenüber Shirley zu ermöglichen und Erwin ein Türchen zu öffnen, das sein Zugehörigkeitsgefühl zu seiner Familie verbessern könne. Später unterbreitete Alice ihm ein Angebot: Sie würden zusammen zu Shirley ins Zimmer gehen und Erwin würde ihr die Cookies bringen, die er extra für sie aufgehoben hatte, zusammen mit einem kurzen Brief, in dem er sich dafür entschuldigte, ihr gegenüber nicht fair gewesen zu sein. Alice unterschrieb diesen Brief als Zeugin, was die Sache für Erwin erheblich leichter machte.

Am nächsten Tag ließ der Vater Erwin wissen, dass er zutiefst davon beeindruckt sei, wie anständig sich der Junge verhalten habe. Das verwandelte das Konzept der Fairness von einem Gedanken, der die Familie spaltete, in einen einigenden.

Beziehungs- und Versöhnungsgesten

Von den Eltern ausgehende Beziehungs- und Versöhnungsgesten tragen dazu bei, die Eltern-Kind-Beziehung wiederherzustellen, die sonst oft von wiederkehrenden Konflikten gezeichnet ist. Die Effektivität dieser Gesten lässt sich dadurch verstärken, dass Unterstützer in den Vorgang mit eingebunden werden. Sie stützen und validieren die Bedeutung der elterlichen Gesten.

Hanna (7) provozierte ihre Eltern immer wieder, indem sie sich jeder Bitte hartnäckig widersetzte. Sie in der Früh für die Schule bereit zu machen, wurde zu einer Tortur. Die Eltern waren schon daran gewöhnt, sich jedes Mal für einen schweren Kampf zu wappnen. Jeden Sonntagmorgen hofften sie, dass Hanna etwas später aufwachen möge, um zumindest ein gestohlenes Stündchen Ruhe zu genießen.

Um sich aus dieser Verstrickung zu befreien und etwas Raum in der immer enger werdenden Beziehung zu schaffen, beschlossen die Eltern, Hanna ein »Good Girl-Album« zu basteln. Dabei handelt es sich um eine Geste, die sowohl die Eltern als auch die Tochter an die guten Seiten ihres Charakters und ihrer Beziehung erinnern soll. Die Eltern füllen das Album mit Bildern und Geschichten von positiven Ereignissen, Zeichnungen des Kindes oder Dokumentationen seiner netten Seiten. Zudem wird auch die

Verwandtschaft eingeladen, zu diesem Album beizutragen, das immer an einem zentralen Platz in der Wohnung ausliegt.

Hanna nahm die Idee begeistert auf, vor allem als ihre Großeltern, Onkel und Tanten darum baten, das Album zu sehen und ihre eigenen Erinnerungen hinzuzufügen. Die Arbeit an dem Album half nicht nur Hanna, sondern auch ihren Eltern. Sie sahen sie nun nicht mehr nur im Licht der letzten Konfrontationen, sondern als ein Kind, das weit mehr war als die Summe seiner Schwierigkeiten.

Eines Tages hatte die Mutter eine Erkenntnis, die sie selbst überraschte. Ihrem Mann und den Großeltern sagte sie: »Vielleicht ist das nicht nur ein ›Good Girl-Album‹, sondern auch ein ›Gute Mama-Album‹, weil es mir zeigt, dass ich mehr bin als nur eine ewig wütende und tadelnde Mutter.«

* * *

Johnny (13) saß vor dem Computer und spielte dort ein Spiel, bei dem laut geschossen wurde. Als seine Mutter Martha an seine geschlossene Zimmertür klopfte, rief Johnny ungeduldig: »Was willst du? Ich bin beschäftigt!«, und fuhr fort, die Feinde auf dem Monitor zu beschießen.

Martha antwortete durch die Tür: »Ich habe deinen heißgeliebten Kokoskuchen gebacken und dir ein Stück gebracht.«

Ohne die Schießereien zu unterbrechen, schrie Johnny: »Ich brauche keine Gefälligkeiten von dir!«

Da Martha sich schon im Vorhinein auf eine mögliche Zurückweisung vorbereitet hatte, antwortete sie: »Ich habe dir diesen Kuchen gebacken, weil ich deine Mutter bin. Ich stelle ihn in für dich in den Kühlschrank.« Und das tat sie auch.

Johnny fuhr damit fort, seine Mutter zu ignorieren. Um sein Gesicht zu wahren, rührte er den Kuchen nicht an. Eine Woche später wiederholte Martha ihre Geste. An diesem Nachmittag kam Johnnys Onkel zu Besuch und sagte: »Hättest du was dagegen, wenn ich mir etwas von dem Kuchen nehme, den deine Mutter für dich gebacken hat? Er ist einfach unwiderstehlich.«

Nun wurde Johnnys Dilemma noch größer: Warum sollten andere den Kuchen genießen und er selbst nicht? Mit seinem Onkel zusammen nahm schließlich auch er sich ein Stück davon. Am nächsten Tag kamen die Großeltern zu Besuch. Sie fragten Johnny: »Ist von dem Versöhnungskuchen deiner Mutter noch etwas da oder hast du ihn ganz aufgegessen?«

Johnny entgegnete: »Das war nicht nur ich, sondern auch Onkel Martin.«

Die Großeltern lachten und Johnny lächelte. Dann sagte der Großvater: »Deine Mutter hat uns schon gesagt, dass der Kuchen alle ist. Jetzt bist du an der Reihe, mal etwas Haltung zu zeigen. Ich kaufe Pizza für uns alle und du musst deine Mutter und deinen Bruder fragen, welchen Belag sie sich dazu wünschen. Wir beide holen die Pizza dann zusammen ab!«

Aussagen, die den Wunsch nach Zugehörigkeit fördern

Im Lauf der Jahre haben wir viele Aussagen von Eltern gesammelt, die von ihren Kindern komplett abgelehnt wurden. Häufig wurden diese Botschaften von Unterstützern überbracht, unter anderem weil sich die Kinder von den Eltern nichts sagen lassen wollten. Manchmal hinterließen die Mütter und Väter auch ein Blatt Papier mit einer Nachricht auf dem Schreibtisch des Kindes. Später nahm dann einer der Unterstützer Kontakt zum Kind auf und teilte ihm mit, dass er oder sie mit den Eltern gesprochen habe. Diese Vorgehensweise verleiht der Zugehörigkeitsgeste der Eltern einen halböffentlichen Status. Folgende Beispiele waren für viele Eltern beim Verfassen solcher Botschaften hilfreich:

a. Botschaften der Loyalität und der Hingabe:
   »Ich bin und bleibe dein Vater!«
   »Wenn du einmal in Schwierigkeiten geraten solltest, werde ich alles in meiner Macht Stehende tun, um dir zu helfen.«
   »Ich bin überzeugt, wenn Oma oder ich Hilfe bräuchten, wärst du sofort zur Stelle und würdest uns helfen!«
b. Botschaften der Anerkennung und des Stolzes:
   »Ich bin stolz auf deine Standhaftigkeit!«
   »Selbst wenn du mit uns streitest, bewundere ich dein Durchhaltevermögen!«
c. Ausdruck der Zugehörigkeit:
   »Ich werde alles dafür tun, dass du weißt, dass du ein Zuhause hast – einen sicheren Ort und eine Familie, zu der du gehörst.«
   »In dieser Familie gilt: Einer für alle und alle für einen! Ich bin sicher, dass du ganzen Einsatz zeigen würdest, wenn einer von uns in Gefahr wäre.«

d. Ausdruck des Vertrauens und der Hoffnung:
   »Ich bin zuversichtlich, dass du es schaffst, darüber hinwegzukommen!«
   »Du hast schon schwierigere Situationen als diese bewältigt. Vielleicht weißt du das nicht mehr, aber ich erinnere mich noch sehr gut daran!«
e. Botschaften, die weniger kontrollierend wirken:
   »Wir würden uns alle wünschen, dass du wieder mit deiner Mutter sprichst. Aber es kann dich keiner dazu zwingen!«
   »Keiner kann dich dazu zwingen, dich zugehörig zu fühlen.«
   »Du brauchst dich nicht unter Druck gesetzt zu fühlen. Vielleicht dauert es eine Weile, bis du das Gefühl hast, dass du besser mit uns zurechtkommst.«

Die Botschaften der Zugehörigkeit sind eine offene Einladung, die es dem Kind ermöglichen, sie zu gegebener Zeit anzunehmen – wenn aus seiner Sicht der richtige Zeitpunkt dafür gekommen ist. Wenn man ein Unterstützungsnetzwerk mit einbezieht, erweitert das den Freiraum, die Einladung anzunehmen – unter anderem dadurch, dass das Kind über den Umweg der Unterstützer oder mit ihrer Vermittlung reagieren kann, ohne das Gefühl zu haben, dafür gegen seine eigenen Prinzipien zu verstoßen.

Fazit

Die Isolation von Eltern ist eine der Hauptursachen für den Verlust von Widerstandskraft gegenüber den Strömungen, die unsere Kinder dahin ziehen, wo wir sie nicht haben möchten. Trotzdem fällt es vielen Eltern schwer, sich Hilfe zu suchen: Sei es aus Sorge um ihre Privatsphäre, aus Furcht davor, Schwäche zu zeigen oder beschämt zu werden, aus Furcht vor der Reaktion des Kindes, oder weil sie denken, dass es sowieso niemanden gibt, der ihnen helfen kann. Bei unserer Arbeit mit Eltern konnten wir zeigen, dass sie diese Hemmungen überwinden und sich Hilfe holen können. Etwa, indem man die genannten Vorbehalte offen thematisiert und ihnen verständlich macht, dass es dem Zugehörigkeitsgefühl schaden kann, den Schutz der Privatsphäre heilig zu sprechen. Oder wenn ihnen klar wird, dass der Deckmantel der Verschwiegenheit kein Zeichen von Loyalität ist, sondern manchmal sogar das Gegenteil. Oder wenn ihnen einleuchtet, dass es für ein Kind, das sich danebenbenommen hat, gut ist, in einem positiven Kontext Scham zu empfinden.

Eltern entdecken sehr schnell, dass es kein Zeichen von Schwäche ist, wenn man sich Hilfe holt. Ganz im Gegenteil: Breit aufgestellt zu sein, hebt ihr Ansehen in den Augen ihrer Kinder und stärkt auch ihr eigenes Selbstbewusstsein.

Vielen Eltern wird dann klar, dass ihre Isolation nicht schicksalhaft war, sondern das Ergebnis von Gewohnheiten und falschen Vorstellungen darüber, was es bedeutet, Hilfe in Anspruch zu nehmen. Diese Erkenntnisse lassen sich in die Tat umsetzen, indem man Eltern einfache und effektive Möglichkeiten bietet, Unterstützung zu suchen und anzunehmen. Unsere Studien haben gezeigt, dass die große Mehrheit aller Eltern in der Lage ist, Hilfe in Anspruch zu nehmen, sodass sich ihre eigene Situation sowie die ihrer Kinder verbessert. Anstatt dass das Problem weiterhin im Verborgenen vor sich hin brodelt, Wurzeln schlägt und um sich greift, schafft ein Unterstützernetzwerk ein Umfeld, in dem positive Alternativen gedeihen können und das Kind ein Gefühl der Zugehörigkeit entwickeln kann.

Tipps

- Neigen Sie dazu, Geheimnisse und Diskretion um jeden Preis zu wahren, auch wenn das nicht hilft, das Problem zu lösen?
- Setzt das Kind Sie unter Druck, niemandem davon zu erzählen, was es tut? Dann ist es wichtig, ihm zu verstehen zu geben, dass sich das von jetzt an ändern wird.
- Hilfe zu suchen ist kein Ausdruck von Schwäche. Ihr Kind verdient Eltern, die bereit sind, Hilfe in Anspruch zu nehmen, anstatt sich zurückzuziehen.
- Das Recht auf Privatsphäre unterliegt der Voraussetzung einer legitimen Nutzung. Ein Kind, das seine Privatsphäre missbraucht, um gefährliche Dinge zu tun oder um andere oder sich selbst zu verletzen, hat dieses Recht verwirkt.
- Es belastet Verwandte und Freunde nicht, wenn man Anliegen mit ihnen teilt. Ganz im Gegenteil – es ist eine Ehre für sie.

- Auch einfache Hilfe kann sehr effektiv sein. Und sei es nur ein Besuch oder ein Telefonanruf – diese Gesten zeigen, dass man nicht alleingelassen ist.
- Wenn Sie sich Sorgen machen, dass Ihr Kind Schaden nimmt, wenn es bloßgestellt wird, dann sorgen Sie dafür, dass die Unterstützer dem Kind ihre Fürsorge, ihre Liebe, ihr Vertrauen, ihre Hilfsbereitschaft und die Zuversicht zum Ausdruck bringen, dass das Kind es schaffen wird.
- Falls Sie denken, es gäbe niemanden, der Ihnen helfen kann, dann ist dies wohl eher ein Ausdruck Ihrer Gewohnheiten und Ihrer Zurückgezogenheit und trifft wahrscheinlich nicht zu.
- Es ist wichtig, die Liste Ihrer Bekannten sorgfältig zu durchforsten und auch Menschen in Betracht zu ziehen, die weiter weg wohnen. Niemand ist eine Insel!

Viertes Kapitel

Präsenz und »wachsame Sorge«

Um den zahlreichen Herausforderungen des Elterndaseins im 21. Jahrhundert gewachsen zu sein, brauchen Eltern Prinzipien, die sie leiten, einen inneren Kompass, damit sie sich nicht im Labyrinth des modernen Lebens verirren – ganz zu schweigen davon, ihre Kinder sicher ans Ziel zu bringen. Ohne klare Orientierung wandern Eltern ziellos umher und tragen so noch zu dem Sog bei, der ständig an unseren Kindern zerrt. Wir haben den Begriff der *elterlichen Präsenz* geprägt, um Eltern Orientierung zu geben. Präsente Eltern vermitteln unmissverständlich: »Hier bin ich und hier bleibe ich! Du kannst mir weder kündigen, noch dich von mir scheiden lassen.«

Elterliche Präsenz kann sich sowohl körperlich als auch mental manifestieren. Körperliche Präsenz macht sich besonders in den ersten Lebensjahren bemerkbar, wenn Eltern die konkreten existentiellen Bedürfnisse ihrer Kinder direkt wahrnehmen. Allmählich jedoch verschiebt sich der Schwerpunkt hin zur mentalen Präsenz. Wenn sich der Übergang von der körperlichen zur mentalen Präsenz erfolgreich vollzieht, dann dienen die Eltern ihrem Kind nach wie vor als Quelle für Orientierung, Werte, Sicherheit und Stabilität. Die Eltern sind jetzt im Herzen ihrer Kinder präsent sowie in ihren Gedanken und ihrem Gedächtnis.

Eltern begleiten ihr Kind aus der Ferne oder aus der Nähe – je nachdem, was gerade erforderlich ist. Aus der Distanz helfen sie ihm, Unabhängigkeit und Verantwortungsbewusstsein zu entwickeln. Wenn Eltern jedoch bemerken, dass etwas schiefläuft, wird ihre Präsenz wieder unmittelbarer. Wir bezeichnen dies als *wachsame elterliche Sorge.* Zahlreiche Studien haben bewiesen, dass elterliche Wachsamkeit und ein guter Überblick die beste Möglichkeit sind, um Risiken aller Art zu vermeiden, von der frühen Kindheit bis in die späte Adoleszenz.[17]

---

17 Omer, H., Satran, S., Dritter, O. (2017).

Weil die Versuchungen in unserer Welt überhandnehmen, ist die Aufgabe, wachsam zu sein, die ultimative Herausforderung für Eltern. Deshalb lautet der wichtigste Rat, den wir Eltern von Kindern aller Altersgruppen geben möchten: Lernen Sie, präsent zu sein! Wagen Sie es, wachsam zu sein!

Wachsame elterliche Sorge

Wachsame Sorge bedeutet, die Lage im Griff zu haben, ununterbrochen Interesse daran zu zeigen, was mit Ihrem Kind vor sich geht, und alarmbereit auf der Hut zu sein. Dann können Eltern Risiken bemerken und verhindern, und sie können entschlossen handeln, um ihr Kind zu retten, wenn es darauf ankommt. Wachsame Sorge bedeutet außerdem, wahrzunehmen, wie das Kind allein zurechtkommt, und doch gleichzeitig auch bereit zu sein, entschlossen zu handeln, wenn es in Gefahr ist. Das Kind muss wissen, dass die Eltern es beobachten; nur dann kann die Wachsamkeit der Eltern wirksam werden. Kinder denken dann an Vater oder Mutter und wissen, dass die Eltern auch an sie denken. Dieser stille Dialog zwischen dem, was den Eltern durch den Kopf geht und dem, woran das Kind denkt, ist die beste Voraussetzung für das sichere Heranwachsen des Kindes. Die Eltern begleiten dabei ihr Kind und vermitteln ihm ein Gefühl der Sicherheit, das es während der ganzen Kindheit und Adoleszenz und sogar darüber hinaus begleitet. Dazu ein Beispiel:

Fahranfänger fahren deutlich riskanter. Statistiken zeigen, dass Jungen am stärksten gefährdet sind. Mädchen verursachen eher kleinere Unfälle, die für gewöhnlich nicht gefährlich sind und meist nur etwas Arbeit an der Karosserie erfordern. Jungen hingegen sind in schwerere Unfälle verwickelt, vor allem während ihres ersten Jahres als Fahrer ohne Begleitung. Daher haben wir ein Programm für Eltern von Fahranfängern ins Leben gerufen, wo sie lernen, eine wirksame Wachsamkeit aufrechtzuerhalten, auch wenn sie nicht in der Nähe des jungen Fahrers sind[18]. Das Geheimnis ist, eine

18 Shimshoni, Y., Farah, H., Lotan, T., Grimberg, E., Dritter, O., Musicant, O., Toledo, T., Omer, H. (2015). Effects of parental vigilant care and feedback on novice driver risk. *Journal of Adolescence, 38,* 69–80.

mentale Präsenz zu schaffen, also eine Situation, die die Jugendlichen an ihre Eltern denken lässt, weil sie wissen, dass auch Mutter und/oder Vater an sie denken.

Wie das funktioniert? Hier ein kleines Beispiel: Bevor der Jugendliche am Wochenende ausgeht, trägt die Mutter einen einfachen Wunsch vor: »Bitte schick mir doch eine kurze Textnachricht, wenn du angekommen bist, damit ich weiß, dass alles okay ist, und dann noch einmal eine kurz vor Mitternacht, damit ich gut schlafen kann!« Manche Jungen reagieren ungeduldig auf diese bescheidene Bitte ihrer Mutter. Jetzt ist es unerlässlich, dass die Eltern sich von so einer verächtlichen Reaktion ihres Sohnes nicht verunsichern lassen und sich in Erinnerung rufen, dass ihre Bitte völlig legitim ist. Sie lässt auch den Jungen an seine Mutter denken – indem er ihren Wunsch erfüllt, denkt er gleich zweimal an sie: Wenn er seinen Zielort erreicht hat und vor Mitternacht. Unsere Studien haben Folgendes gezeigt: Wenn Eltern wachsame Sorge demonstrieren, wird das Fahrverhalten der jungen Menschen sehr viel vorsichtiger. Weiter haben wir herausgefunden: Wenn Eltern auf ihrem Recht bestehen, Forderungen dieser Art zu stellen, geht der Großteil der jungen Leute (95 %) darauf ein. In einem spezifischen Fall, wo ein Junge gegen die Bitte seiner Mutter protestierte, mischte sich der Vater ein und sagte: »Jetzt hör mal gut zu, junger Mann: Wenn deine Mutter nicht schlafen kann, kann ich auch nicht schlafen! Du wirst diese beiden Textnachrichten also schicken!« Und so geschah es.

Um eine gute und effektive Form der wachsamen Sorge zu entwickeln, muss man begreifen, dass diese etwas komplett anderes ist als Spionieren und invasives Eingreifen. Letzteres nützt weder dem Kind noch den Eltern; darüber hinaus schadet es der Eltern-Kind-Beziehung sowie der gesunden Entwicklung des Kindes. Spionieren oder sich heimlich hinter dem Rücken des Kindes Informationen zu beschaffen, ist etwas komplett anderes als wachsame Sorge, weil es dem Kind keine Präsenz vermittelt. Außerdem bringt das Spionieren ein Element der Unehrlichkeit mit sich, was die Beziehung untergraben kann. Der Schaden wird deutlich, wenn Eltern aufgrund der heimlich erworbenen Informationen handeln müssen, oder wenn das Kind herausfindet, dass es von den Eltern ausspioniert wurde. Eltern, die versuchen, aufgrund von heimlich erworbenen Informationen zu handeln, müssen dann lügen, um ihr Vorgehen zu erklären. Und selbst wenn sie mit der Lüge anscheinend Erfolg haben, nimmt die Beziehung durch ein Element des Misstrauens Schaden. Manchmal fragen Eltern, ob es Situationen gibt, in denen es gerechtfertigt ist, zu überprüfen, was ihre Kinder tun (zum Beispiel nachzuschauen, ob ein Kind Drogen versteckt). Tatsächlich müssen Eltern manchmal nachschauen, um das Kind und die Hausgemeinschaft zu schützen. Man kann das jedoch offen tun – im Gegensatz zum Ausspionieren. Wenn Eltern dann herausfinden, dass ihr Kind Drogen nimmt, können sie es direkt konfrontieren und ankündigen, dass sie sein Zimmer bei Bedarf durchsuchen werden. Mit dieser Vorgehensweise spionieren die Eltern nicht, sondern handeln wie erforderlich mutig und wachsam, um ihr Kind zu schützen. Oft brauchen Eltern Unterstützung, um diese offene Vorgehensweise zu wagen. Aber wenn sie Unterstützung erhalten, verlieren auch Eltern, die zuvor wie gelähmt waren, die Angst davor, Haltung zu zeigen und auf ihrer elterlichen Pflicht zu bestehen.

Ein weiterer Faktor, der die Effektivität der Wachsamkeit schmälert, ist invasives Vorgehen: Zum Beispiel, wenn Eltern in die Privatsphäre ihrer Kinder eindringen, oder wenn sie Bereiche zu kontrollieren versuchen, in denen das Kind eigentlich allein zurechtkommt. Einschlägige Beispiele hierfür sind, dass Eltern Tagebücher ihrer Kinder lesen oder die Kommunikation auf ihren elektronischen Geräten überprüfen. Dieses Verhalten ist typisch für »Helikopter-Eltern«, die unablässig über dem Leben ihrer Kinder schweben und ihnen selbst dann keine Freiheit lassen, wenn sie keine besonderen Anzeichen für problematische Verhaltensweisen an den Tag legen. Die Wachsamkeit ist dann dadurch unterminiert, dass die elterliche Präsenz ihre Legitimität verliert. Anstatt dass das Kind die Position der Eltern akzeptiert, rebelliert es zunehmend. Es hat sich herausgestellt, dass auch eine invasive Wachsamkeit der Eltern-Kind-Beziehung signifikant schadet.

In einem unserer Workshops zum Thema elterliche Wachsamkeit im Hinblick auf Rauchen und Alkohol bei Kindern der achten und neunten Klasse gaben mehrere Mütter zu, dass sie die Taschen ihrer Kinder hinter deren Rücken durchsuchten, um festzustellen, ob sie Zigaretten besäßen. Einige der Mütter gerieten in eine Zwickmühle, als sie »belastende Beweise« fanden.

Zwei von ihnen erklärten ihren Töchtern, sie wüssten mit Sicherheit, dass sie rauchten. Die Mädchen stritten das ab. Die Mütter beharrten darauf, es ganz einfach zu wissen, weil sie es »merkten«. Natürlich vermuteten die Mädchen sofort, dass die Mütter ihre Sachen durchsucht hatten. Sie überführten sie, indem sie ihre Taschen in einer bestimmten Position auf den Stuhl legten und später feststellten, dass jemand sie bewegt hatte. Mit der Wahrheit konfrontiert mussten die Mütter ihre Durchsuchungsaktionen letztlich eingestehen. Das Spionieren schadete der Beziehung, die Kommunikation war blockiert und die Mütter waren noch hilfloser als zuvor.

Das Bedürfnis, das Kind und seine Lebensumstände zu kontrollieren, um jegliche problematischen Verhaltensweisen komplett zu verhindern, ist weder umsetzbar noch erstrebenswert. Stattdessen können Eltern Risiken eher dadurch signifikant reduzieren, dass sie ihren Kindern das Gefühl vermitteln, immer an sie zu denken.

Wenn Eltern uns fragen: »Wie können wir sicher sein, dass so etwas nicht vorkommt?«, antworten wir: »Dafür gibt es keine Garantie; aber das bedeutet nicht, dass Sie nichts tun können!« Ganz im Gegenteil: Der legitime Einfluss von Eltern nimmt zu, wenn ihnen klar wird, dass sich ihre Wachsamkeit darin ausdrückt, dass sie im Bewusstsein ihrer Kinder präsent sind, und nicht durch Kontrolle. Wachsame Sorge ist ein flexibler Vorgang, der mal straffer und mal lockerer ist, abhängig von den Warnsignalen, die die Eltern wahrnehmen. Wir sprechen von drei Ebenen der wachsamen Sorge: offener Aufmerksamkeit, fokussierter Aufmerksamkeit und einseitigen Maßnahmen.

Offene Aufmerksamkeit

Offene Aufmerksamkeit ist die unterste Ebene wachsamer Sorge. Die meisten Eltern befinden sich auf dieser Ebene, da offene Aufmerksamkeit dem Kind Unabhängigkeit und doch gleichzeitig das Bewusstsein vermittelt, dass Mutter und Vater es im Kopf immer begleiten. Eltern praktizieren offene Aufmerksamkeit, indem sie an den Aktivitäten ihrer Kinder Interesse zeigen, ihre Augen offenhalten und immer auf dem Laufenden bleiben, ohne jedoch alles überprüfen zu wollen oder gar einzuschreiten. Indem Eltern eine respektvolle Distanz aufrechterhalten, vermitteln sie ihrem Kind, dass sie ihm vertrauen und ihm Unabhängigkeit zugestehen. Gleichzeitig zeigen sie ihm, dass sie immer an ihr Kind denken, und geben ihm das Gefühl, auf eine positive Weise präsent zu sein. Eltern können ihre offene Aufmerksamkeit dadurch verbessern, dass sie folgende Fähigkeiten einüben:

Pflegen Sie eine Routine der Gemeinsamkeiten

Elterliche Präsenz manifestiert sich in einer Reihe von Kontaktpunkten, die Teil einer Routine sind, wie zum Beispiel gemeinsame Mahlzeiten. Eine der problematischen Entwicklungen in unserer modernen Zeit ist der Schwund an Gelegenheiten, bei denen die Familie beisammen ist, wie beispielsweise am Esstisch. Dafür gibt es zahlreiche Gründe: Die Eltern sind bei der Arbeit und die Kinder sind ebenfalls abwesend – sei es wegen sozialer Kontakte, des Fernsehprogramms oder weil sie am Computer sitzen. Ganz allmählich schleichen sich neue Gewohnheiten ein, zum Beispiel, dass man sich einfach schnell etwas aus dem Kühlschrank nimmt, oder dass die Kinder in ihrem Zimmer vor dem Bildschirm essen. Diese Gewohnheiten sind nicht nur ungesund, sondern sabotieren auch die Familienstruktur. Gemeinsame Mahlzeiten waren schon immer ein Kennzeichen für intakte Familien – und das aus gutem Grund. Es hat sich herausgestellt, dass es in Familien, die mehrmals in der Woche gemeinsam essen, weniger Kriminalität und Substanzmissbrauch gibt. Essen mit der Familie stärkt die Präsenz der Eltern im Bewusstsein der Kinder. Diese erwächst nicht nur aus der gemeinsamen Mahlzeit an sich, sondern bereits im Vorfeld, weil das Kind weiß, dass es zu einer bestimmten Zeit zu Hause erwartet wird. Diese psychologische Präsenz trägt dazu bei, das Kind für problematische Versuchungen weniger anfällig zu machen. Das Bewusstsein, zu Hause erwartet zu werden, erinnert Kinder daran, dass sie Eltern haben, die sich um sie kümmern. Gemeinsame Mahlzeiten sind selbst dann wichtig, wenn nicht alle Familienmitglieder anwesend sein können. Auch schon zwei Personen, die gemeinsam am Tisch sitzen, vermitteln ein Gefühl von Zugehörigkeit. Die Norm, dass man am Tisch isst und nicht etwa im Schlafzimmer vor dem Fernseher, immunisiert Kinder darüber hinaus gegen Verfallsprozesse, die heute im Gange sind. Heranwachsende, die sich angewöhnt haben, allein in ihrem Zimmer zu essen, geraten häufig in eine Abwärtsspirale der Selbstvernachlässigung. Eltern hingegen, die gegen die schlechte Angewohnheit, im Schlafzimmer zu essen, einen festen Stand einnehmen, sind dabei, sowohl ihre Kinder als auch ihre Elternschaft zu rehabilitieren.

Aber nicht nur Mahlzeiten können die Familienroutine aufrechterhalten. Im Grunde kann jede Gewohnheit, die einen Berührungspunkt zwischen Eltern und Kind oder zwischen anderen Familienmitgliedern bietet, als Grundlage für Präsenz und als Basis für wachsame Sorge dienen. Zum Beispiel gemeinsame Besuche bei den Großeltern sowie gemeinsame Urlaube oder Ausflüge – all das stärkt das Zugehörigkeitsgefühl.

Eine weitere Gewohnheit, die es Eltern ermöglicht, offene Aufmerksamkeit zu praktizieren, besteht darin, dass man versucht, Gelegenheiten zu finden, Kinder bei ihren Unternehmungen zu begleiten – etwa indem man sie zu Freunden fährt oder zu Partys oder wenn sie abends weggehen. Diese Fahrten sind nicht nur ein elterlicher Service, sondern schaffen auch das Bewusstsein, dass die Eltern präsent sind. Der Vater eines Mädchens im Teenager-Alter sagte ihr ganz offen: »Es ist mir wichtig, dich zu den Treffen mit deinen Freunden zu fahren. Ich vertraue dir, aber trotzdem fühle ich mich sicherer, wenn ich weiß, wo du bist!«

Dieser Vater zeigte, dass er sich nicht dafür schämte, wachsam zu sein. Es gibt ein paar Fragen, die Eltern sich stellen können, um sicherzugehen, dass sie eine effektive Routine an Kontaktpunkten aufrechthalten:

- Achte ich auf gemeinsame Aktivitäten wie zum Beispiel Mahlzeiten, Besuche bei den Großeltern, Urlaube, Ausflüge und Freizeitaktivitäten?
- Bestehe ich darauf, dass die Kinder bei diesen Aktivitäten dabei sind?
- Gibt es einen Verlust an Familienatmosphäre aufgrund von Arbeitslast oder gehen einzelne Familienmitglieder ihre eigenen Wege?
- Hat die Teilnahme an gemeinsamen Aktivitäten abgenommen, sodass jetzt jeder mehr Zeit mit seinen eigenen Angelegenheiten verbringt?

- Gibt es regelmäßige Berührungspunkte zwischen meinen Kindern und mir?

Ein Elternteil, der die Gewohnheit gemeinsamer Aktivitäten wiederbelebt, nachdem sie vernachlässigt worden ist, erneuert den Anspruch auf seine Elternrolle.

Ron, der geschiedene Vater von Karen (13), erinnerte sich daran, nach seiner Entlassung aus der Firma eine Zeitlang an Depressionen gelitten zu haben, bevor er die Routine der Familienzusammenkünfte wieder einführte, die während dieser Phase abgenommen hatten. Karen war ein begeisterter Fan von Star Wars. Eines Tages fragte sie ihren Vater: »Warum hast du plötzlich damit begonnen, zu verlangen, dass ich zu jeder Mahlzeit und jedem Treffen mit Oma, Opa und den Onkeln erscheine?«

Er entgegnete: »Weil ich einfach von dem Film ›Die Rückkehr der Jedi-Ritter‹ inspiriert worden bin, den wir letztes Jahr gesehen haben. Er hat mich daran erinnert, dass sogar jemand, der augenscheinlich verschwunden war, ein großes Comeback haben kann! Und auch ich habe nach einer schweren Phase, in der ich ein wenig neben der Spur war, ein Comeback geschafft.«

Karen trat an ihren Vater heran und schenkte ihm eine herzliche Umarmung.

Kontakt zu Personen aus dem Umfeld des Kindes

Das Prinzip der unantastbaren Privatsphäre hat, wie bereits beschrieben, dermaßen überhandgenommen, dass wir es nicht mehr wagen, mit den Freunden unserer Kinder zu reden, sie kennenzulernen und uns einfach mit ihnen zu unterhalten. Viele Heranwachsende werfen ihren Eltern wütende Blicke zu, weil sie es peinlich finden, wenn diese mit ihren Freunden auch nur ein paar Worte wechseln. Und allzu oft geben die Eltern klein bei, weil sie auf keinen Fall beschuldigt werden wollen, ihre Kinder in Verlegenheit zu bringen. Diese Furcht und die Scham der Eltern sind jedoch nicht nur unbegründet, sondern sogar schädlich. Es ist unsere Pflicht, die Freunde unserer Kinder kennenzulernen. Eltern sollten zumindest die Namen der Freunde ihrer Kinder kennen und sich bei Bedarf mit einer Frage oder einer Bitte an sie wenden können. Es ist auch gut zu wissen, wo sie wohnen. Es ist nicht zu viel verlangt, dass Eltern wenigstens von einigen von ihnen die Telefonnummer haben. Manche Mütter und Väter fragen sich, ob sie damit nicht den Eindruck erwecken, dass sie ihren Kindern nicht unbedingt vertrauen. Allerdings ist es auch einfach keine gute Idee, hundertprozentig zu vertrauen. Kinder wachsen sicherer auf, wenn man ihnen ein klein bisschen weniger vertraut. Jedes Kind würde davon profitieren, wenn die Eltern ihm nicht blind, sondern realistisch vertrauen.

Hier einige Vorschläge, was Eltern sich selbst oder ihren Kindern sagen können, um auf ihrem Recht zu bestehen, die Freunde ihrer Kinder kennenzulernen:

- »Es ist meine Pflicht, zu wissen, mit wem du unterwegs bist.«
- »Es ist mir wichtig, deine Freunde zu kennen. Sie sind ein wesentlicher Teil deines Lebens. Somit sind sie auch ein wesentlicher Teil von meinem Leben.«
- »Jeder, der dieses Haus betritt, ist mein Gast! Deshalb möchte ich jeden kennenlernen, der hier zu Besuch ist.«
- »Wenn deine Freunde zu Besuch kommen, möchte ich sie persönlich begrüßen. Und wenn sie eine Weile bleiben, bringe ich ihnen etwas zu trinken.«

Solche Aussagen können Eltern dabei helfen, die problematische Situation zu vermeiden, dass die Freunde ihrer Kinder sich ihnen entziehen. Wenn ein Kind zu den Eltern sagt: »Das geht euch nichts an!«, ist das an und für sich ein Alarmzeichen, bei dem man genauer hinsehen muss. Es ist sinnvoll, das Kind (und die Lehrkräfte) zu fragen, wer die Schulfreunde sind. Auf diese Weise bekommen die Eltern einen Fuß in die Tür, um diesen Bereich nicht aus den Augen zu verlieren.

Schulveranstaltungen mit Gästen sowie Elternsprechtage sind eine gute Gelegenheit, um hier einen Einblick zu bekommen. Elternabende bieten darüber hinaus die Gelegenheit, Eltern von Klassenkameraden und -kameradinnen zum eigenen Netzwerk an Kontakten hinzuzufügen. Nur selten stößt man auf Ablehnung, wenn man sagt: »Ich glaube, unsere Kinder verbringen viel Zeit miteinander. Hier ist meine Telefonnummer. Wenn Sie möchten, können Sie mir auch Ihre Nummer geben, damit wir bei Bedarf telefonieren können!«

Wenn Eltern sich aus ihrer Zurückgezogenheit herauswagen, stellen sie schnell fest, dass auch andere Eltern gerne Kontakt aufnehmen.

Wenn wir uns als verantwortungsbewusste und wachsame Mütter und Väter aus unserer Isolation heraus begeben, ermutigen wir damit auch andere, diesen Schritt zu tun.

Eltern, die den Kontakt zu einer Reihe von Personen im Umfeld ihrer Kinder suchen, erkennen leichter, wenn ihr Kind in Gefahr gerät oder wenn sich ungute Entwicklungen anbahnen. Im Gegensatz dazu verengt sich das Gesichtsfeld von Eltern, die einen solchen Kontakt nicht haben. Manche wollen auch gar nicht erfahren, was mit ihrem Sohn oder ihrer Tochter geschieht. Sie empfinden es als Ausdruck mangelnden Vertrauens gegenüber ihrem Kind, oder sie befürchten, dass es scheint, als überwachten sie es konstant wie mit einem Netzwerk aus Radargeräten. Es ist wichtig, darauf zu achten, dass die Kontaktaufnahme zu Personen aus dem Umfeld des Kindes ein offener Prozess ist und nicht heimlich geschieht. Eltern sollten ihren Kindern offen mitteilen: »Ich muss wissen, wer deine Freunde sind!«, »Ich muss wissen, was bei dir in der Schule vor sich geht!«

Manche Eltern wenden ein: »Ich brauche niemanden. Ich merke selbst sofort, wenn mit meinem Kind etwas nicht stimmt!« Diese Haltung ist arrogant. Selbst die einfühlsamsten Eltern sind manchmal überrascht, wenn sie erfahren, was mit ihrem Kind vor sich geht, ohne dass sie es bemerkt haben.

Offener Dialog

Eine der besten Möglichkeiten, effektiv wachsam zu sein, ist der offene und direkte Dialog mit dem Kind. Eltern fällt es unterschiedlich leicht oder schwer, einen solchen Dialog zu führen. Es gibt jedoch ein paar grundlegende Prinzipien, die für alle Eltern hilfreich sein können.

Das erste Prinzip ist, dass ein Gespräch in guter Atmosphäre wichtiger ist als die Information, die Eltern aus dem Kind herausquetschen. Dafür gibt es mehrere Gründe. Wenn Eltern mit dem Kind schwierige Lebensbereiche besprechen, werden sie im Bewusstsein des Kindes präsent, wenn eine solche Situation tatsächlich eintritt. Wenn die Eltern zum Beispiel mit dem Kind über Partys sprechen und es fragen, wie es reagieren würde, wenn man ihm Alkohol oder Drogen anbietet, wird es sich an die Eltern erinnern, wenn es tatsächlich dazu kommt. Diese Form der psychologischen Begleitung ist eine der besten Möglichkeiten, um Kinder vor schädlichen Versuchungen zu schützen. Darüber hinaus vergrößert ein Gespräch in guter Atmosphäre die Wahrscheinlichkeit, dass das Kind bei den Eltern Hilfe sucht, wenn es in Schwierigkeiten gerät.

Um eine positive Atmosphäre zu schaffen, die einen konstruktiven Dialog ermöglicht, sollten die Eltern vermeiden, zu »predigen«, ärgerlich zu reagieren oder die Kinder auszufragen. Predigen bewirkt das Gegenteil, selbst wenn die Eltern eigentlich recht haben. Was ist der Unterschied zwischen predigen und seinen Standpunkt effektiv darlegen? Predigen zeichnet sich durch Wiederholung und eine eindringliche Intonation aus. Kinder, die ständig mit Predigten berieselt werden, lernen, sich dagegen zu immunisieren.

Ärger und Drohungen sind ein großes Hindernis für offenen Dialog. Das wissen Eltern nur zu gut. Wenn man sie fragt, warum ihre Kinder nicht zu ihnen kommen, wenn sie Probleme haben, dann lautet die Antwort: »Weil sie Angst haben, dass ich wütend werde.«

Wie sollten Eltern eigentlich reagieren, wenn sich herausstellt, dass ihr Kind ein problematisches Verhalten an den Tag legt? Eltern sind ja schließlich keine ausgebildeten Psychologen oder Therapeutinnen, die selbst bei schockierenden Nachrichten mit uneingeschränkter Zurückhaltung zuhören und verständnisvoll nicken. Trotzdem können Eltern daran arbeiten, wie sie im Ernstfall reagieren. Sie können sich zum Beispiel das Prinzip aneignen, erst dann zu reagieren, wenn sie über den ersten Schock hinweggekommen sind. Wie gesagt: Das Eisen schmieden, wenn es kalt ist. Wenn Eltern herausfinden, dass ihr Kind in etwas hineingeraten ist, können sie zum Beispiel sagen: »Was du mir da erzählt hast, ist ganz schön heftig. Lass mich erst einmal damit fertig werden und darüber nachdenken, dann reden wir noch einmal darüber.«

Überraschenderweise bewirkt diese Reaktion mehr, als wenn man zutiefst schockiert reagiert oder gar zornig wird und droht. Eltern sind jedoch auch nur Menschen und man kann nicht erwarten, dass sie immer lehrbuchmäßig reagieren, wenn es ihnen die Sprache verschlägt. Glücklicherweise können auch Eltern, die zunächst ausgeflippt sind, daran arbeiten, im Nachhinein besser zu reagieren und den konstruktiven Dialog zu suchen. Sie können zum Beispiel erneut auf das Kind zugehen und sagen: »Ich war so schockiert von dem, was du mir erzählt hast, dass ich dich angeschrien habe. Aber ich möchte gerne noch einmal in Ruhe mit dir darüber reden. Komm, wir setzen uns hin und überlegen, wie wir vermeiden können, dass so etwas noch einmal vorkommt.« Diese Vorgehensweise öffnet einen erneuten Zugang zum Thema, der durch den Zornesausbruch zunächst verbaut worden war.

Ein weiteres Hindernis für den offenen Dialog mit dem Kind ist das Ausfragen. Oftmals versuchen Eltern, belastende Informationen oder ein Geständnis aus ihrem Kind herauszupressen. Damit erreichen sie häufig nur das Gegenteil: Die Kinder ziehen sich nur noch mehr zurück und weigern sich, die gewünschten Informationen oder Geständnisse zu liefern. Wie beim Predigen liegt der Schlüssel zum konstruktiven Dialog darin, den richtigen Ton zu treffen und eindringliche Wiederholungen und Forderungen zu vermeiden, die darauf beharren, dass man jetzt endlich die Wahrheit wissen will. Wenn während der Unterhaltung ein deutlicher Hinweis auf problematische Verhaltensweisen auftritt, ist es besser, wenn Eltern beispielsweise sagen: »Ich möchte, dass du dir in Ruhe Gedanken machst, wie du mir sagen möchtest, was geschehen ist. Es ist besser, wenn wir nicht jetzt gleich darüber reden, sondern erst, wenn wir uns beide beruhigt haben. Lass uns heute Abend noch einmal sprechen.«

Wenn dann später die Voraussetzungen für ein ruhiges Gespräch gegeben sind, sollten sich die Eltern mit dem Kind zusammensetzen und sagen: »Okay, jetzt noch einmal von vorn: Erzähl mir mal genau, was vorgefallen ist, und dann überlegen wir gemeinsam, wie wir das Problem lösen können.« Wenn das Kind sich dann immer noch weigert, zu erzählen, was passiert ist, kann man entgegnen: »Schade, dass du mir nicht sagen möchtest, was passiert ist. Ich weiß nur das, was ich mitbekommen habe, und demgemäß werde ich handeln. Und von jetzt an muss ich besser auf dich aufpassen und sorgfältig verfolgen, was vor sich geht.«

Es lohnt sich, gute Voraussetzungen für einen konstruktiven Dialog zu schaffen. Es ist wichtig, sich Zeit zu nehmen und einen geeigneten Ort für das Gespräch zu wählen. Auch ist es hilfreich, ein Gespräch im Vorhinein anzukündigen, zum Beispiel so: »Ich möchte mit dir über dein geplantes Wochenende in Berlin reden. Es ist das erste

Mal, dass du allein mit deinen Freunden wegfährst, und da möchte ich ein paar wichtige Dinge mit dir besprechen. Vielleicht können wir uns heute Abend im Wohnzimmer zusammensetzen, wenn du vom Fußballtraining heimkommst.« Wenn die Eltern das Treffen ankündigen, einen bestimmten Ort wählen und eine Zeit festlegen, schafft das gute Bedingungen. Der Versuch, Dinge zwischen Tür und Angel zu besprechen, oder gar, wenn die Gemüter erregt sind, ist zum Scheitern verurteilt.

Wenn Eltern das Gespräch mit ihren Kindern suchen, sollte es vor allem darum gehen, für eine potenzielle Gefahrensituation wie beispielsweise eine Tanzparty, einen Ausflug mit Freunden oder die Konfrontation mit toxischen Substanzen einen gemeinsamen Plan zu entwerfen. Es empfiehlt sich, dass beide Elternteile das Thema im Vorhinein miteinander besprechen, damit sie eine einheitliche Position vertreten. Dadurch erhöht sich die Wahrscheinlichkeit, dass das Kind positiv reagiert. Das Gespräch mit dem Kind sollte mit einem direkten Statement beginnen, etwa so: »Ich möchte mit dir über Zigaretten reden (oder Pornographie, Drogen, ungeschützten Sex etc.). Was meinst du, wie würdest du reagieren, wenn du plötzlich damit konfrontiert wärst?«

Wenn das Kind mitmacht, sollte man versuchen, ein gemeinsames Skript zu erstellen. Eltern und Kind stellen sich dabei eine Situation vor, in der Sohn oder Tochter einer Versuchung oder sozialem Druck ausgesetzt sind, und man überlegt gemeinsam, wie er beziehungsweise sie am besten reagieren sollte. Häufig geht das Kind jedoch nicht darauf ein oder es macht nur widerwillig mit. Oder es tut die Sache ab mit Bemerkungen wie: »Ach, Mama, ich kann schon selbst auf mich aufpassen!«

Um trotzdem einen positiven Effekt aus diesem Gespräch zu gewinnen, kann man dann zum Beispiel sagen: »Es freut mich, dass du selbst auf dich aufpassen kannst. Aber es ist mir trotzdem wichtig, dir zu sagen, wie Papa und ich darüber denken.«

Wenn das Kind dann zuhört, können die Eltern ihm kurz ihren Standpunkt darlegen, und auch die Bedenken, die sie haben. Wenn das Kind immer noch unzugänglich ist, können die Eltern entgegnen: »Wir sind eigentlich noch nicht fertig mit diesem Thema, aber wir möchten nicht in einer schlechten Stimmung mit dir darüber reden. Wir werden uns Gedanken machen, wie wir es bewerkstelligen können, dass dieses Thema allen klar wird.«

Wenn das Kind sich demonstrativ weigert, kann es hilfreich sein, jemanden zu finden, der den Eltern dabei hilft, ihren Standpunkt zu vermitteln. Großeltern, Verwandte oder Freunde der Familie beispielsweise können das Kind einladen, um mit ihm über die Erwartungen und Sorgen seiner Eltern zu reden. Ein solches Gespräch ist eine gute Alternative zu dem Versuch, den Dialog zu erzwingen.

Fokussierte Aufmerksamkeit

Bei Anzeichen dafür, dass ein Kind in Schwierigkeiten gerät – wenn es zum Beispiel die Schule schwänzt, abends verschwindet, wenn es lügt oder zweifelhafte Freundschaften eingeht, reicht es nicht, wenn Eltern auf der Ebene der offenen Aufmerksamkeit bleiben. Sie müssen dann wachsamer sein und die Problembereiche genauer im Auge behalten. Es ist wichtig, dass Eltern es wagen, offen zu handeln. Das Kind muss merken, dass seine Eltern es sorgfältiger überwachen, und es muss wissen, warum sie das für nötig halten.

Sarah, die Mutter von Emil (13), hatte sich ein Jahr zuvor von Helmut scheiden lassen. Nach der Scheidung zog sie in eine andere Stadt, wo Emil neue Freundschaften schloss. Der Junge wohnte mit ihr zusammen, sein Vater kam ihn zweimal wöchentlich besuchen. Um Emils Eingewöhnung zu erleichtern, gewährte Sarah ihm mehr Freiheit als gewöhnlich. Emil begann sich zurechtzufinden, und da er ein sehr geselliger Junge war, schloss er schon bald Freundschaften mit Kindern aus der Nachbarschaft.

Allmählich tauchten aber besorgniserregende Signale auf. Emil begann, spät nach Hause zu kommen und ausweichende Antworten zu geben.

Sarah initiierte eine Reihe offener Gespräche, die in einer entspannten Atmosphäre stattfanden, aber die Lage wurde nicht besser. Nachdem sie herausfand, dass ihr Sohn sie belogen hatte, als er sagte, er ginge mit einem Freund aus, beschloss sie, ihre Aufsicht zu verschärfen.

Ihr erster Schritt bestand darin, ihre Position mit Helmut abzusprechen. Dabei stellte sie zu ihrer Freude fest, dass er ihren Standpunkt unterstützte, obwohl er von Natur aus dazu neigte, Emil mehr Freiheit zu gewähren, als es Sarah gefiel. Als Emil seinen Vater besuchte, stellte er überrascht fest, dass dieser auch seine Mutter in sein neues Heim eingeladen hatte. Nachdem sie im Wohnzimmer Platz genommen hatten, ergriff Sarah das Wort: »Es ist mehrmals vorgefallen, dass du sehr spät nach Hause gekommen bist und einmal hast du mich sogar belogen. Ich habe mit deinem Vater gesprochen und wir sind zu dem Schluss gekommen, dass unsere neue Lebenssituation uns alle verwirrt hat. Wir haben beschlossen, etwas Ordnung in die Angelegenheit zu bringen. Von nun an werde ich dich jeden Abend fragen, was deine Pläne für den nächsten Tag sind. Ich werde dich fragen, was du vorhast, wohin du gehen wirst und mit wem. Ich werde dich nach den Namen deiner Freunde fragen und ihre Telefonnummern verlangen. Und ich werde Papa regelmäßig Bericht erstatten.«

Emil protestierte gegen die Forderung, die Kontaktdaten seiner Freunde herauszurücken. Helmut, der diesen Punkt zuvor mit Sarah abgesprochen hatte, antwortete: »Das ist eine sehr kleine Bitte. Wenn alles gut geht, wird Mama weder dich noch irgendjemand anderen belästigen. Falls aber etwas Besorgniserregendes geschieht, werden wir jeden anrufen, der uns helfen kann.«

Emil war von der Koordination zwischen seinen Eltern sehr überrascht. Sie signalisierte ihm, dass er mehrere ihrer roten Linien überschritten hatte. In den folgenden Wochen setzte sich die neue Routine durch.

Die Ankündigung an das Kind, dass die Eltern in Zukunft jedes Mal Bescheid wissen wollen, wenn es ausgeht – wer, was, wohin und bis wann – ist der Kern des Übergangs zur Ebene der »fokussierten Aufmerksamkeit«. Manchen Eltern ist es unangenehm, von ihren Kindern Antworten auf diese Fragen zu verlangen, weil sie sich damit von der Atmosphäre des offenen Dialogs verabschieden, die ihnen lieber wäre. Deshalb fühlen sie sich unwohl und stellen ihre Fragen nicht mit der erforderlichen Überzeugung. Sie haben das Gefühl, etwas falsch zu machen, wenn sie ihr Kind so überwachen. Sie denken, sie geben ihm damit das Gefühl, dass sie ihm misstrauen. Deshalb ist es wichtig, sich klarzumachen, dass ihre Bitte um einfache Informationen – wer, was, wohin und bis wann – eigentlich ziemlich bescheiden ist. Schließlich haben wir es mit Kindern zu tun, die ihre Eltern bereits belogen haben oder von denen andere besorgniserregende Signale ausgegangen sind. In solchen Fällen ist es nötig, gezielte Fragen zu stellen. Eltern, denen klar ist, dass es wichtig ist, einfache und grundlegende Informationen von ihrem Kind zu verlangen, sind dabei mit sich selbst im Reinen. Die Bereitschaft, diese Fragen zu stellen, ist die beste Haltung zum Thema Vertrauen. Das Vertrauen, das sie ihrem Kind auf diese Weise entgegenbringen, ist kein blindes, sondern ein realistisches. Und nur von realistischem Vertrauen können Kinder profitieren. Blindes Vertrauen schadet dem Kind auf doppelte Weise: Erstens wird es dadurch unnötigen Versuchungen ausgesetzt, und zweitens enttäuscht es die Eltern doppelt so stark, wenn es den eigentlich guten Willen der Eltern missbraucht. Deshalb erhöht blindes Vertrauen das Risiko und verschlechtert die Eltern-Kind-Beziehung.

Oft fragen Eltern, was sie tun sollen, wenn ihr Kind sich weigert, zu antworten. Wir empfehlen dann zweierlei. Erstens: Wenn Eltern beharrlich bleiben, antworten die meisten Kinder, wenn auch halbherzig. Zweitens: Wenn das Kind sich immer noch weigert, können Eltern ruhig, aber bestimmt antworten: »Dann darfst du nicht gehen.«

Diese einfache Aussage erscheint vielen Eltern zweifelhaft, weil sie sich fragen, wie sie so beharrlich bleiben können. Gewiss können sie das Kind nicht mit Gewalt festhalten. Ihre Weigerung, ihren Sohn oder ihre Tochter ausgehen zu lassen, offenbart sich in drei gewaltlosen Schritten: Die Eltern informieren das Kind über das Verbot, auszugehen, sie geben ihm kein Geld (nicht nur an diesem Abend, sondern generell), und wenn es trotzdem fortgeht, obwohl es das nicht darf und kein Geld hat, machen sie sich auf den Weg und suchen es. Wenn es auf stur schaltet und sagt: »Ich gehe aber trotzdem!«, ist es wichtig, zu erklären: »Wir können dich nicht gewaltsam festhalten, aber wenn du fortgehst, dann werden wir dich suchen. Wir geben dich nicht auf.«

Im Hinblick auf die Schule bedeutet fokussierte Aufmerksamkeit, dass Eltern darauf achten, sich nach den Hausaufgaben und nach Klassenarbeiten zu erkundigen und Informationen über die Anwesenheit einzuholen. Sie bleiben mit den Lehrkräften und anderen beteiligten Personen in Kontakt. Sie vermitteln dem Kind auch, wenn sie eine Verhaltensänderung bemerken. Auf der Ebene der fokussierten Aufmerksamkeit wird die Präsenz der Eltern sichtbar. Das Kind erlebt »die Rückkehr der Eltern«, nachdem diese sich bisher eher im Hintergrund gehalten hatten. Dabei muss betont werden, dass dieser Wandel dem Kind innerlich guttut, selbst wenn es sich äußerlich widersetzt. Ein Kind, das sich riskant verhält, braucht ein Sicherheitsnetz. Wenn Mütter und Väter wieder die Aufsicht übernehmen, fühlt sich das Kind nicht mehr allein an der Schwelle zum Abgrund.

Einseitige Maßnahmen

Die höchste Stufe der Aufsicht sind Maßnahmen, die das Kind vor Verstrickungen oder Schwierigkeiten schützen beziehungsweise es aus solchen wieder herausholen. In einer solchen Situation reicht es nicht, zu reden, die Eltern müssen handeln! Zum Beispiel, indem sie die Kinder anrufen, deren Nummern sie sich aufgeschrieben haben, oder indem sie sich aufmachen, um dorthin zu gehen, wo ihr Kind ist, oder indem sie dem Kind Zugang zu Dingen verweigern, die ihm schaden könnten. In manchen Fällen ist es auch erforderlich, die persönlichen Rechte des Kindes einzuschränken. Auf dieser Stufe spielt dessen Zustimmung keine Rolle mehr. Es geht um Maßnahmen, die die Eltern auch dann ergreifen, wenn das Kind sich weigert. Und zwar aus gerechtfertigten Gründen: Um ihr Kind zu retten.

Die Telefonrunde

Die Bereitschaft, viele verschiedene Personen aus dem Umfeld des Kindes anzurufen, wenn es verschwindet oder nicht rechtzeitig nach Hause kommt, bewirkt eine bedeutende Änderung im Status der Eltern, sowie in ihrem Wissen und in ihren Möglichkeiten, dem Kind das Gefühl von Wachsamkeit zu vermitteln. Eltern, die eine umfangreiche Telefonliste von Freunden ihrer Kinder angelegt haben, lassen eine Feuertaufe über sich ergehen, die ihnen Kraft und Mut verleiht. Was zuvor unmöglich schien, erscheint jetzt machbar. Eltern, die sich Gedanken machen, ob sie diesen Schritt gehen sollten, können sich folgende Fragen stellen:

- Lügt mein Kind mich an?
- Hat mein Kind in letzter Zeit heimlich Dinge getan, die ich nicht merken sollte?
- Versucht mein Kind zu verhindern, dass ich seine Freunde kennenlerne?

- Verschwindet mein Kind manchmal länger, oder geht es abends weg, ohne mir Bescheid zu sagen?
- Sind mir in letzter Zeit bedenkenerregende Signale im Zusammenhang mit Freunden aufgefallen?

Ein »Ja« auf diese Fragen weist darauf hin, dass das Kind versucht, Bereiche in seinem Leben einzurichten, die dem Zugriff der Eltern entgehen. Manchmal ist dieser Wunsch gerechtfertigt, zum Beispiel im Rahmen einer intimen Beziehung. Es gibt jedoch Orte und Uhrzeiten, an denen es nicht akzeptabel ist, mit Freunden abzuhängen. Mütter und Väter müssen diesbezüglich auf der Hut sein. Wenn Kinder versuchen, ihre Eltern abzuschütteln, ist das ein deutliches Warnsignal.

Ist die Telefonaktion eine drastische Maßnahme, die sich nur im Falle von Kindern empfiehlt, die bereits in schwerwiegende Probleme geraten sind? Meiner Ansicht nach würde mindestens die Hälfte aller Eltern von einem solchen Vorgehen profitieren. Wenn Eltern dieses in Anspruch nehmen, verändern sie sich selbst und ihren Status, und sie erweitern ihre Möglichkeiten. Sie sind nun keine Eltern mehr, die man einfach ignorieren kann, sondern gewinnen ihre Handlungsfähigkeit zurück. Deshalb halten wir es für sinnvoll, wenn auch ganz »normale« Eltern eine Telefonrunde durchführen und nicht nur solche, deren Kinder in Schwierigkeiten geraten sind.

Wenn man diese Liste dann in Anspruch nehmen möchte, ruft man so viele Freunde des Kindes wie möglich an, spricht mit ihnen und bittet sie, mit ihren Eltern zu reden. Viele Eltern wundern sich dann zunächst und fragen, warum sie so vorgehen sollten, wenn sie doch genauso gut direkt per Handy mit ihrem Kind telefonieren könnten. Und zu Recht: Tatsächlich können Eltern ihr Kind zunächst direkt anrufen und fragen, wo es ist, und warum es noch nicht nach Hause gekommen ist. Wenn das Kind diese Fragen bereitwillig beantwortet und sofort nach Hause kommt oder sich abholen lässt, braucht man auch keine anderen Kinder anzurufen. Aber wenn das Kind die Eltern wegdrückt, widerspricht, keine klaren Antworten gibt oder die elterliche Aufforderung mit jeder Menge Ausreden abblockt, können diese antworten: »Das reicht mir nicht. Wenn du dich nicht an Abmachungen hältst, ist es meine Pflicht, zu handeln.«

Man kann dann abwarten, ob das Kind reagiert und ihm eine erneute Chance geben, das unerlaubte Handeln zu beenden. Manche Eltern sagen, dass das sehr wahrscheinlich der Fall sein wird, sodass sie die Telefonrunde nicht in Anspruch nehmen müssen. Und genau an dieser Stelle macht sich der Vorteil bemerkbar, wenn es bereits eine solche Liste gibt. Wenn Eltern wissen, was sie im Ernstfall unternehmen würden, können sie dem Kind ruhig und bestimmt mitteilen, dass sie handeln müssen Diese Vorgehensweise ist deutlich überzeugender, als wenn man mit Maßnahmen droht, die nicht vorbereitet sind. Unvorbereitete Eltern, die einfach nur vage drohen, reagieren dann auch später schlecht – zum Beispiel indem sie schreien, drohen, predigen, oder indem sie schwere Strafen verhängen, die alles nur noch schlimmer machen. Gut vorbereitete Maßnahmen sind der beste Garant für Selbstbeherrschung. Ein Kind, das wahrnimmt, dass seine Eltern entschlossen und selbstbeherrscht sind, reagiert ganz anders als eines, das merkt, dass seine Eltern impulsiv reagieren. Deshalb ist die Vorbereitung einer Telefonrunde die beste Voraussetzung dafür, dass ein Zwischenfall gut ausgeht, auch wenn die Eltern letzten Endes gar niemanden anrufen müssen.

Bereits die Aktion, die Telefonnummern zu erfragen, ist ein Vorgang, der die Eltern stärkt und durch den sie einen Überblick behalten. Es gibt mehrere Möglichkeiten. Am einfachsten ist es, dem Kind zu sagen: »Ich brauche die Namen und Telefonnummern deiner Freunde. Kannst du mir die bitte geben?«

Vielen Eltern erscheint selbst dieser einfache Schritt als unüberwindbares Hindernis. Sie fühlen sich dabei unbehaglich und empfinden auch diese Maßnahme als Eingriff in die Privatsphäre ihres Kindes. Oder sie befürchten, dass es sich weigern wird. Doch gerade deshalb ist diese Vorbereitung so wichtig. Der Schritt ermutigt Eltern, sich mit sich selbst zu konfrontieren und sich mit der Furcht auseinanderzusetzen, die sie in ihrer Rolle als Eltern so massiv behindert. Wenn Mütter und Väter eine so einfache Maßnahme vermeiden wie ihr Kind nach seinen Freunden zu fragen, geben sie auf und verlieren den Überblick – was bedeutet, dass sie ihr Kind allen möglichen Verlockungen und fragwürdigen Einflüssen überlassen.

Man kann auch die Telefonliste der Schulklasse oder andere Kontaktadressen benutzen. Manchmal müssen Eltern sich an die Schule, andere Eltern oder an die Leitung der Jugendgruppe wenden, um weitere Kontakte zu bekommen. Schon diese Maßnahmen an sich sind wichtig. Eltern können sich auch an die Freunde ihrer Kinder wenden, oder an andere Eltern, die sie bei Schulveranstaltungen treffen. Auch hier kann man einfach fragen: »Wäre es möglich, dass Sie mir Ihre Telefonnummer geben? Ich verspreche, dass ich nur im Notfall anrufen werde.« Auch das ist Ausdruck elterlicher Präsenz. Wenn Eltern ihre anfänglichen Hemmungen überwinden und sich an andere Mütter und Väter oder Kinder wenden, um Kontaktdaten aus dem Umfeld ihrer Kinder zu bekommen, dann erlangen sie die Fähigkeit und den Mut, ihr Kind zu überwachen.

Auf einer guten Telefonliste finden sich Nummern sowohl von Erwachsenen als auch von Kindern. Nicht selten kommt man auf bis zu zwanzig verschiedene Personen. Bei den Anrufen geht es nicht unbedingt immer darum, das Kind sofort nach Hause zu holen, sondern vor allem darum, entschlossene Präsenz zu zeigen. Manchmal reicht es, erst am nächsten Tag zu telefonieren, wenn es am Vorabend schon zu spät war, um bei fremden Leuten anzurufen. Dann können die Eltern beispielsweise sagen: »Unser Sohn ist gestern Abend nicht nach Hause gekommen, sondern erst heute früh, als es schon hell wurde, und wir machen uns Sorgen. Deshalb rufen wir Sie und andere Personen an, zu denen er Kontakt hat. Hätten Sie kurz Zeit, mit uns zu reden?«

Bei jedem solchem Gespräch müssen die Eltern sich vorstellen, erklären, weshalb sie anrufen und um ein wenig Hilfe bitten. Zum Beispiel: »Ich mache mir große Sorgen, weil meine Tochter nicht nach Hause gekommen ist, und ich nicht weiß, wo sie ist. Könnten Sie mir helfen?« Nach dieser Einführung können die Eltern versuchen, kurz miteinander zu reden. Wenn man ein Kind am Telefon hat, mit dem sich beispielsweise die eigene Tochter regelmäßig trifft, können Eltern sagen: »Ich möchte dich um einen Gefallen bitten. Wenn du morgen meine Tochter siehst, kannst du ihr dann bitte sagen, dass ich dich angerufen habe, weil ich mir große Sorgen um sie mache?«

Wir haben die Erfahrung gemacht, dass ungefähr die Hälfte der Kinder dem betreffenden Kind erzählen, dass seine Eltern angerufen haben (und sei es nur, um sich über sie lustig zu machen). Diese Botschaften sind im Hinblick auf die elterliche Präsenz von großer Wichtigkeit, weil Eltern ihrem Kind damit zu verstehen geben: »Wir waren hier, wir waren dort und wir waren auch anderswo.« Darin besteht der Kern der Wachsamkeit: dem Kind zu beweisen, dass die Eltern es nicht aufgeben.

Wenn das Gespräch mit dem Kind von der Liste beendet ist, sollte man es bitten, seine Mutter oder seinen Vater ans Telefon zu holen. Schließlich beabsichtigt man, zumindest mit einem Teil der Eltern der Kinder Kontakt aufzunehmen, die zum sozialen Umfeld des eigenen Sohnes oder der eigenen Tochter gehören. Diese Kontakte könnten später einmal sehr nützlich werden. Es ist wichtig, den Eltern am anderen Ende der Leitung zu erklären, dass man diese Maßnahme ergreift, weil man zutiefst besorgt ist. Diese Begründung führt beim Gesprächspartner in der Regel zu einer positiven Reaktion. Wenn das Gegenüber einverstanden ist, empfiehlt es sich, ein Treffen zu vereinbaren. Ein Bündnis zwischen Eltern, das aus einem Telefonat mit einer Nummer von der Telefonliste resultiert, kann maßgeblich dazu beitragen, ein Kind zu schützen. In zwei Fällen, mit denen wir zu tun hatten, ist es Elterngruppen, die auf diese Weise zustande kamen, gelungen, Drogenkartelle aufzubrechen, die an der Schule offen gedealt haben. In einem anderen Fall konnte ein Elternverband Partys mit Alkohol ein Ende setzen, die sich bei einer Gruppe Mittelstufenschüler eingebürgert hatten.

Zahlreiche Mütter und Väter haben uns berichtet, dass Telefonrunden ihr Leben und das ihrer Kinder verändert hätten. Die Eltern eines 14 Jahre alten Jungen, der auf die schiefe Bahn geraten war, sagten: »Wenn wir doch nur schon früher von dieser Möglichkeit gewusst hätten, als unsere ältere Tochter in Schwierigkeiten geriet, dann hätte alles ganz anders kommen können. Aber vielleicht ist es auch jetzt noch nicht zu spät.«

Die Aufgabe der Eltern erschöpft sich jedoch nicht in Telefonanrufen. Sie müssen sich auch auf die so gut wie unvermeidliche Konfrontation vorbereiten, die stattfinden wird, wenn das Kind herausfindet, dass Mutter und Vater seine Freunde angerufen haben. Auch in diesem Fall verleiht es den Eltern Kraft, wenn sie sich gut vorbereiten. Wenn sie die Telefonrunde durchführen, ist eine wütende Reaktion auf Seiten des Kindes zu erwarten: Die Eltern haben mit ihrem Handeln ein heiliges Tabu des Wertesystems von Teenagern verletzt. Indem die Eltern es wagen, dieses Tabu zu brechen, vermitteln sie ihrem Kind: »Du bist uns zu wichtig, als dass wir einfach nur stillsitzen, während du in Schwierigkeiten gerätst.« Damit erobern sie ihre Rolle als Eltern zurück. Manche Mütter und Väter sind sehr stolz, wenn sie jemanden angerufen haben, und sie haben damit in der Tat einen bedeutenden Schritt gewagt. Wer das als Eltern hinter sich gebracht hat, wird sich nicht so leicht einschüchtern lassen, selbst wenn das Kind eine Szene macht.

Am Tag nach den Telefonanrufen geht es darum, dass sich die Eltern nicht auf eine Eskalation einlassen, wenn sie sich mit dem vorwurfsvollen Angriff ihres Kindes konfrontiert sehen. Die beste Reaktion ist, die Wut des Kindes zunächst ruhig hinzunehmen. Wenn es dann aufgehört hat, zu schreien, kann man ganz in Ruhe sagen: »Wir haben eigentlich keine Lust, Leute anzurufen. Wir tun das auch nur dann, wenn du uns nicht mitteilst, wo du bist, und wenn du nicht rechtzeitig nach Hause kommst.«

Es empfiehlt sich, nicht zu drohen und zu »predigen«. Wenn das Kind erneut angreift und droht, sollten Eltern ruhig und bestimmt entgegnen: »Wenn du meine einfache Bitte, mir zu sagen, mit wem du bis wann wohin gehst, nicht erfüllst, dann habe ich keine andere Wahl, als so zu reagieren. Denn ich habe dich lieb und ich trage Verantwortung für dich.«

An diesem Punkt ist es empfehlenswert, das Gespräch einseitig zu beenden. Sie können nicht erwarten, dass Ihr Sohn oder Ihre Tochter mit Ihrem Vorgehen einverstanden ist. Eine Telefonrunde ist eine unilaterale Maßnahme, die auf der elterlichen Pflicht beruht, das Kind vor eindeutigen Gefahren zu schützen. Es gibt keine soziale Norm der Privatsphäre, die höher rangiert als diese Pflicht.

Eltern, die sich so auf die Konfrontation vorbereitet haben, können Zurückhaltung und Selbstbeherrschung an den Tag legen. Bei keinem der Fälle, mit denen wir zu tun hatten, ist es je vorgekommen, dass gut vorbereitete Eltern in eine Eskalation hineingeraten sind. Manchmal hat das Gespräch damit geendet, dass das Kind die Tür zugeknallt hat. Aber dennoch: Die Eltern sind standhaft geblieben.

Man kann nicht erwarten, dass ein Kind schon nach einer oder zwei solcher Telefonrunden wieder in die richtige Spur findet. Im Gegenteil: Die meisten Kinder verändern sich nur ganz allmählich und auch nur teilweise.

In den Eltern hingegen geht ein bedeutender Wandel vor sich. Die Telefonrunde eröffnet ihnen Möglichkeiten, die sie zuvor nicht hatten. Die Kontakte verändern das Umfeld, in dem das problematische Verhalten des Kindes zuvor gediehen ist. Statt gelähmter findet das Kind jetzt hingebungsvolle und zuversichtliche Eltern vor. Deren Selbstbeherrschung steckt an. Es fällt sehr schwer, Eltern anzuschreien, die ruhig und standhaft sind. Allmählich beginnt das Kind, seine Eltern wertzuschätzen. Statt hysterischer Mütter und Väter oder solchen, die man einfach ignorieren kann, hat das Kind jetzt solche, die bereit sind, Verantwortung zu übernehmen und die ihre Aufgabe mit Hingabe ernst nehmen. Außerdem stellt das Kind fest, dass seine Eltern von anderen unterstützt und legitimiert werden.

Kurzum: Es handelt sich jetzt um ganz andere Bedingungen. Die Konsequenzen für das Kind sind abgestuft, aber unmissverständlich. Viele Studien haben gezeigt, dass sich das Risiko für problematische Verhaltensweisen von Heranwachsenden auf diese Weise deutlich verringern lässt.

Präsenz »auf dem Feld«

Die Bereitschaft der Eltern, das Kind dort aufzusuchen, wo es sich aufhält, oder Personen zu treffen, die im Zusammenhang mit seinem problematischen Verhalten stehen, vermittelt eine deutliche Botschaft der Fürsorge und des Muts. Die elterliche Fürsorge ist dann besonders bemerkenswert, wenn Eltern erscheinen, um ihr Kind zu holen, wenn es in Schwierigkeiten geraten ist – zum Beispiel von der Polizeiwache, wenn es betrunken oder bekifft aufgefunden wurde, oder wenn es in der Schule festgehalten wird, weil es gewalttätig geworden ist. Eltern sollten dann vor allem ihre Fürsorge zum Ausdruck bringen – sowohl für das Kind als auch für die Betroffenen in seinem Umfeld. Wenn man wütend ist, droht oder sogar versucht, das Kind körperlich zu packen, kann das großen Schaden anrichten. Wir brauchen eine Kombination aus Selbstbeherrschung und der Bereitschaft, die notwendigen Maßnahmen zu ergreifen, um zu verhindern, dass sich die Sache wiederholt. Damit vermittelt man als Eltern die Botschaft: »Ich bin hier, um meinem Kind zu helfen und zu verhindern, dass das noch einmal vorkommt.« Das ist die Essenz wachsamer Sorge: Schutz und Prävention. Diese Art der Fürsorge stellt die Eltern an die Seite ihrer Kinder. Mit resoluter Wachsamkeit positionieren sie sich zwischen dem Kind und dem Risiko.

Unser wichtigster Rat an Eltern in solchen Situationen lautet: Bringen Sie zum einen Ihre aufrichtige Sorge wegen der Lage ihres Kindes zum Ausdruck, aber gleichzeitig auch Ihren Respekt für die Menschen in seinem Umfeld. Hören Sie sich an, was diese Leute äußern. Und vor allem – bewahren Sie die Selbstbeherrschung! In dieser Situation ist es nicht angebracht, Ihr Kind zu bestrafen, und schon gar nicht, andere Menschen zurechtzuweisen.

Wenn Eltern diese Richtlinien befolgen, kann ihr Auftreten ein nachhaltig beeindruckendes Ereignis sein, das ihren Status verändert, ihre Beziehung zum Umfeld des Kindes sowie den Risikolevel des Kindes selbst. Hier ein paar typische Situationen:

(1) Ein elfjähriger Junge teilte seinen Eltern mit, er übernachte bei einem Freund, obwohl sie ihm gesagt hatten, dass er um neun Uhr zu Hause sein müsse. Sein Vater rief die Mutter des Freundes an und sagte ihr, sein Sohn habe zwar die Erlaubnis, zu Besuch zu kommen, aber nicht, dort zu übernachten. Er erzählte ihr, wie besorgt er sei, weil sein Sohn begonnen habe, spät nach Hause zu kommen und sie manchmal nicht wüssten, wo er sich aufhielte. Dann sagte er, er käme bald vorbei, um seinen Sohn abzuholen. Als er dort eintraf, sagte der Vater dem Freund, sein Sohn dürfe ein anderes Mal bei ihm übernachten, aber diesmal nicht, weil man es ihm nicht im Vorhinein erlaubt habe.

Später setzten sich die Eltern mit ihrem Sohn zusammen, um gemeinsam zu überlegen, was er tun müsse, damit sie ihm erlaubten, bei seinem Freund zu übernachten. Dabei machten sie klar, dass sie keinerlei Versuch akzeptieren würden, sie vor vollendete Tatsachen zu stellen.

(2) Eine Mutter fand heraus, dass ihre zwölfjährige Tochter sie belogen hatte, als sie ihr sagte, sie ginge zu einer Freundin, um dort Hausaufgaben zu machen. Wie sich herausstellte, hatte sie sich mit ein paar Freundinnen zu einem Kinobesuch verabredet, obwohl die Mutter ihr – mit der Begründung, sie sei noch zu jung für den Film – verboten hatte, diesen zu sehen. Sie rief eine der anderen Mütter an und erfuhr, in welches Kino die Mädchen gegangen waren. Dann fuhr sie hin, sprach mit dem Geschäfts-

führer und erklärte ihm, dass ihre Tochter unerlaubt da sei. Höflich führte sie weiter aus, die Sorge um das Mädchen habe sie hergebracht. Der Geschäftsführer bot ihr an, sie in den Kinosaal zu begleiten. Dort fand die Mutter ihre Tochter und zog sie mit sich hinaus. Auf dem Heimweg sagte sie ihr: »Ich will jetzt nicht mit dir reden, weil wir dazu beide zu aufgeregt sind. Lass uns am Abend über das Ganze sprechen. Wir müssen einen Weg finden, damit so etwas nicht wieder passiert!«

Beide Fälle verlaufen nach dem gleichen Prinzip: Ein Elternteil ist persönlich vor Ort erschienen oder hat zu den Personen im Umfeld des Kindes direkten Kontakt aufgenommen. In beiden Fällen sind die Eltern aktiv geworden und haben ihre Aufsicht verstärkt. Traditionelle Strafen wie Hausarrest oder Computerverbot tragen nichts dazu bei, die Situation zu verbessern. Viele Kinder empfinden jedoch bereits die verstärkte Überwachung als Strafe. Trotzdem ist es wahrscheinlich die beste und großzügigste »Strafe«, die einem Kind in einer riskanten Situation zuteilwerden kann.

Fazit

Die wachsame Sorge ist eine elterliche Position, die sich in einem kontinuierlich zunehmenden Maß an Involviert-Sein manifestiert: Man zeigt Interesse, findet Kontaktpunkte, sorgt für gemeinsame Aktivitäten, stellt Fragen und interveniert. Der Grad der wachsamen Sorge richtet sich nach den Warnsignalen, die die Eltern wahrnehmen. Wenn alles in Ordnung ist, brauchen sie weniger Überwachung und das Kind genießt maximale Freiheit, was ihm viel Selbstständigkeit erlaubt. Unter diesen Umständen kann es ein aktives Sozialleben aufbauen, lernen, die Zeit im Auge zu behalten und Verantwortungsbewusstsein entwickeln. Wenn allerdings besorgniserregende Signale auftreten, stellen die Eltern dem Kind direkte und gezielte Fragen. Wenn es bereits in Schwierigkeiten ist, schreiten die Eltern aktiv ein, zum Beispiel indem sie telefonisch Kontakt zu den Personen in seinem Umfeld aufnehmen. Dabei sollte man das problematische Verhalten angehen, ohne es zu eskalieren. Wenn nötig, sollte man persönlich erscheinen und das Kind dort aufsuchen, wo es gerade ist. Zahlreiche Studien haben gezeigt, dass wachsame Sorge der

Schlüssel ist, um das Risiko im Leben ihrer Kinder zu verringern.[19] Wachsame Sorge funktioniert dadurch, dass sie kontinuierlich das Gefühl einer mentalen Präsenz vermittelt: Die Kinder spüren, dass sie im Bewusstsein ihrer Eltern präsent sind, und dass die Eltern in ihrem Bewusstsein präsent sind. So entsteht das Empfinden, stets begleitet zu sein, auch dann, wenn die Eltern weit weg sind. Dies sind die besten Voraussetzungen für ein Kind, um die wachsame Sorge seiner Eltern zu internalisieren. So lernt es, auch im Hinblick auf sich selbst wachsam zu sein und sich zu schützen.

Tipps

- Schaffen Sie Berührungspunkte und verbringen Sie Zeit mit Ihrem Kind – beispielsweise durch gemeinsame Mahlzeiten oder indem Sie zusammen im Auto unterwegs sind oder etwas zusammen unternehmen.
- Nehmen Sie Kontakt zu Personen im Umfeld Ihres Kindes auf. Finden Sie heraus, wer die Freunde Ihres Kindes sind, und achten Sie darauf, dass diese Freunde auch Sie kennen. Setzen Sie sich auch mit Lehrkräften, Trainern und den Eltern anderer Kinder in Verbindung.
- Es ist wichtig, einfache und direkte Unterhaltungen über potentielle Problemthemen zu führen. Sprechen Sie mit Ihrem Kind über Zigaretten, Alkohol, Pornographie, ungeschützten Sex und unerwünschte Kontaktaufnahmen über den Computer oder per Handy. Auch wenn Ihr Kind keine kritischen Informationen liefert, sind diese Gespräche wertvoll, weil sie Ihre Präsenz verstärken.
- Spionieren Sie nicht! Lesen Sie keine Chats auf dem Handy Ihres Kindes. Wagen Sie es stattdessen, es offen zu überwachen, wenn erforderlich.
- Wachsamkeit ist nicht dasselbe wie ängstliche oder invasive elterliche Verhaltensweisen. Wenn es keine Warnsignale gibt, reicht eine offene Aufmerksamkeit, die nicht unnötig verschärft werden sollte, aus.

19 Omer, H., Satran, S., Dritter, O. (2017).

- Die beste Möglichkeit, das Niveau der Wachsamkeit zu erhöhen, besteht darin, das Kind darüber zu informieren, dass man angesichts der Vorkommnisse Fragen stellen und genauer aufpassen wird.
- Wachsamkeit zu verstärken, ist nicht dasselbe, wie Strafen zu verhängen. Verstärkte Wachsamkeit ist effektiver als jede Strafe.
- Nehmen Sie Kontakt mit Unterstützern auf, um Ihr Kind besser im Auge behalten zu können. Je mehr Kontakte Sie haben, desto effektiver und legitimer können Sie Ihr Kind überwachen.
- Führen Sie Telefonrunden durch. Es gibt nichts, was Ihren Stand als Eltern besser stärkt.
- Lassen Sie sich nicht von den Protesten Ihres Kindes entmutigen – auch nicht, wenn es Sie beschuldigt, seine Privatsphäre zu verletzen. Problematische Vorkommnisse machen es erforderlich, das Recht auf Privatsphäre einzuschränken.
- Das Kinderzimmer ist kein Allerheiligstes. Wenn Kinder ihr Zimmer für gefährliche Aktivitäten missbrauchen, ist es Ihre Pflicht, hineinzugehen und nachzuschauen. Teilen Sie ihm mit, dass Sie das tun werden, auch wenn es nicht weiß, wann genau das sein wird.
- Wenn Kinder ihr Verhalten bessern, teilen Sie ihnen mit, dass Sie ihnen jetzt mehr vertrauen und sie weniger überwachen werden.
- Verstärkte Überwachung wird oft als beschämend und unangenehm empfunden. Machen Sie sich klar, dass das zu Ihrer Aufgabe als Eltern gehört.
- Viele Kinder benutzen emotional aufgeladene Begriffe wie »Privatsphäre« oder »Beschämung«, um Sie davon abzuhalten, sie zu beaufsichtigen. Hören Sie sich das ganz in Ruhe an, aber bestehen Sie darauf, dass es Ihr Recht ist, Ihr Kind zu schützen.
- Wachsame Sorge bedeutet nicht, Ihr Kind zu beherrschen. Sie ist jedoch ein wichtiger Schlüssel dafür, dass Ihr Kind Selbstbeherrschung lernt.

Fünftes Kapitel

Die liebevolle Grenze

Grenzen zu setzen ist ein wohlbekanntes Thema, wenn es darum geht, Kinder großzuziehen. Und in der Tat ist es wichtig, dass sie lernen, welche roten Linien sie nicht überschreiten dürfen. Wirksame Grenzen sind jedoch mehr als Verbote, bekräftigt durch Sanktionen. Kinder müssen spüren, dass hinter jeder Grenze eine gewissenhafte Person steht, der sie am Herzen liegen. Nur so können sie erleben, was es bedeutet, liebevolle Grenzen zu haben. Wenn kleine Kinder auf verbotenes Territorium zusteuern und dann von den Eltern ein warnendes »Nein!« hören, erleben sie nicht nur ein Verbot, sondern auch die persönliche Präsenz der Person, die das Verbot ausspricht. Das wird offensichtlich in dem Moment, in dem sich ihre Augen treffen. Manchmal hält der Augenkontakt mehrere Sekunden lang an. Er ist wichtig, denn jetzt entscheidet das Kind, ob es das Verbot befolgt oder nicht. Wenn Kinder eine Grenze akzeptieren, verinnerlichen sie diese Linie. Wenn sie hingegen ungerührt auf die »Verbotszone« zusteuern, dauert der Prozess an. Vielleicht kommen die Eltern dann und nehmen es hoch, um es aus der Verbotszone zu bringen. Damit ist das Kind nicht mehr nur eingeschränkt, sondern es wird zusätzlich gehalten. Und darin besteht das Geheimnis der liebevollen Grenze: Das Elternteil ist die Grenze! Eltern setzen dem Kind also nicht nur die Grenze, sondern sie sind selbst eine.

Und nicht nur das Kind erlebt diese Grenze und braucht sie, den Eltern geht es ebenso. Wenn Mütter und Väter Grenzen setzen, bringen sie zum Ausdruck: »Hier stehen wir!« Eine Grenze zu setzen ist, wie wenn man einen Anker setzt. Wenn Eltern ihre Grenze finden, sind sie nicht mehr verwirrt und fühlen sich nicht mehr bedrängt. Das zeigt sich bei der Familienroutine: Eltern, die beschließen, dass die Familie um 19 Uhr zu Abend isst, etablieren einen festen Orientierungspunkt im Familienleben, der jedem das Gefühl von Struktur und Zugehörigkeit vermittelt.

Zwischen Grenze und Machtkampf

Machtkämpfe erzeugen Wut, Erschöpfung und sinnlose Wiederholungen. Damit sind sie das direkte Gegenteil von liebevollen Grenzen. Machtkämpfe zeichnen sich vor allem durch folgende Merkmale aus:

- Sie sind von »Pingpong«-Interaktionen gekennzeichnet: Eltern fordern, das Kind weigert sich. Eltern fordern erneut und das Kind weigert sich ebenfalls erneut – und so weiter. Bis zur Erschöpfung oder bis die Lage eskaliert.
- Bei einem Machtkampf verlangen die Eltern vollkommenen und sofortigen Gehorsam.
- Die Grundaussage lautet: »Du tust, was ich dir sage!«
- Machtkämpfe sind bedrohlich: Wenn die Eltern nachgeben, fühlen sie sich von der Gefahr des Autoritätsverlusts bedroht. Das Kind wiederum fühlt sich durch die Demütigung, die es erlebt, wenn es nachgibt, bedroht.
- Kommt es zu einem Machtkampf, reagieren beide Parteien ähnlich. Eltern, die sich auf einen Machtkampf einlassen, erniedrigen sich damit, denn: Sie begeben sich auf die gleiche Ebene wie ihr Kind.

Eine sinnvolle Grenze hingegen wird ganz anders erlebt:

- Statt »Du tust, was ich dir sage!«, sagen die Eltern: »Ich werde tun, was ich sage!« Noch effektiver ist es, wenn die Botschaft lautet: »Wir werden tun, was wir sagen!«
- Statt sich auf einen »Pingpong«-Wortwechsel mit dem Kind einzulassen, atmet man als Elternteil einmal tief durch und beschließt, sich an die festgelegte Grenze zu halten.
- Eltern lassen sich nicht unter Druck setzen, weil ihnen klar ist, dass ihr Status davon abhängt, was sie tun, und nicht von der Reaktion ihrer Kinder.
- Statt einen unbedingten Gehorsam einzufordern, bestärken Eltern die festgelegte Grenze durch Beharrlichkeit, Unterstützung und Legitimierung.

Roi, der Vater von Marco (2), erzählt von einer Konfrontation mit seinem Sohn. Als Roi den Kleinen in seinem Hochstuhl fütterte, warf Marco absichtlich ein Stück Brot auf den Boden. Roi sagte: »Nein!«, und legte das Brot wieder auf das Tablett. Marco nahm das Stück Brot. Trotzig warf er es abermals auf den Boden. Der Vater legte das Brot zurück auf das Tablett, wiederholte die Ermahnung, wedelte mit dem Zeigefinger und sah den Jungen böse an. Roi erklärte, er habe in jenem Moment das Gefühl gehabt, die Saat zu einem zukünftigen Kriminellen zu säen, wenn sein Sohn ihm jetzt nicht gehorche.

Glücklicherweise hatte Ella, die Mutter, die Szene aus dem Augenwinkel beobachtet. Sie hob Marco aus dem Stuhl, lenkte ihn ab und setzte dem Machtkampf ein Ende.

Roi war enttäuscht, dass Ella ihm nicht den Rücken gestärkt hatte. Nach längerer Debatte kamen sie schließlich überein, dass einer der beiden das Kind aus seinem Stuhl heben und den Machtkampf beenden werde, falls sich etwas Ähnliches wiederholen sollte. Somit einigten sich die beiden Eltern auf eine klare Grenze: »Wir lassen dich nicht länger am Tisch sitzen, wenn du Essen auf den Boden wirfst!«

Diese Alltagsszene verdeutlicht den Unterschied zwischen einem Machtkampf und einer konstruktiven Grenze. Die Eltern einigten sich auf ein bestimmtes Prozedere und konzentrierten sich damit auf ihre eigene Vorgehensweise.

Zweierlei »Nein!«

Manchmal kommt es Eltern so vor, als würden sie ständig nur »Nein« sagen oder »Hör auf!« oder »Schluss jetzt!«

»Nein-Geplapper«

Um das ermüdende Wiederholen und die Ineffektivität ständiger Verbote zu verdeutlichen, verwenden wir den Begriff »Nein-Geplapper.« Danach fühlen sich Eltern bedrängt und erschöpft, und sie sind heiser von den zahllosen Versuchen, zu warnen, zu fordern und zurechtzuweisen. Besonders schwierig wird es, wenn Eltern versuchen, mit einem Kind fertig zu werden, das an Hyperaktivität oder einem Aufmerksamkeitsdefizit leidet. Solche Kinder werden ständig von neuen Reizen angezogen. Sie erleben einen immerwährenden Fluss an Stimulation, der sie ablenkt und sie dauernd zappeln lässt, um in wechselnder Folge nach allen Richtungen zu greifen. Diese Kinder »tanzen« zu einer Melodie, dessen Refrain lautet: »Jetzt!« – »jetzt!« – »jetzt!« Eltern, die versuchen, mit einem oder mehreren solcher Kinder zurechtzukommen, müssen ständig »nein!« – »nein!« – »nein!« rufen. Die Verbote und Befehle der Eltern sind dann nur ein Addendum zu dem Lärm, der die Kinder wie in einem sich ständig drehenden Karussell schriller Erlebnisse unaufhörlich stimuliert.

Unser Ziel ist, das elterliche »Nein« umzuwandeln und ihm eine Dimension zu verleihen, die ausgleichend und stabilisierend wirkt, statt das Durcheinander noch zu verstärken. Wir wollen das »Nein-Geplapper« in einen »Nein-Anker« verwandeln!

Der »Nein-Anker«

»Nein-Anker« sind Grenzen, die von der Bereitschaft der Eltern gekennzeichnet sind, durch anhaltende Aufmerksamkeit und systematisches Follow-up an diesen festzuhalten und darauf zu bestehen, dass sie umgesetzt werden. Anhand von Nein-Ankern demonstrieren Eltern ihre Entschlossenheit, dem Druck standzuhalten. Sie sollten nicht allzu oft eingesetzt werden und auch besser durchdacht sein. Wir schlagen vor, dass ein Nein-Anker höchstens einmal pro Woche zum Einsatz kommen sollte.

Der erste Schritt zum Erstellen eines Nein-Ankers besteht darin, im Vorhinein festzulegen, um welche problematische Verhaltensweise es gehen soll. Eltern sollten nicht aus der Hüfte schießen, sondern erst nach reiflicher Überlegung eine Entscheidung treffen, hinter der sie dann auch stehen. Noch besser ist es, wenn beide Elternteile gemeinsam einen Beschluss fassen. Zum Beispiel: »Diese Woche soll es darum gehen, dass er nicht immer mit dem Handy spielt, während er sich morgens für die Schule fertig macht.« Selbst wenn ein Elternteil dann am Morgen schon weg ist und sich auf dem Weg zur Arbeit befindet, kann der andere Elternteil dem Kind klarmachen, dass die Entscheidung gemeinsam und einvernehmlich getroffen wurde.

Der zweite Schritt besteht darin, dem Kind im Vorhinein anzukündigen: »Wir haben beschlossen, dass du morgens nicht mehr das Handy benutzen darfst. Du darfst es erst einschalten, wenn du dich auf den Weg zur Schule machst.« Wenn das Kind diese Aufforderung ignoriert und das Handy trotzdem wieder anmacht, kann der anwesende Elternteil das Kind erinnern: »Du, das geht nicht. Papa/Mama und ich werden miteinander reden, wie wir darauf reagieren sollen, dass du dich nicht an diese Regel hältst.« Am Abend kann dann eins der Elternteile (am besten die Person, die morgens nicht da war) dem Kind das Handy abnehmen und sagen: »Du bekommst es morgen wieder, wenn du dich für die Schule fertig gemacht hast.« Daran, dass die Eltern sich abgesprochen haben und die Sache dann auch durchziehen merkt das Kind, dass die Grenze, die die Eltern festgelegt haben, ernst gemeint und wichtig ist.

Nein-Anker unterscheiden sich durch mehrere Merkmale vom Nein-Geplapper:

- Sie sind besondere Anlässe mit einem von den Eltern für die jeweilige Woche definierten Zielproblem.
- Sie sind keine unüberlegten spontanen Äußerungen wie das Nein-Geplapper.
- Die Eltern informieren ihr Kind im Vorhinein darüber, welche Grenze sie festlegen wollen.
- Wenn das Kind die Grenze überschreitet, teilen die Eltern ihm mit, dass sie sich weitere Schritte überlegen werden (Schmiede das Eisen, wenn es kalt ist!).
- Die Eltern halten sich dauerhaft an die Grenze, die sie festgelegt haben, und nicht nur diese eine Woche lang. Oft ist es besser, erst dann ein neues Ziel in Angriff zu nehmen, wenn sich das Kind an die eine zuvor gesetzte Grenze gewöhnt hat.

Ein Nein-Anker sollte am besten von beiden Elternteilen gemeinsam festgelegt werden. Wenn das nicht möglich ist, zum Beispiel weil die Eltern geschieden sind, kann es hilfreich sein, Unterstützung von anderen Familienmitgliedern zu rekrutieren, etwa von Großeltern, die mit dem Kind reden und die Entscheidung des Elternteils verbal unterstützen.

Strategische Tiefe

Der Nein-Anker verleiht der Grenze strategische Tiefe. Während die Grenze zuvor nur oberflächlich und im Eifer des Gefechts festgelegt wurde, ist sie jetzt vorgeplant, markiert, abgesichert und von Dauer.

Wenn Eltern Nein-Anker festlegen, verändert das allmählich ihr gesamtes Verhalten, weit über die konkret definierten Punkte hinaus – und zwar deshalb, weil Eltern jetzt spüren, dass sie souverän sind. Sie haben einen Plan, sind besser koordiniert und haben mehr Durchhaltevermögen.

Eine neue Atmosphäre

Auch das Kind beginnt, seine Eltern anders wahrzunehmen. Es weiß jetzt, dass seine Eltern in der Lage sind, eine andere Art von »Nein« hervorzubringen. Die Nein-Anker reduzieren das Nein-Geplapper beträchtlich, weil die Eltern merken, wie wenig es bewirkt hat. Dadurch vermindert sich das Gefühl von Chaos in der Familie. War die »Familienmusik« zuvor den impulsiven Handlungen des Kindes geschuldet (»Jetzt!«,»jetzt gleich!«, »sofort!«) und von den schrillen Antworten der Eltern verstärkt (»Nein!«, »nein!«, »nein!«), so ist das nun nicht mehr der Fall. Auch wenn das Kind jetzt immer noch »Jetzt!« – »jetzt!« – »jetzt!« zwitschert, gleicht die Reaktion der Eltern einem Basso Continuo: »Neeeeeiiiin!« Dadurch ändert sich die Atmosphäre und mit der Zeit auch das Verhalten des Kindes.

Diese Vorgehensweise hat sich selbst in besonders schwierigen Fällen als erfolgreich erwiesen. Die Fähigkeit, Nein-Anker als Grenzen zu setzen, bewirkt eine positive Veränderung im Verhalten der Eltern. Sie fühlen sich weniger bedrängt und das problematische Verhalten des Kindes verbessert sich.

Die Ankündigung

Eine Ankündigung ist eine strukturierte Aktion, die als eine Art Übergangsritual zwischen dem bisherigen und dem zukünftigen Zustand dienen soll. Übergangsrituale sind festliche und formale Ereignisse, die vom Umfeld validiert werden. Wir kennen solche Rituale zum

Beispiel als Konfirmation, Bar Mitzwa, Scheidungen, Vertragsunterzeichnungen, Schulabschlüsse und so weiter. Der Statuswechsel ist dabei immer von einem besonderen Ereignis begleitet, bei dem nicht nur die Betroffenen zugegen sind, sondern auch Zeugen, die den Statuswechsel bestätigen. Die formelle Atmosphäre und die Beteiligung der Zeugen dient dazu, eine Bewusstseinsgrenze zu ziehen, die den Beteiligten dabei hilft, anders zu denken, anders zu fühlen und von nun an auch anders zu handeln.

Manche Eltern informieren ihre Kinder ständig, wenn sie ihre Strategie im Umgang mit problematischen Verhaltensweisen ändern möchten. Solche Ansagen bringen meistens nichts, weil sich die Kinder daran gewöhnen und sie dann nur noch ignorieren. Sie sind zahnlose Tiger, basierend auf der Annahme, dass die Grenze nur dann effektiv ist, wenn sie mit Sanktionen verbunden ist. Diese Auffassung ignoriert jedoch einen Teil der Wahrheit und kann sogar schädlich sein. Sie ignoriert wichtige Elemente, die beachtet werden sollten, wenn man Grenzen setzt: Klarheit, Legitimität und Entschlossenheit. Und sie ist schädlich, weil der automatische Zusammenhang mit einer Strafe zur Eskalation führt – und weil die Grenze dadurch manchmal ihre Legitimation verliert.

Sanktionen

Sanktionen können zur Eskalation eines Machtkampfs führen, weil die Aussage »Dir werde ich es schon noch zeigen!«, welche mit der Androhung einer Sanktion einhergeht, die automatische Reaktion hervorruft: »Pass bloß auf: *Ich* werde es *dir* zeigen!« Damit ist die Bühne für einen noch größeren Machtkampf bereitet, bei dem jede Seite versucht, die stärkere zu sein.

Außerdem führen Sanktionen oft dazu, dass die Legitimation verloren geht, weil die meisten der überkommenen Strafen nicht mehr akzeptabel sind. In vielen Fällen bringt die Verschärfung der Sanktionen Eltern nahe an die Grenze zur physischen Gewalt, auch wenn sie das eigentlich nicht wollten. Das liegt daran, dass Strafen das Kind nur noch wütender machen, bis es ausflippt. Und dann befinden sich Eltern in einem Dilemma: Sollen sie das Kind einfach weitermachen lassen oder sollen sie es gewaltsam stoppen? Oft finden auch die Eltern selbst diese Eskalation, in der sie dann gefangen sind, richtig schlimm. Der ausschließliche Glaube an Sanktionen untergräbt also die Entschlossenheit der Eltern und verstärkt noch die Hilflosigkeit, die man eigentlich loswerden wollte.

Trotzdem ist nicht jede Strafe illegitim. Keine Gesellschaft kann ohne Sanktionen existieren. Sie sollten jedoch gerechtfertigt sein. Wenn beispielsweise eine Schule beschließt, dass eine Prüfung ungültig wird, wenn sich herausstellt, dass ein Schüler betrogen hat, ist das eine legitime Strafe. Der Zweck dieser Strafe besteht nicht nur darin, das Verhalten des Übeltäters zu verändern, sondern auch darin, eine Regel aufzustellen, die ausnahmslos für alle Schüler und Schülerinnen gilt. Solche Sanktionen sind für das Funktionieren jedes Systems erforderlich. Aber auch wenn Strafen in manchen Situationen wichtig sind, sind sie nicht unentbehrlich für die Grenzen, die Eltern setzen. Ganz im Gegenteil: Die von den Eltern gesetzten Grenzen beruhen in erster Linie auf der Bereitschaft, mit Entschlossenheit klarzumachen: »Hier stehe ich!«

Wie formuliere ich eine Ankündigung?

Eine Ankündigung ist ein halb-formelles Statement, das die Eltern ihrem Kind bestenfalls gemeinsam überbringen, und zwar zu einer passenden Zeit und an einem passenden Ort. Die Initiative geht dabei von den Eltern aus. Auch geschiedene Eltern sind oft imstande, bei einer Ankündigung zu kooperieren. Wenn das nicht der Fall ist, darf der Elternteil, der die Verantwortung trägt, die Hilfe eines Unterstützers einholen. Die Ankündigung kommt nicht im Eifer des Gefechts und ist auch nicht als unmittelbare Reaktion auf das problematische Verhalten des Kindes auszuführen. Sie kommt vielmehr zu einem anderen, ausgewählten Zeitpunkt, zum Beispiel wenn das Kind nach getaner Arbeit am Ende eines Tages in seinem Zimmer ist. Es ist wichtig, sich auf die Begegnung vorzubereiten, damit man die Ankündigung korrekt überbringt.

Das Ziel der Vorbereitung ist, ein paar problematische Verhaltensweisen zu definieren, denen sich die Eltern mit aller Kraft entgegenstellen wollen. Die wichtigsten Anliegen sind Gewalt und Verhaltensweisen, die anderen Familienmitgliedern schaden (etwa Diebstahl,

Demütigungen und Vandalismus), sowie Verhaltensweisen, die dem Kind selbst schaden (beispielsweise stundenlange Abwesenheit oder Schule schwänzen). Diese Probleme sind leicht auszumachen. Im Gegensatz dazu gibt es Anliegen, die eher vage sind, wie Frechheit oder Ungehorsam ganz allgemein: Obwohl diese Verhaltensweisen eigentlich nicht egal sind, eignen sie sich nicht für eine Ankündigung. Denn es ist schwierig zu beurteilen, ob das Kind in einem bestimmten Fall die rote Linie überschreitet oder nicht: Ist es wirklich frech oder macht es nur ein mürrisches Gesicht? War es absichtlich ungehorsam oder hat es nur vergessen, was es tun sollte? Dadurch wird die von den Eltern gesetzte Grenze unscharf.

Eine schriftlich verfasste Ankündigung verstärkt den rituellen Charakter und damit das Potential, etwas zu verändern. Manche Eltern fühlen sich nicht wohl dabei, weil sie spontane und natürliche Vorgehensweisen bevorzugen. Aber es geht letztendlich darum, gegenüber dem gewohnten und eingespielten Kontinuum eine Grenze zu setzen. Wenn man dies tut, ist das, wie wenn man ein gebrochenes Bein eingipst. Ein Gips ist nicht natürlich, aber er ist notwendig, um die Heilung zu ermöglichen. Wenn die Ankündigung sowohl schriftlich als auch mündlich erfolgt, verstärkt es den Vorgang, die Grenze zu setzen und zu konsolidieren. Eltern, die diese Vorgehensweise praktizieren, bringen damit zum Ausdruck: »Dies ist ein besonderer Anlass, denn so wie bisher kann es nicht weitergehen.«

Trotz der Förmlichkeit ist die Ankündigung kein anonymes oder starres Ereignis. Ganz im Gegenteil: Sie verdeutlicht eine emotionale und moralische Grenze, denn sie betont die Sorge der Eltern um ihr Kind und um die ganze Familie. Das hört sich zum Beispiel so an:

»Wir werden es nicht mehr hinnehmen, dass du nachts verschwindest, denn wir geben dich nicht so einfach auf.«

Oder:

»Wir werden es nicht mehr zulassen, dass der Computer nachts an bleibt. Denn wir werden nicht akzeptieren, dass du die Schule vernachlässigst und dich in der virtuellen Welt verlierst.«

Die Ankündigung endet jeweils mit einem Statement, das zum Ausdruck bringt, dass sie der Sorge der Eltern um ihr Kind entspringt. Zum Beispiel:

»Wir greifen zu dieser Maßnahme, weil wir für dich verantwortlich sind und dich lieb haben!«

Oder:

»Wir handeln so, weil du uns wichtig bist und weil wir an dich glauben. Und weil wir überzeugt sind, dass du es schaffst, damit zurechtzukommen.«

Die Ankündigung erfolgt immer in der 1. Person Plural, also in der »Wir«-Form, und nicht als Befehl in der 2. Person.

Die Ankündigung ist kein Vertrag. Das Kind braucht nicht zustimmen. Es ist eine einseitige Botschaft, mit der Mütter und Väter ihrem Kind eine Veränderung ihrer selbst und ihrer Position ankündigen. Manchmal entgegnen Eltern: »Aber sie wird niemals zustimmen!« Dieser Kommentar zeigt, wie weit Eltern in ihrer Haltung gegenüber ihren Kindern gekommen sind: Sie glauben, dass jede Haltung, die sie einnehmen, unwirksam ist, wenn das Kind nicht zustimmt. Die Ankündigung ist ein Meilenstein, der anzeigt, dass dieses Abdriften nun ein Ende hat. Auch wenn das Kind protestiert, sich widersetzt oder die Ankündigung ignoriert, und selbst wenn es das Papier, auf dem sie niedergeschrieben ist, zerknittert, zerreißt oder in die Ecke wirft: Die Ankündigung tritt trotzdem in Kraft. Die provokative Reaktion des Kindes bietet den Eltern sogar die Gelegenheit zu sagen: »Du brauchst auch gar nicht zuzustimmen. Wir sagen dir nur, was wir tun werden. Wir haben dir nur deshalb eine Kopie der Ankündigung gegeben, weil wir fair sein wollen und nicht hinter deinem Rücken handeln. Wir werden tun, was wir sagen, weil es unsere Pflicht ist.«

Viele Eltern fühlen sich außerstande, eine solche Ankündigung zu machen. Sie haben Angst, dass das Kind mit Ablehnung, Wut oder Verachtung reagiert. Sie haben sich daran gewöhnt, dass sie nichts fordern oder verlangen dürfen, womit der Sohn oder die Tochter nicht einverstanden ist. Aussagen, die die kompromisslose Pflicht der Eltern verdeutlichen, empfinden sie als Verletzung ungeschriebener Gesetze. Deshalb möchten manche Eltern ihre Aussage gern mit Rechtfertigungen, Erklärungen und Entschuldigungen versüßen. Während sie eigentlich etwas von ihrem Kind verlangen wollten, verwandelt sich ihre Ankündigung dann schnell in eine Bitte, eine Entschuldigung und in komplizierte Erläuterungen.

Eddie (13) war im Alter von sechs Jahren adoptiert worden. Trotz seiner guten Beziehung zu seinen Eltern und ihrer Bemühungen waren sie sich nicht sicher, inwiefern sich der Junge wirklich als Teil der Familie fühlte. Diese Ungewissheit brachten sie deutlich zum Ausdruck: »Wir haben ihn voll als unseren Sohn adoptiert, aber wir sind nicht sicher, dass auch er uns adoptiert hat!«

Eddie schürte ihre Verunsicherung, wenn er während einer Auseinandersetzung sagte: »Ihr seid gar nicht meine richtigen Eltern! Ihr liebt mich nicht wie richtige Eltern!«

In jüngster Zeit hatte er sich ein paar besorgniserregende Gewohnheiten angeeignet. Er hatte begonnen, sich stundenlang in seinem Zimmer einzuschließen und verweigerte eine Antwort, wenn seine Eltern an die Tür klopften. Er ignorierte, wenn sie ihn zum Essen riefen und kam manchmal auch nicht zu Tisch. Er wurde computersüchtig und reagierte aggressiv, wenn seine Eltern es wagten, ihn zu stören. Er hörte fast völlig auf, seine bescheidenen häuslichen Pflichten zu erledigen - mit dem Hund Gassi gehen oder den Müll rausbringen. Seine Eltern versuchten, ihm zur Strafe das Taschengeld zu kürzen, aber Eddie reagierte so heftig, dass sie nachgaben.

Schließlich suchten die Eltern unsere Beratungsstelle auf. Dort bat man sie, eine Ankündigung zu verfassen. Der Text, den sie schrieben, enthüllte ihre elterliche Unsicherheit:

Lieber Eddie,
wir sind sehr glücklich darüber, dass du bei uns bist, und du liegst uns sehr am Herzen. Wir betrachten dich als Teil der Familie. Aber das entbindet dich nicht von der Pflicht, mit den Dingen zu helfen, um die wir dich bitten, insbesondere:

- Wir bitten dich, deine Tür nicht abzuschließen (wir schließen unsere auch nicht ab).
- Wir freuen uns über deine Hilfe bei der Pflege des Hundes und bei der Müllentsorgung. Aber in letzter Zeit hast du vergessen, diese Aufgaben zu übernehmen, daher möchten wir dich daran erinnern, dass diese Dinge getan werden müssen.
- Wir möchten dir dabei helfen, während der Sommerferien nicht die ganze Zeit am Computer zu sitzen. Daher bitten wir dich, zu entscheiden, was du tun möchtest und das dann wirklich ernst zu nehmen.

- Wir möchten, dass du all deine anderen Aktivitäten zurückstellst, wenn wir dich zum Abendessen rufen. Das ist sehr wichtig für uns alle und auch schöner.

Wir verlangen von dir, all diese Bitten zu erfüllen. Das wird die Atmosphäre im Haus viel angenehmer machen. Was wir verlangen, ist nicht schwer, und wir denken, dass es gut für dich wäre.
Wir lieben dich sehr,
Papa und Mama

Der apologetische Ton dieser Ankündigung ist das Gegenteil von dem, was wir erreichen wollen. Stattdessen sollte sie ein klares Zeichen gegen das Abdriften setzen, eine Botschaft sein, in der die Eltern schlicht und unverblümt sagen: »Hier stehen wir!« und »Das ist unsere Pflicht!«

Mit Hilfe ihrer pädagogischen Beraterin formulierten die Eltern ihre Ankündigung nun um und verwandelten sie in ein einfaches Statement ihrer Position, ohne jede Spur von Entschuldigung oder Flehen. In den Wochen nach Übergabe der Ankündigung wagten sie es, darauf zu bestehen, dass Eddys Zimmertür nicht mehr abgeschlossen wurde und er zum gemeinsamen Essen erschien.

Deutlich wurde ihre veränderte Haltung, als Eddy wieder einmal anführte, sie seien ja gar nicht seine richtigen Eltern. Daraufhin antwortete der Vater schlicht: »Wir wissen, dass wir deine Eltern sind, weil unsere Liebe zu dir und unsere Hingabe dir gegenüber, die wichtigsten Merkmale unseres Lebens sind. Wir werden jetzt nicht hingehen und dir etwas beweisen, was absolut klar ist. Ob du nun davon überzeugt bist oder nicht, ist allein deine Sache.« Auf diese Weise drehten die Eltern den Spieß zur Frage ihrer Elternschaft ganz einfach um. Sie hörten auf, zu erklären, zu überzeugen oder zu beweisen – und auch Eddy ließ das Thema fallen.

Das Sit-in

Ursprünglich hatten wir das Ritual des Sit-ins als Werkzeug des entschlossenen Widerstands von Eltern gegen Gewalt und selbstzerstörerisches Handeln ihrer Kinder entwickelt. In manchen Ländern, in denen unsere Vorgehensweise bekannt wurde, etablierte es sich jedoch zum Hauptmerkmal unseres Ansatzes, und zwar aus einem ganz einfachen Grund: Es illustriert auf anschauliche Weise die elterliche Standhaftigkeit im Gegensatz zum Abgleiten in problematische Verhaltensweisen.

In einer ruhigen Minute kommen die Eltern ins Kinderzimmer (ein Sit-in sollte nicht während eines Streits oder als direkte Reaktion auf eine problematische Verhaltensweise stattfinden). Sie nehmen Platz und erklären in einfachen Worten den Grund für ihr Handeln. Zum Beispiel können sie sagen: »Wir erlauben dir nicht, deine Schwester zu hauen. Wir werden hier sitzen und auf einen Vorschlag warten, was du unternehmen kannst, damit das nicht mehr vorkommt.«

Nach dieser Einleitung sitzen sie still da und warten darauf, dass das Kind einen Vorschlag macht. Es ist wichtig, dabei still zu bleiben, damit die Sache nicht zu einem Streit eskaliert. Die Stille bringt nicht zum Ausdruck, dass die Verbindung unterbrochen ist, sondern dass man aufmerksam zuhört. Die Eltern sitzen gelassen da und signalisieren damit, dass sie hören möchten, welche Idee das Kind hat. Manchmal muss man bis zu einer Stunde lang warten.

Wenn das Kind einen Vorschlag macht, stellen die Eltern respektvoll Fragen, um diesen genauer erklärt zu bekommen. Wenn die Vorschläge des Kindes jedoch inakzeptabel sind, etwa so aussehen sollen: »Ich höre damit auf, wenn ihr mir einen neuen Computer kauft!«, oder: »Aber sie hat angefangen! Immer beschuldigt ihr mich für alles!«, können die Eltern antworten: »Wir brauchen jetzt aber eine gute Lösung. Wenn du einen geeigneten Vorschlag hast, dann sag es uns!«

Dann schweigen sie wieder und bleiben weiter ruhig sitzen. Jeder Vorschlag, auch wenn es nur ein Teilvorschlag ist, sollte positiv aufgenommen werden, beispielsweise mit dem Kommentar: »Das ist schon mal ein Schritt in die richtige Richtung. Lass uns das versuchen und schauen, wie es läuft!« Und damit endet das Sit-in.

Wenn das Kind jedoch keinen Vorschlag macht oder frech wird, indem es Schimpfworte gebraucht oder die Aufforderung demonstrativ ignoriert, bleiben die Eltern sitzen, ohne auf die Provokation zu reagieren. Damit zeigen sie keine Schwäche, sondern Selbstbeherrschung. Denn es waren ja die Eltern, die das Sit-in initiiert haben und es jetzt auch ausführen. Wenn sie auf die Frechheit des Kindes reagieren und konfrontativ werden, lassen sie sich ködern und haben das Heft nicht mehr in der Hand.

Wenn das Kind sie demonstrativ ignoriert und stattdessen zum Beispiel beginnt, am Computer zu spielen, sollten die Eltern den Computer nicht ausschalten. Das könnte zu einer ernsthaften Eskalation führen und einen Gewaltausbruch zur Folge haben. Es ist besser, wenn die Eltern still im Raum sitzen bleiben. Sie können sich hinter das Kind setzen, jedoch mit einer sicheren Distanz, damit es sie nicht angreift.

Wenn das Kind während des Sit-ins keinen Vorschlag macht, sollten die Eltern nach einer Stunde gehen. Und zwar mit der folgenden Feststellung: »Leider haben wir noch keine Lösung gefunden. Wir müssen weiter überlegen!« Die Eltern sollten das Kind nicht für sein Verhalten während des Sit-ins bestrafen. Schon allein durch ihre stille, aber entschlossene Präsenz etablieren die Eltern erneut ihre Rolle, während sie bisher nachgegeben haben, ignoriert wurden oder sich in Konflikte haben verwickeln lassen. Das Sit-in symbolisiert sehr deutlich den elterlichen Anker. Es übermittelt außerdem die Botschaft: »Wir sind für dich da und bleiben es auch!«

So wie die Ankündigung ist auch das Sit-in ein Ritual, das in erster Linie dazu dienen soll, etwas in den Eltern zu verändern. Der Vorschlag, den das Kind macht (oder auch nicht) ist nicht der ausschlaggebende Faktor. Oft machen Kinder einen Vorschlag, aber ihr Verhalten ändert sich nicht. In anderen Fällen machen sie keinen, aber ihr Verhalten wird besser. Um eine Veränderung herbeizuführen, kommt es darauf an, dass die Mütter und Väter entschlossen sitzen bleiben.

Die Vorbereitung

Schon bei der Vorbereitung des Sit-ins beginnt in den Eltern ein Veränderungsprozess. Statt im Eifer des Gefechts aus der Hüfte zu schießen, planen sie ihr Vorgehen im Vorfeld. Sie wählen einen Zeitpunkt, sie überlegen, wo sie sitzen werden, sie organisieren Lösungen für logistische Probleme (zum Beispiel lassen sie die Großmutter kommen, um so lange auf die anderen Kinder aufzupassen), und sie überlegen, wie sie sich bei welcher Reaktion ihres Kindes verhalten sollten. Manchmal beschließen Eltern, das Sit-in nicht am selben Tag durchzuführen, an dem etwas vorgefallen ist, sondern erst am Tag danach oder noch später. Das tut der Effektivität keinen Abbruch. Es kann die Aktion sogar umso effektiver machen, weil die Eltern damit zeigen, dass sie sich an den Vorfall erinnern und dass Vorkommnisse nicht einfach aus dem Kalender verschwinden.

Am besten bereiten Eltern das Ereignis gemeinsam vor. Sie sollten sich überlegen, wie sie auf verschiedene provokative Reaktionen ihres Kindes reagieren können, ohne sich in eine problematische Reaktion hineinziehen zu lassen. Wenn es nicht möglich ist, das mit dem anderen Elternteil abzusprechen (etwa im Falle von Alleinerziehenden, die nicht mit dem anderen Elternteil kommunizieren), kann man dieses Vorbereitungsgespräch mit einer anderen geeigneten Person führen.

Bei der Vorbereitung sollte auch die Frage besprochen werden: »Was könnte dazu führen, dass das Sit-in zu einem sinnlosen Streit führt oder was könnte es platzen lassen?« Schon allein das Thematisieren potentieller problematischer Szenarios verbessert die Entschlossenheit der Eltern. Ihre Aufgabe ist, sich so gut wie möglich zu beherrschen und sich nicht zu Provokationen oder Drohungen hinreißen zu lassen, nicht zu predigen und sich nicht in einen Streit verwickeln zu lassen. Eltern müssen geduldig sein. Sie müssen bereit sein, Unannehmlichkeiten zu ertragen und geduldig zuzuhören. Diese Vorbereitung ist eine Art Crashkurs in unserem Ansatz: Denn die gleichen Muster, die das Sit-in scheitern lassen könnten, beeinträchtigen auch andere Interaktionen zwischen Eltern und Kind. Dadurch ist es ein wichtiges Training für das Verhalten der Eltern in Stresssituationen.

Stille Verbundenheit

Auch wenn das Sit-in ursprünglich für besonders schwierige Fälle entwickelt wurde, haben wir im Lauf der Jahre bemerkt, dass es auch für Eltern hilfreich ist, deren Kinder keine schweren Auffälligkeiten aufweisen. Der besondere Wert eines Sit-ins besteht darin, dass es eine ebenso besondere Art des Kontakts herstellt. Eltern, die in unseren Seminaren von diesem Ansatz erfahren haben, teilen uns mit, dass sie während des Sit-ins besser mit ihren Kindern reden konnten als sonst. Das hat uns zunächst überrascht. Schließlich besagt die Anleitung für ein Sit-in ja, dass man nur still dasitzen und darauf warten soll, dass das Kind einen Vorschlag macht. Wie kann es also ein produktives Gespräch ermöglichen? Es stellte sich jedoch heraus, dass die Vorbereitung darauf, still dort zu sitzen, die Eltern daran hinderte, zu predigen und zu schimpfen. Und so entstand ein wertvoller Kontakt. Allmählich wurde uns klar, dass diejenigen Eltern, die nicht nur Entschlossenheit demonstrieren, sondern auch Offenheit und Aufmerksamkeit, am meisten von einem Sit-in profitieren. Sie sitzen still da und vermitteln eine positive und einladende Atmosphäre. Von diesen Eltern lernten wir, was wir dann auch anderen Vätern und Müttern empfehlen konnten, um ihre Sit-ins effektiver zu gestalten. Sie sollten nicht nur sagen: »Wir werden hier sitzen und auf eine Lösung warten, damit diese problematische Verhaltensweise nicht mehr vorkommt«, sondern sie sollten auch zum Ausdruck bringen: »Alles, was du uns mitteilst, ist uns wichtig. Wir hören dir zu und werden darüber nachdenken.« Erst danach beginnt die Stille, aber sie hat, wie gesagt, einen besonderen Charakter. Es ist eine stille Verbundenheit. Selbst wenn sich das Kind während der Aktion daneben benimmt, können die Eltern am Ende trotzdem sagen: »Wir möchten auch weiterhin alles hören, was du uns sagen möchtest. Wenn du uns etwas mitteilen möchtest, dann gerne!«

Abwandlungen des Sit-ins

Manche Eltern haben den Ablauf des ursprünglichen Sit-ins etwas abgewandelt. Ein Beispiel dafür ist das »Sit-in auf Rädern«:

Gil, der Vater von Job (11), fand heraus, dass sein Sohn zwanzig Euro aus seiner Geldbörse entwendet hatte. Job war zwar ein ruheloses Kind, hatte seinen Eltern jedoch nie zuvor irgendeinen Anlass zur Sorge gegeben.

Zunächst versuchten sie herauszufinden, was ihren Sohn zu diesem Diebstahl veranlasst hatte. Sie ermutigten ihn, offen zu sprechen. Obwohl sie dabei sehr behutsam vorgingen, wich Job ihnen aus.

Gil vermutete, dass Job wegen eines neuen Freundes in Schwierigkeiten geraten war, der den Ruf genoss, ein Hooligan zu sein. Das Schweigen des Jungen könnte ein Versuch sein, diesen Freund zu schützen, der ihn vielleicht zum Stehlen verleitet hatte.

Von der Methode des Sit-ins erfuhr Gil durch einen Vortrag, den er in der Schule gehört hatte, dachte aber, er sei nicht in der Lage, eine ganze Stunde lang ruhig im Zimmer seines Sohnes zu sitzen. Als er uns erzählte, was er anstelle des standardmäßigen Aussitzens getan hatte, erklärte er: »Ich glaube, ich bin ebenso unruhig wie mein Sohn. Wie könnte ich eine ganze Stunde lang stillsitzen?«

Gils Lösung ergab sich aus seiner eigenen Vorliebe für lange Autofahrten. Ruhig vor sich hinzufahren, schenkte ihm ein Gefühl von Freiheit und Frieden. Also nahm er Job an einem frühen Sonntagmorgen mit zu sich ins Auto und sagte ihm, sie beide müssten über das Vorgefallene nachdenken. Zwei Stunden lang fuhren sie in absolutem Schweigen. Als Job ihn fragte, wo sie seien, entgegnete Gil: »Das spielt keine Rolle! Das Ausschlaggebende ist, dass wir zusammen sind und zusammen nachdenken!«

Nach zwei weiteren Stunden Fahrt hielten sie an einer Raststätte. Gil bestellte für sie beide etwas zu Essen und Getränke und wartete schweigend, bis serviert wurde. Dann fragte er seinen Sohn: »Hast du alles, was du brauchst?«

Job nickte und Gil fuhr fort: »Gibt es irgendetwas, was du brauchst, und weswegen du dich vielleicht schämst, es von uns zu verlangen?«

Job schüttelte den Kopf, mit Tränen in den Augen. Gil sagte ihm: »Ich glaube nicht, dass es deine eigene Idee war, das Geld zu nehmen. Ich kenne dich, das passt nicht zu dir! Du musst mir jetzt nicht sagen, wie du darauf gekommen bist, vielleicht willst du einem Freund gegenüber loyal bleiben. Ich mag mich irren, aber ich glaube, du wurdest vielleicht dazu verführt, etwas zu tun, was so gar nicht deine Art ist und dir auch nicht guttut. Deine Mutter und ich werden dich beobachten und sicherstellen, dass das nicht wieder passiert. Aber ich glaube, du wirst unser Vertrauen zurückgewinnen.«

Beim Verlassen des Lokals gab Gil seinem Sohn eine herzliche Umarmung, die Job erwiderte. Es war klar, dass ihre Beziehung stärker geworden war und nun auf einer reiferen und ehrlicheren Grundlage basierte.

Das Sit-in kann sowohl Entschlossenheit als auch Nähe vermitteln. Manchmal überwiegt erstere, manchmal letztere. Beim »Sit-in auf Rädern« waren beide Elemente gleichermaßen präsent. Gils ruhige Ausfahrt mit Job vermittelte Entschlossenheit, während er mit dem Restaurantbesuch die Nähe zu seinem Sohn zum Ausdruck brachte.

Wie auch immer das Sit-in gestaltet wird, es sollte stets das Ende einer gestörten Beziehung bedeuten – egal, ob der Bruch durch Hilflosigkeit oder durch Wut und Eskalation entstanden ist. Das Aushalten, die Selbstbeherrschung, die Offenheit und die Aufmerksamkeit schaffen neue Gegebenheiten, die die Elternschaft auf eine bessere Basis stellen. Deshalb dient die Aktion als Übergangsritual vom Wegdriften zur elterlichen Präsenz.

Geben Sie Ihrem Kind keine schädlichen Dinge und bringen Sie es nicht in Situationen, die ihm schaden!

Eine kritische Grenze – auch wenn sie manchmal nur schwer umzusetzen ist – ist diejenige, die Eltern sich selbst setzen müssen, wenn ihnen klar wird, dass sie ihrem Kind damit schaden, wenn sie ihm gewisse Dinge zur Verfügung stellen. Wir alle kennen Situationen, in denen es eindeutig destruktiv ist, gewisse Dinge zu tun – wenn man zum Beispiel ein Kind, das an Diabetes leidet, mit Süßigkeiten überschüttet, oder wenn man einem Teenager, der unvernünftig fährt, ein Auto stellt. Damit geben Eltern ihren Kindern Werkzeuge an die Hand, mit denen diese sich selbst schaden.

Viel häufiger ist das Schadenspotential jedoch viel weniger deutlich. Und oft ist es gesellschaftlich akzeptiert. Schauen Sie sich folgende Beispiele an:

a. Ein PC und ein Handy sind akzeptabel und wichtig für unsere Kinder. Trotzdem werden sie manchmal abhängig von diesen Geräten, vernachlässigen ihre Pflichten oder schlafen zu wenig.
b. Privatsphäre im eigenen Zimmer ist wichtig für die Entwicklung von Heranwachsenden. Manchmal verwandeln Teenager ihr Zimmer jedoch in eine »elternfreie Zone«, wo sie ungehindert problematischen Aktivitäten nachgehen können.
c. Manchmal geben Kinder ihr Taschengeld für Wetten aus oder für Spiele, die süchtig machen, oder sie kaufen davon gefährliche Substanzen.

Wenn Eltern in solchen Bereichen Grenzen setzen, dann in der Regel für sich selbst. Dementsprechend müssen sie die Verwirrung und die Zwiespältigkeit, die ihre Elternschaft untergraben, erstmal überwinden.

Das Gefühl, sich unbedingt an gesellschaftlichen Normen orientieren zu müssen, ist eine Falle, die das Empfinden elterlicher Legitimität untergräbt. Einen Computer und ein Handy zu besitzen, Geld auszugeben und als Kind im eigenen Zimmer tun und lassen zu dürfen, was man möchte, sind Normen, die in unserer Gesellschaft oft als selbstverständlich gelten. Und selbst wenn ein Kind diese Dinge missbraucht, fragen Eltern sich teilweise noch: »Darf ich überhaupt aufhören, ihm diese Dinge zu gewähren?« »Ist das legitim?« »Wird sein Sozialleben nicht darunter leiden?« Solche Zweifel schwächen die Entschlossenheit von Eltern ganz erheblich. Es ist schwer genug, im Umgang mit diesen Dingen Grenzen zu setzen, aber wenn Eltern an der Legitimität dieser Vorgehensweise zweifeln, wird es noch viel schwieriger. Mütter und Väter sind dann besonders anfällig für die Kritik von Freunden, Nachbarn und anderen Eltern, aber auch für den lautstarken Protest ihrer Kinder und für ihre eigenen inneren Zweifel.

Um die richtige innere Haltung zu finden, müssen Eltern sich offen und ehrlich fragen: »Schadet meinem Kind das, was ich ihm gebe?« Oft fällt es Vätern und Müttern nicht leicht, sich diese Frage zu stellen – auch deshalb, weil es für das Kind so selbstverständlich geworden ist, zweifelhafte Geschenke zu erhalten. Sie verlieren den Sinn für ihre Privilegien. Für viele Eltern ist es genauso selbstverständlich, ihrem Kind einen Computer zur Verfügung zu stellen, ihnen die Telefonrechnung zu bezahlen und die Privatsphäre im Kinderzimmer unangetastet zu respektieren, wie sie für ihre täglichen Mahlzeiten sorgen. Selbst wenn das Kind computersüchtig wird, das Handy für verbotene Kontakte nutzt, sich Tag und Nacht in sein Zimmer zurückzieht und mit seinem Taschengeld Drogen kauft, fällt es den Eltern schwer, sich zu fragen, ob es ihm vielleicht schadet, wenn sie ihm all diese Dinge geben.

Genauso verhält es sich mit dem Unterhalt, den Eltern ihren erwachsenen Kindern zahlen. Eltern von erwachsenen Kindern, die nicht studieren oder arbeiten, und die keine Bereitschaft an den Tag legen, unabhängig zu werden, versorgen diese oft nach wie vor mit allen Dienstleistungen. Manchmal finanzieren sie ihnen sogar ein Auto, inklusive Treibstoff, Versicherung und Reparaturen. Eventuell bezahlen sie auch noch die Strafzettel, die sich anhäufen.[20]

Eine weitere Falle, die Eltern daran hindert, zu erkennen, dass die Unterstützung, die sie ihren Kindern gewähren, diesen offensichtlich schadet, ist die Furcht, als schlechte Eltern zu gelten. Manchmal rechtfertigen Väter und Mütter ihre Großzügigkeit damit, dass ihr Kind leide, und dass ihre Unterstützung dieses Leiden lindere. Diese Art von »Trost« ist jedoch sehr problematisch. Wenn Eltern beschließen, für die Misere ihrer Kinder aufzukommen, fühlen sich diese darin bestätigt, dass sie tatsächlich arm dran sind. Und so werden die Eltern Teil eines Teufelskreises, der das Empfinden ihres Kindes, wertlos und unfähig zu sein, nur noch verstärkt. Außerdem entsteht bei den betroffenen Söhnen und Töchtern der Eindruck, dass ihnen all diese Vorrechte und Geschenke zustünden. Viele Eltern stellen fest, dass ihr Kind bitterlich weint, wenn sie versuchen, ihm schädliche Dinge zu verweigern. Es hat das Gefühl, dass ihm seine Grundrechte abgesprochen werden.

Eltern denken manchmal, dass ihre Kinder andere Wege finden werden, um sich diese Privilegien zu beschaffen, und dass es deshalb sowieso nichts bringt, Grenzen zu setzen. Diese Haltung kommt in Sätzen wie den folgenden zum Ausdruck: »Es bringt nichts, sie daran zu hindern, zu Hause am Computer zu sitzen. Sie benutzen dann einfach die Computer ihrer Freunde!« Oder: »Es bringt nichts, wenn wir ihm sagen, dass er das nicht darf, er macht es ja trotzdem!« Hinter diesen Aussagen steht die Annahme, dass eine Grenze nur dann etwas bringt, wenn sie das problematische Verhalten verhindert. Wenn das Kind es also schafft, sich auf andere Art und Weise die Dinge zu beschaffen, die seine Eltern ihm vorenthalten, sind die Grenzen, die die Eltern ihm setzen, bedeutungslos.

In Wirklichkeit geht die Bedeutung einer Grenze jedoch weit darüber hinaus, das problematische Verhalten zu beenden. Die von den Eltern gesteckte Grenze markiert den Unterschied zwischen dem, was erlaubt ist, und dem, was verboten ist. Sie markiert den moralischen

20 Omer, H., Dulberger, D. (2021).

Standpunkt der Eltern, und sie etabliert dessen Präsenz im Leben des Kindes auch dann, wenn es diese Grenze nicht respektiert. Es liegen Welten zwischen dem Gefühl, dass Eltern aufgegeben haben und dem Gefühl, dass sie um ihre Elternschaft kämpfen, selbst dann, wenn das Kind ihre Werte nicht respektiert. Söhne und Töchter, die erleben, wie ihre Eltern aufgeben, verlieren das Gefühl, begleitet zu werden. Sie genießen vielleicht ihre Freiheit, aber gleichzeitig fühlen sie sich im Stich gelassen. Die Erfahrung eines Kindes hingegen, das mit einer warmherzigen, aber festen elterlichen Grenze konfrontiert ist, ist genau das Gegenteil. Es spürt, dass seine Mutter oder sein Vater ihm nahe sind und es nicht aufgeben.

Diese Erkenntnisse sind wichtig in Bezug darauf, wie Eltern ihren Kindern mitteilen, dass sie ihnen problematische Privilegien vorenthalten werden. Die Eltern kündigen an, dass ihre Entscheidung auf ihrer Pflicht beruht, dem Kind nichts zu geben, was ihm schadet. Ihre Unterstützer helfen ihnen, damit zurechtzukommen, dass sie gesellschaftlichen Erwartungen nicht entsprechen, sie spiegeln ihnen die Legitimität ihrer Einstellung. Sie bereiten sich auch darauf vor, wie sie auf Versuche ihres Kindes reagieren werden, sich um das, was die Eltern beschlossen haben, herumzumogeln. Manchmal gelingt es ihnen, es dem Kind deutlich schwerer zu machen, an schädliche Dinge heranzukommen. Wenn es Kindern gelingt, sich diese Dinge trotzdem zu beschaffen, können die Eltern antworten: »Wir können dich nicht kontrollieren oder dich gewaltsam daran hindern, dir Dinge zu beschaffen, die dir schaden. Aber wir als Eltern werden sie dir nicht mehr geben. Das ist unsere Pflicht als deine Eltern, die dich lieb haben.«

Manchmal fragen Eltern, welche Dienstleistungen tatsächlich nötig sind. Wir sind der Ansicht, dass lediglich die Versorgung mit Lebensmitteln, unabhängig vom Verhalten des Kindes, wirklich selbstverständlich sein sollte. Selbst das Vorrecht, im Haushalt der Eltern zu leben, ist nicht unbedingt selbstverständlich – zum Beispiel, wenn ein erwachsenes Kind grausame Ansprüche an die anderen Mitglieder des Haushalts stellt und sie auch gewaltsam einfordert. Solche Extremsituationen sind gar nicht so selten. Wir haben hunderte von Familien betreut, in denen diese Tyrannei praktiziert wurde, sei es von Heranwachsenden oder von Erwachsenen. Und wir sind sicher, dass wir dabei nur die Spitze des Eisbergs eines Problems gesehen haben, das sich in unserer modernen Gesellschaft rasant verbreitet.

Hier ein paar Fragen, die Eltern dabei helfen können, sich selbst auf den Prüfstand zu stellen und zu prüfen, ob es problematisch ist, wie oder was sie ihrem Kind geben:

- Nutzt mein Kind seinen Computer oder sein Handy auf eine Weise, die Schaden verursacht?
- Verkriecht sich mein Kind in seinem Zimmer, sodass ich mir Sorgen machen muss?
- Macht mein Kind in seinem Zimmer verbotene Dinge?
- Gibt mein Kind sein Taschengeld für Dinge aus, die ihm schaden?
- Verdient es mein Kind, dass ich es überall hinfahre?
- Geht mein Kind mit dem Auto, das ich ihm zur Verfügung stelle, gewissenhaft um?
- Tue ich Dinge für mein Kind, die in seinem Alter nicht mehr angemessen sind, und die im Hinblick darauf, was man von einem Kind in diesem Alter eigentlich erwarten würde, irritieren?

Wenn Eltern sich diese Fragen stellen, kommen sie manchmal zu dem Schluss, dass es nicht nur legitim, sondern sogar notwendig ist, schädliche Privilegien abzustellen. Das macht sie nicht zu schlechten Eltern, ganz im Gegenteil: Es stellt die eigentliche Basis ihrer Elternschaft wieder her, nämlich die Sorge um ihr Kind und um den Rest der Familie.

Nachdem man bei ihm Morbus Crohn diagnostiziert hatte, änderte Jerry (16) von Grund auf sein Verhalten. Er ging nicht mehr zur Schule und verbrachte den Großteil seiner Zeit mit einer Gruppe weiterer Schulabbrecher. Er stand erst gegen Mittag auf und blieb bis spät nachts außer Haus. Seine Eltern wussten, dass er regelmäßig Cannabis rauchte. Manchmal kam er auch betrunken nach Hause. Einmal lieferten ihn seine Freunde im alkoholbedingt komatösen Zustand ins Krankenhaus ein.

Jerry bekam ein großzügiges Taschengeld. Er trug nur Markenware und besaß immer das neueste Handymodell. Seine Eltern, Darren und Vicky, fühlten sich völlig hilflos, als sie in die Beratung kamen. Sie hatten Angst, etwas zu tun, was ihren Sohn wütend machen, seinem Ansehen im Freundeskreis schaden oder ihn in eine Depression stürzen könne. Zudem befürchteten sie, falls sie aufhörten, ihm Geld zu geben, könnte er Verwandte darum bitten oder es stehlen.

Schritt für Schritt gelang es den Eltern, einen Plan zu entwickeln, der ihre Präsenz wiederherstellen sollte. Dazu zogen sie auch weitere Familienangehörige, ihre Freunde und führende Persönlichkeiten ihrer Gemeinde hinzu. Sie begannen zu verstehen, dass ihre Großzügigkeit einen Teil des Problems darstellte.

Eines Morgens gingen sie in Jerrys Zimmer und eröffneten ihm Folgendes: »Uns ist klar geworden, dass wir dir schaden, indem wir dir Geld, ein Handy und all die Bedingungen gewähren, die dir ermöglichen, einen destruktiven Lebensstil zu führen. Wir haben beschlossen, dir kein Taschengeld mehr zu geben. Wir werden auch dein Handy nicht weiter finanzieren, und aufhören, dir Markenklamotten zu kaufen. Wir werden dir nicht länger die Bedingungen für eine ungestörte und zerstörerische Privatsphäre bieten. Wir werden nicht mehr erlauben, dass du dich in deinem Zimmer einsperrst. Wir werden dich weiterhin beaufsichtigen und alles tun, um deine Lage und unsere Beziehung zu verbessern. Alles außer eines: Wir werden uns deine Liebe nicht länger erkaufen!«

Die Eltern hatten die weitere Verwandtschaft über ihren Plan in Kenntnis gesetzt und baten jeden, Jerry kein Geld mehr zu geben. Weiter bat Darren Jerrys Großvater, der im Leben des Jungen eine wichtige Rolle spielte, am nächsten Tag vorbeizukommen, um den Jungen in der Früh zu wecken. Zwei Tage später stellte dieser fest, dass sein Handyvertrag gekündigt worden war. Zunächst benutzte er die Ersparnisse, um seine Telefonrechnung zu bezahlen, aber innerhalb von einem Monat war sein ganzes Geld aufgebraucht. Nachdem er sich einmal an der Geldbörse seiner Mutter vergriffen hatte, begannen die Eltern, sorgfältiger aufzupassen und entfernten sogar die Wertgegenstände aus der Wohnung, da sie befürchteten, Jerry könne versuchen, sie zu verkaufen.

Als Jerry seine Freunde einlud und sich mit ihnen in seinem Zimmer einschloss, klopfte die Mutter an die Tür. Ihr Sohn antwortete nicht. Daraufhin rief sie Darren an. Durch die verschlossene Tür teilten beide Eltern dem Jungen mit, dass seine Freunde unter diesen Umständen auf der Stelle gehen müssten. Nach mehrminütiger Debatte standen die Freunde auf und verließen das Haus.

Nun fand Jerry ein paar Aushilfsjobs, um seine Hobbys zu finanzieren. Drei Monate später trat er einem Gemeindeprogramm für Schulabgänger bei. Allmählich wurde ein Teil seiner Rechte wiederhergestellt. Dennoch kam es nur sehr langsam zu weiteren Verbesserungen. Rückblickend stellten die Eltern fest, dass Jerry erst zwei Jahre später begann, in eine positive Routine zurückzufinden. Sie hegten keinen Zweifel daran, dass die Beendigung ihres maßlosen Gebens bei seiner Rettung eine Schlüsselkomponente darstellte.

Wiedergutmachung

Schon sehr kleine Kinder verstehen Handlungen, mit denen man etwas wiedergutmachen möchte, wenn man jemandem Unrecht getan hat. In unserem Buch »Stärke statt Macht«[21] beschreiben wir ein Programm, bei dem Kindergartenkinder ab einem Alter von vier Jahren von ihren Erzieherinnen und Eltern gebeten wurden, sich zu entschuldigen und wiedergutzumachen, wenn sie andere Kinder verletzt hatten. Die Kinder verstanden diese Bitte, und auch, dass es nötig war, sich um Wiedergutmachung zu bemühen. An einem gut sichtbar angebrachten Brett wurden Geschenke aufgehängt, die den Kindern, die beleidigt oder geschlagen wurden, als Geste der Versöhnung gegeben worden waren. Das Prinzip der Wiedergutmachung wurde ein wichtiges Element in der Strategie dieser Kindergärten im Kampf gegen Gewalt – sowohl gegen Kinder als auch gegen Erzieher. Es wirkte sich auf die Kinder und die Erwachsenen gleichermaßen aus. Die Eltern wurden stärker involviert und die Zusammenarbeit zwischen Eltern und Erzieherinnen verbesserte sich. Die Atmosphäre im Kindergarten wurde angenehmer und es kam deutlich seltener zu gewalttätigen Auseinandersetzungen.

Wiedergutmachung ist ein Schlüsselelement in der Beziehung zwischen Menschen in allen Gesellschaften und in allen Altersgruppen. Man kann ihre Bedeutung in der Kindererziehung kaum überschätzen. Wenn Eltern ihren Kindern erklären, dass es wichtig ist, wiedergutzumachen, wenn man jemandem wehgetan hat, erreichen sie damit gleich mehrere Ziele:

- Sie stärken das Mitgefühl ihres Kindes für das Leid anderer Menschen.

21 Omer, H., von Schlippe, A. (2016).

- Sie stärken sein Verantwortungsbewusstsein.
- Sie helfen dabei, die Beziehung des Kindes zu seinen Mitmenschen wiederherzustellen.
- Sie tragen dazu bei, dass das Kind wieder ein positives Selbstbild bekommt: Obwohl es jemanden verletzt hat, darf es sich jetzt trotzdem wieder als guter Mensch wahrnehmen.
- Sie schaffen damit ein einschneidendes Ereignis, das sich im Gedächtnis ihres Kindes einprägt und ihm den Unterschied zwischen dem Davor und dem Danach klarmacht.

Der erste Schritt besteht darin, dem Kind im Gespräch die Notwendigkeit für die Wiedergutmachung zu verdeutlichen. Dieses Gespräch sollte in einer Atmosphäre stattfinden, die eine positive Kommunikation ermöglicht. Es besteht kein Widerspruch zwischen der Notwendigkeit einer Wiedergutmachung und einer angenehmen Atmosphäre, in der man über diese Wiedergutmachung spricht. Man kann sich dafür zum Beispiel in ein Café setzen. Wiedergutmachung zu verlangen ist etwas ganz anderes als traditionelle Strafen. Die Sorge, das Kind würde für seine schlechte Tat noch belohnt, ist unbegründet.

Das Gespräch sollte mit einer einfachen Feststellung beginnen: »Du hast X Schaden zugefügt. Lass uns gemeinsam überlegen, wie du das wiedergutmachen kannst.« Das Vorgefallene sollte mit einfachen Worten und in konkreter Sprache beschrieben werden. Aussagen wie »Du hast geschlagen«, »Du hast gestohlen«, »Du hast ruiniert« oder »Du hast geflucht« sind hilfreich, um den Schaden zu konkretisieren, der dem oder der Betroffenen zugefügt worden ist – sei es einem Kind, einer Lehrkraft, der Reinigungskraft, der Klasse oder der Schule. Häufig will sich das Kind dann verteidigen. Es ist wichtig, sich diese Argumente anzuhören und sie ernst zu nehmen, beispielsweise mit der Antwort: »Uns ist klar, dass du das nicht ohne Grund getan hast, sondern weil du wütend warst. Aber du hast jemandem Schaden zugefügt, und das ist nicht in Ordnung, selbst wenn die andere Person dich davor geärgert hat.« Manchmal leugnet ein Kind auch seine Tat, trotz der offensichtlichen Beweislast. Es ist wichtig, einer falschen Behauptung zu widersprechen, jedoch ohne dabei konfrontativ zu sein. Etwa so: »Es geht hier nicht um Beweise, sondern um Wiedergutmachung. Und dabei möchten wir dir helfen.«

Manchen Kindern reicht das nicht. Sie beharren darauf, dass sie zu Unrecht beschuldigt würden. In diesem Fall sollte man die Diskussion einfach abbrechen, auch wenn das Kind frustriert ist. Die Eltern können dann zum Beispiel entgegnen: »Diese Situation bringt nicht nur dich in Schwierigkeiten, sondern auch uns als deine Eltern. Die Sache betrifft uns genauso, weil du unser Kind bist und wir für dich verantwortlich sind. Wir müssen eine Lösung finden, die die Situation sowohl für dich als auch für uns selbst wieder in Ordnung bringt.« Damit schaffen die Eltern eine neue Ausgangslage: Sie sind nun selbst vom Schaden betroffen und mitverantwortlich für die Wiedergutmachung.

Und tatsächlich ist es sowohl gesellschaftlich als auch rechtlich so, dass Eltern mitverantwortlich sind, wenn ihr Sohn oder ihre Tochter jemandem Schaden zufügt. Ein Kind versteht genau, was gemeint ist, wenn die Eltern ihm erklären: »Wenn du jemandem Schaden zugefügt hast, dann sind wir mitbetroffen. Zum Beispiel müssen wir es bezahlen, wenn du etwas kaputt gemacht hast.« Außerdem ist es auch für die Eltern unangenehm, wenn ihr Kind jemandem Schaden zufügt, und sie schämen sich dafür zu Recht. Ihr sozialer Status kann darunter leiden – besonders dann, wenn sie nicht gut mit der Sache umgehen. Deshalb ist die Aussage »Wir sind mitbetroffen« sowohl normativ als auch eine Feststellung der Tatsachen.

Wenn die Eltern sich einbringen, fällt es dem Kind leichter, Wiedergutmachung zu praktizieren, ohne sich dadurch gedemütigt zu fühlen. Wenn Eltern zu ihrem Sohn oder ihrer Tochter sagen: »Wir gehen miteinander zur Lehrerin und geben ihr einen Brief, den wir alle drei unterschrieben haben. Wir helfen dir dabei, die Wiedergutmachung vorzubereiten und sie durchzuführen«, stützen sie ihn oder sie mit breiten Schultern. Das Kind vollzieht dann die Wiedergutmachung als Teil einer Familie, die es dabei unterstützt und ermutigt. Auf diese Weise kann es mit erhobenem Haupt die Sache wieder geradebiegen.

Kinder verstehen das sehr gut. Die Botschaft kommt dann noch deutlicher an, wenn andere im Umfeld entsprechend reagieren. Wenn beispielsweise die Lehrerin zu dem Kind, das jemandem Schaden zugefügt hat, sagt: »Es ist uns wichtig, dass du deinen Selbstwert nicht verlierst. Deshalb bitten wir deine Eltern, dass sie dir dabei helfen, die Sache in Ordnung zu bringen.« Wenn das Kind dies dann getan hat, kann die Lehrerin zum Beispiel zu ihm sagen: »Das hast du super gemacht! Ihr seid eine tolle Familie.« Selbst Kinder, die sich zunächst dagegen auflehnen, etwas in Ordnung zu bringen, sind stolz, wenn sie und ihre Familie im Anschluss gelobt werden.

Wenn Eltern ihre Verantwortung für die Wiedergutmachung wahrnehmen, gibt ihnen dies auch dann Handlungsspielraum, wenn ihr Kind abblockt. Wenn es zum Beispiel einem Klassenkameraden Schaden zugefügt hat und sich weigert, sich dafür zu entschuldigen, können die Eltern der Lehrkraft ein Entschuldigungsschreiben bringen, das sie in ihrem eigenen Namen einschließlich dem ihres Kindes verfasst haben. Hat ihr Sohn oder ihre Tochter etwas beschädigt, ist es außerdem möglich, dass die Eltern zusätzlich für den materiellen oder finanziellen Schaden aufkommen. Sie sollten ihrem Kind dann erklären: »Wir sind mitverantwortlich! Wir entschuldigen uns und bringen die Sache in Ordnung, weil es unsere Pflicht ist. Du kannst dich freiwillig daran beteiligen. Wenn du das nicht möchtest, werden wir uns überlegen, was wir tun können, damit sich das ändert.«

Es ist wichtig, diese Aussage in einem sachlichen Ton zu machen. Ein bedrohlicher Tonfall bringt das Kind eher dazu, dass es rebelliert. Die Botschaft der Eltern entfaltet noch mehr Wirkung, wenn ein Unterstützer, mit dem das Kind sich gut versteht, zu ihm sagt: »Ich weiß, dass deine Eltern einen Entschuldigungsbrief schreiben und den Schaden begleichen, den du verursacht hast. Das sind sie sowohl dir als auch den Betroffenen schuldig. Ich kann dir gerne dabei helfen, dich an der Wiedergutmachung zu beteiligen, sodass du dabei deine Würde behältst.«

Wenn das Kind sich dann trotzdem noch weigert, können die Eltern die Sache zunächst selbst in die Hand nehmen und ihm mitteilen, wie viel es gekostet hat, den entstandenen Schaden zu begleichen. Es gibt mehrere Möglichkeiten, Sohn oder Tochter zur Kasse zu bitten. Zum Beispiel durch eine Kürzung des Taschengeldes (was einem Abbezahlen in Raten entspricht) oder mithilfe der Verwendung der Ersparnisse des Kindes. Es kann den Betrag auch abarbeiten. Es ist dabei nicht wichtig, dass das Kind den genauen Betrag des entstandenen Schadens zurückzahlt. Vielmehr geht es darum, dass die Wiedergutmachung symbolisch für den Prozess der Wiederherstellung einer zerbrochenen Beziehung ist. Deshalb ist jeder Beitrag wichtig, auch wenn er widerwillig geleistet wird.

Oftmals erleben wir, dass ein Kind, das sich anfangs nicht an der Wiedergutmachungsaktion beteiligen wollte, davon beeindruckt war, dass seine Eltern dies dann allein getan haben. Wiedergutmachung gewinnt somit einen ganz anderen Charakter als herkömmliche Strafen.

Wiedergutmachung kann auch innerhalb der Familie praktiziert werden. Etwa wenn ein Kind einem Geschwisterkind wehtut oder wenn es den Eltern oder dem Familienbesitz Schaden zufügt. Der Vater kann in so einem Fall beispielsweise sagen: »Du hast deine Mutter verletzt. Das musst du wieder in Ordnung bringen. Wenn du möchtest, können wir gemeinsam überlegen, wie du das machen könntest.« Wenn das Kind sich weigert, kann der Vater sagen: »Wenn du nicht willst, werde ich die Sache selbst in Ordnung bringen. Du kannst dann überlegen, wie du deinen Teil der Kosten aufbringst.«

Ein Ausflug, zu dem man den »Geschädigten« einlädt, ist eine besonders gute Art der Wiedergutmachung innerhalb der Familie. Der Vater kann zum Beispiel die betroffene Mutter oder Schwester ins Café oder ins Kino einladen. Das Kind, das den Ärger verursacht hat, muss sich dann mit einem Betrag an den Kosten beteiligen, den die Eltern festgelegt haben.

Bei der Wiedergutmachung ist es wichtig, ein Vorbild zu sein. Eltern handeln dann vorbildlich, wenn sie Verantwortung übernehmen und sich an der Wiedergutmachung beteiligen. Besonders wenn sie bereit sind, für ihre eigenen Fehler einzustehen und sie wieder glattzubügeln, sind sie damit ein beeindruckendes Vorbild. Immer wieder berichten uns Väter und Mütter, mit denen wir gearbeitet haben, dass sie impulsiv gehandelt haben, dass sie ihre Kinder beispielsweise angeschrien haben. Wenn sie jedoch bereit waren, diesen Fehler zuzugeben und Reue zeigten, und wenn sie ehrlich sagten, dass sie versuchen würden, sich nicht mehr so zu verhalten, führte dies oft zu einem Wendepunkt in der Beziehung zu ihrem Kind. Vielen Eltern fällt es schwer, sich Fehlverhalten einzugestehen, solange sie sich hilflos fühlen. Wenn sie aber stärker werden, fassen sie Mut und es gelingt ihnen.

Wiedergutmachung illustriert auf besonders eindrückliche Weise, was eine liebevoll gesetzte Grenze bedeutet. Während traditionelle

Strafen dem Kind von außen auferlegt wurden und die Eltern sie durchführen mussten, sind die Mütter und Väter an der Wiedergutmachung voll und ganz selbst beteiligt. Sie stehen an der Seite ihres Kindes, sie teilen die Verantwortung, sie übernehmen zumindest einen Teil der Last, sie helfen ihrem Kind, die Wiedergutmachung in die Tat umzusetzen, und sie helfen dabei, seine Würde zu wahren. Auf diese Weise bewirken das Ausdenken und die Umsetzung der Wiedergutmachung im Kind ein Gefühl der Zugehörigkeit. Wenn jemand zu ihm sagt: »Deine Eltern und du haben das echt super gemacht!«, erlebt es Zufriedenheit und Zugehörigkeit. Nur selten sagt ein Kind in so einem Fall: »Das haben sie gemacht, obwohl ich es gar nicht wollte!« Normalerweise ist es viel eher froh, wenn es zusammen mit seiner Familie gelobt wird. Und selbst wenn das Kind zunächst nichts damit anfangen kann, dass man Dinge wiedergutmacht, hinterlassen diese Aktionen einen Eindruck – auch dadurch, dass sie die Beziehungen zu den Menschen im Umfeld des Kindes verbessern. Meistens lässt das aggressive Verhalten eines Kindes nach, wenn eine Sache wiedergutgemacht wurde, selbst wenn es sich geweigert hat, mitzumachen. Es ist, als ob es sich schämte, gewalttätig zu sein, nachdem andere etwas wiedergutmachen mussten, was es selbst angerichtet hatte.

Fazit

Mit der liebevoll gesetzten Grenze übermitteln Eltern die Botschaft: »Hier stehe ich!« Diese Botschaft bringt ihre Wertmaßstäbe und ihre Haltung zum Ausdruck. Der Prozess, Grenzen zu setzen, beginnt damit, dass Eltern in sich gehen und überlegen, welche roten Linien sie festlegen wollen. Im besten Falle sind beide Elternteile an diesem Prozess beteiligt, sowie Personen, die in ihrem Umfeld eine wichtige Rolle spielen. Damit symbolisiert die rote Linie nicht mehr nur die Vorstellungen der Eltern, sondern wird durch ein weiteres Umfeld validiert.

Die liebevolle Grenze bringt einen konstanten Standpunkt der Eltern zum Ausdruck, nicht nur einen momentanen Prozess. Sie beinhaltet einen Beschluss, eine Ankündigung, eine Ausführung und ein Follow-up. Sie ist eine Grenze mit einer Vergangenheit, einer Gegenwart und einer Zukunft. Das Kind erfährt dabei nicht nur

Verbote und Strafen, sondern erlebt eine konstante Präsenz. Mit der liebevoll gesetzten Grenze vermeiden Eltern systematisch jeglichen Versuch, zu unterwerfen, zu kontrollieren oder zu diktieren. Sie gehen »Pingpong-Interaktionen« aus dem Weg, die einen Konflikt zwischen Eltern und Kind nur unnötig aufrechterhalten, und lassen sich nicht mehr provozieren. Statt erfolgloser Versuche, ihr Kind davon zu überzeugen, Dinge und Dienstleistungen, die sie ihm zur Verfügung stellen, nicht zu missbrauchen, betrachten sie es nun als ihre Pflicht, ihm Schädliches vorzuenthalten. Statt unzähliger problematischer Sanktionen versuchen Eltern nun, ihren Sohn oder ihre Tochter am Prozess der Wiedergutmachung zu beteiligen. Sie sind ein positives Vorbild. Sie verschaffen sich Unterstützung und Legitimierung, und sie verwandeln die Reaktion auf eine problematische Verhaltensweise in eine moralische Antwort. Und selbst wenn das Kind den Prozess der Wiedergutmachung nicht sofort akzeptiert, bewirkt dieses Konzept letztendlich auch bei ihm eine Resonanz.

Tipps

- Wenn Sie Ihrem Kind eine Grenze setzen möchten, setzen Sie zuerst sich selbst eine. Diese Grenze ist die rote Linie, die Sie entschlossen verteidigen wollen.
- Versuchen Sie, festzustellen, welche ihrer Reaktionen dazu beitragen, einen Machtkampf am Laufen zu halten. Streitereien, endlose Erklärungen, »predigen« und schimpfen entfachen die Flammen nur immer wieder neu.
- Stellen Sie fest, wo Sie zum Nein-Geplapper neigen. Um dagegen immun zu werden, sollten Sie Nein-Anker setzen.
- Gewöhnen Sie sich an, in der ersten Person Plural zu reden, also in der »Wir«-Form. Vermeiden Sie »Du musst aber!«-Statements.
- Es ist wichtig, dass Sie Ihrem Kind nichts zur Verfügung stellen, was ihm schadet – auch dann, wenn es sich diese Dinge anderswo besorgen kann.
- Fragen Sie sich, ob Sie Ihrem Kind »Trostpreise« geben, die sein Selbstbild als »erbarmungswürdiges« Geschöpf bestärken.
- Fragen Sie sich, ob Sie in der Vergangenheit auf unangebrachte Weise auf Ihr Kind reagiert haben. Überlegen Sie, ob Sie sich dafür

vielleicht auf angebrachte Weise entschuldigen sollten. Das wird Sie in seinen Augen nicht schwächen, sondern stärken.

- Bieten Sie Ihrem Kind Ihre Hilfe beim Vorgang der Wiedergutmachung an. Sagen Sie ihm, dass Sie alle eine Familie sind, und dass Sie sich deshalb auch gemeinsam um die Wiedergutmachung kümmern müssen.
- Rekrutieren Sie jemanden, der Ihnen dabei hilft, dem Kind zu erklären, warum es wichtig ist, Dinge wiedergutzumachen.
- Wenn das Kind nicht mitmacht, kümmern Sie sich zunächst selbst – aber im Namen des Kindes – um die Wiedergutmachung. Machen Sie sich Gedanken darüber, wie Sie das Kind im Nachhinein zur Kasse bitten können.

Sechstes Kapitel

Ängste

Ängste existieren nicht nur in den Köpfen der Kinder, sondern auch in der Sphäre zwischen Kindern und Eltern. Und das aus ganz einfachem Grund: Ein ängstliches Kind wendet sich instinktiv an die Eltern, um Hilfe zu suchen. Das ist eine angeborene Reaktion, die unserem Überlebensinstinkt entspringt. Die Neigung, sich an den nächsten starken Erwachsenen zu klammern, der Schutz und Sicherheit bieten kann, ist in allen Menschen vorhanden. Und tatsächlich sind Eltern ja die Garanten dafür, dass Kinder in Sicherheit und unversehrt aufwachsen können, trotz ihrer Schwäche und Verletzlichkeit.

Der Instinkt, bei den Eltern Schutz zu suchen, unterscheidet jedoch nicht immer zwischen einer echten und einer imaginären Gefahr. Kinder suchen auch dann Schutz bei ihren Eltern, wenn gar keine reale Gefahr droht. Was können Mütter und Väter dann tun? Wie können sie ihrem Kind helfen, sich zu beruhigen und groß zu werden?

Stützen statt schützen

Um Ängste überwinden zu lernen, ist es wichtig, einem Kind beizustehen, anstatt ihm etwas zu ersparen. Babys brauchen jede Menge Schutz und Hilfe von ihren Eltern. In den ersten Lebensmonaten sind Mutter und Kind unzertrennbar. Sie nährt es, umarmt es und beruhigt es. Anders als früher spielen heute auch die Väter eine wichtige Rolle im Leben ihrer Kleinen. Mutter und Vater wechseln sich ab und ergänzen sich. So sind sie gemeinsam für die ersten zwischenmenschlichen Erfahrungen ihres Kindes verantwortlich: Es schaut ihnen in die Augen und sie ahmen den Gesichtsausdruck des Kleinen nach und spielen mit ihm. Trotzdem profitiert das Baby bereits in seinen ersten Lebensmonaten auch davon, wenn die Eltern es ab und zu einmal in Ruhe lassen. So erlernt es die Grundlagen dafür, wie es sich selbst beruhigen und selbstständig agieren kann.

Schlafprobleme

Im ersten Kapitel haben wir einige Studienergebnisse über Babys mit Schlafschwierigkeiten vorgestellt. Paradoxerweise ist es wichtig, dass die Eltern dieser Babys das Weinen aushalten, ohne sofort herbeizueilen und es zu beruhigen. Wenn Eltern sofort zur Stelle sind und es in den Arm nehmen, löst das nicht die Einschlafprobleme des Babys. Kinder, die ohne die spürbare Nähe ihrer Eltern nicht einschlafen können, verspüren eine Art von Trennungsangst. Ihr Verhalten ähnelt dem älterer Kinder, die an dieser Angststörung leiden. Kinder mit Trennungsangst weinen und klammern sich an ihre Eltern, sodass diese sie keinen Augenblick allein lassen können. Sowohl bei der Trennungsangst als auch bei Schlafproblemen besteht die Tendenz, dass die Angst anhält oder sich sogar verstärkt, wenn die Eltern immer auf den Hilferuf reagieren. Wenn sie ihrem Kind jedoch zeigen, dass sie da sind, auch wenn kein direkter körperlicher Kontakt besteht, lässt das Problem allmählich nach. Solche Eltern stehen ihren Kindern bei, anstatt ihnen etwas zu ersparen.

Die Forschung über Kinder mit Schlafproblemen hat noch ein weiteres Resultat hervorgebracht: Wenn Eltern jedes Mal auf das Schreien ihrer Babys eingehen, ist es nicht nur schwieriger für die Kinder, allein einzuschlafen, sondern sie schlafen auch weniger tief. Sie wachen öfter auf, liegen länger wach und wälzen sich im Schlaf mehr hin und her. Wenn Eltern hingegen lernen, ein paar Minuten lang zu warten, bevor sie kommen und ihr Baby beruhigen, ohne es aus dem Bettchen zu nehmen, lernt es nicht nur, einfach wieder einzuschlafen, sondern schläft auch besser. Wenn es mitten in der Nacht aufwacht, kann es einfach eine Weile still liegen bleiben und schläft dann wieder ein. Das zeigt, dass das Baby ruhiger ist, wenn die Eltern es schaffen, ihren Impuls zu unterdrücken, ihm sofort zu Hilfe zu eilen, um es aus seiner vermeintlichen Not zu erlösen. Wir vermuten, das liegt daran, dass das Baby auf diese Weise lernt, sich selbst zu beruhigen – eine lebenswichtige Fähigkeit.

Beschützerinstinkt und Ängste

Protektive Eltern versuchen, ihrem Kind alle Ängste zu ersparen. Wenn ihre Kinder Zeichen von Angst zeigen, eilen sie herbei, um sie zu beruhigen oder um das, was den Kindern Angst macht, umgehend zu beseitigen. Protektive Eltern erwecken den Eindruck, sie hätten Angst davor, dass ihre Kinder sich fürchten. Mehr als andere Eltern neigen sie zu der Ansicht, dass es für Kinder schädlich sei, Angst zu haben. In Wirklichkeit stimmt das jedoch nicht: Angst ist nur dann schädlich, wenn sie in Extremsituationen erlebt wird, zum Beispiel im Krieg oder bei Missbrauch. Kinder brauchen sogar Angsterlebnisse, um zu lernen, damit zurechtzukommen. Tatsächlich schadet es Kindern, wenn ihre Mütter und Väter versuchen, ihnen jegliche Angst zu ersparen.

Ein übertriebener Beschützerinstinkt erhält Angststörungen aus mehreren Gründen aufrecht:

- Kinder lernen dann nicht, dass sie Ängste aushalten können.
- Sie lernen nicht, dass Angst vorbeigeht: Erst steigt sie an, dann ebbt sie aber wieder ab.
- Sie entwickeln keine Bewältigungsstrategien, sondern verlassen sich darauf, dass ihre Eltern sie »retten«.
- Sie bekommen das Gefühl, ihre Eltern fürchteten sich davor, dass sie Angst haben.
- Sie bekommen den Eindruck, ihre Eltern dächten, dass sie nicht allein zurechtkommen.
- Sie lernen von den Eltern, dass es wichtig ist, jegliche Situation zu vermeiden, die einem Angst machen könnte.

Jeder dieser Vorgänge unterminiert die Entwicklung und die Resilienz des Kindes.

Die negativen Lektionen, die Kinder von ihren »überprotektiven« Eltern lernen, lassen sich in einer Reihe von Glaubenssätzen formulieren, die sie mit der Zeit über sich selbst und die Ängste, die sie erleben, verinnerlichen:

- Angst zu haben ist schrecklich!
- Ich halte das nicht aus!
- Meine Eltern ertragen es nicht, dass ich Angst habe.

- Wenn sie mich nicht retten, dann wird meine Angst immer schlimmer!
- Ich muss jede Situation vermeiden, die mir Angst machen könnte.
- Wenn ich anfange, mich zu fürchten, muss ich sofort um Hilfe rufen.

Wenn Eltern jedoch lernen, ihrem Kind beizustehen, anstatt ihm die Angst zu ersparen, helfen sie ihm dabei, sich von solchen schädlichen Glaubenssätzen zu befreien.

Aber es gibt noch eine andere, der Neigung zur »Überprotektivität« entgegengesetzte Haltung, die von manchen Eltern vertreten wird. Sie hilft ängstlichen Kindern genauso wenig, mit ihrem Problem zurechtzukommen. Diese Eltern reagieren ärgerlich und verlangen, das Kind solle sich nicht so anstellen und sofort über seine Angst hinwegkommen. Solche Eltern sind der Ansicht, man müsse Kinder ins Wasser werfen, dann würden sie schon schwimmen lernen. Dementsprechend meinen sie, mit dem Kind schimpfen oder es bestrafen und ihm Predigten halten zu müssen, bis es aufhört, sich zu fürchten. Wir bezeichnen diese Gruppe als fordernde Eltern. Überprotektive Eltern nehmen ihr Kind auf den Arm und hindern es dadurch daran, laufen zu lernen. Fordernde Eltern hingegen schubsen ihr Kind, bis es hinfällt.

Auch die fordernden Eltern meinen es gut, genauso wie die überprotektiven. Wenn sie jedoch mehr fordern als das Kind leisten kann, hat es nichts davon, wenn es versucht, ihre Erwartungen zu erfüllen. Wenn wir uns die Aufgabe, die das Kind bewältigen soll, als Stufe vorstellen, die es erklimmen muss, bauen fordernde Eltern diese Stufe viel zu steil und zu hoch. Sie versuchen vielleicht, das ängstliche Kind zu ermutigen, indem sie es ihm vormachen: »Schau her! Ich zeig dir, dass es da gar nichts gibt, wovor du Angst haben musst.« Das Kind bewundert zwar den Mut der Eltern, fühlt sich dabei aber im Vergleich zu ihnen minderwertig und inkompetent. Und so erreicht das Beispiel der fordernden Eltern genau das Gegenteil von dem, was es eigentlich bewirken sollte: Das Kind ist überzeugt, dass es die Erwartungen seiner Eltern sowieso nicht erfüllen kann. Die Eltern wiederum sind dann enttäuscht und meinen, das Kind gebe sich einfach nicht genug Mühe, oder es wolle sich der Schwierigkeit gar nicht erst stellen. Vielleicht denken die Eltern sogar, das Verhalten ihres Kindes sei manipulativ und nur darauf angelegt, Belohnungen zu bekommen und weniger gefordert zu werden. Diese Enttäuschung macht manche Eltern wütend. Sie fordern dann unter Umständen noch mehr und stellen dem Kind möglicherweise ein Ultimatum: »Entweder du machst das jetzt oder wir lassen es!« An diesem Punkt kann es sogar zu einem Bruch zwischen Eltern und Kind kommen.

Ein Kind lernt nicht nur negative Lektionen, wenn Eltern überprotektiv sind, sondern auch, wenn sie es überfordern. Denn dann könnte es problematische Gefühle entwickeln:

- Ich enttäusche sie ja doch nur immer wieder.
- Wenn ich Angst habe, bin ich weniger wert.
- Ich werde es nie schaffen, ihren Erwartungen gerecht zu werden!
- Die denken, ich lüge sie an.
- Ich habe doppelt Grund, mich zu fürchten: Zum einen vor der Sache selbst, und dann auch noch, weil meine Eltern wütend auf mich sind.

Sowohl die überprotektiven als auch die fordernden Eltern rauben ihren Kindern die stabilisierende Erfahrung, sich angesichts von Ängsten und Verunsicherungen verankern zu können. Überprotektive Eltern sind kein Anker, weil sie impulsiv herbeieilen, um ihr Kind zu schützen und zu retten. Fordernde Eltern sind kein Anker, weil sie sich ärgern, weil sie das Kind drängen und weil sie leicht die Fassung verlieren. Beide verstärken die Turbulenzen, die das Kind bedrohen, anstatt ihm dabei zu helfen, ruhig zu bleiben.

Die Destabilisierung erreicht ihren Höhepunkt, wenn ein Elternteil überprotektiv ist und der andere fordernd. Diese Situation tritt sehr häufig auf, weil ein beschützender Elternteil dazu neigt, den anderen Elternteil zu forderndem Verhalten zu drängen und umgekehrt. Angesichts eines überprotektiven Partners denkt der andere Elternteil: »Ich bin hier wohl die einzige Person, die von meinem Kind verlangt, dass es funktioniert, deshalb muss ich das noch energischer tun!« Gleichzeitig denkt die andere Seite: »Ich bin hier wohl die einzige Person, die mein Kind beschützt, deshalb muss ich das noch verstärken.« Diese Wippe zwischen den beiden Eltern ist bestens dazu geeignet, die Ängste des Kinds zu verstärken.

Verschwinden Ängste von selbst?

Wir alle wissen, dass kleine Kinder öfter Angst haben als größere. Angst vor Tieren, Angst im Dunkeln, Angst vor Monstern, vor Fremden und die Angst vor dem Alleinsein sind in den ersten Lebensjahren oft vertreten. Bei den meisten Kindern verschwinden diese Ängste allmählich ganz von selbst, wenn sie größer werden. Wenn Eltern sich diesen Prozess bewusst machen, wird es ihnen helfen, ihm »nicht im Weg zu stehen«.

Mehr eigenständige Aktivitäten

Je älter Kinder werden, desto breiter wird allmählich auch das Spektrum ihrer von Erwachsenen unabhängigen Aktivitäten. Dieser Prozess ist das natürliche Ergebnis der körperlichen Entwicklung, die das Kind durchläuft. Kinder lernen zu krabbeln, zu gehen und zu rennen, weil das biologisch so in ihnen angelegt ist. Jedes dieser Stadien erweitert die Möglichkeiten eines Kindes, unabhängig zu agieren. Seine motorischen Fähigkeiten ermöglichen ihm, Dinge nun selbst zu tun, bei denen es zuvor auf die Hilfe der Eltern angewiesen war. Und nicht nur die Entwicklung dieser Fähigkeiten ist biologisch vorprogrammiert, sondern auch der Drang und der Wille, sie auszuprobieren.

Kleine Kinder versuchen immer wieder, neue Aktivitäten zu meistern. Es macht ihnen Spaß, Dinge zu üben und zu beherrschen. Und mit der Erweiterung ihres Aktionsradius begegnen sie neuen Anreizen, von denen manche anfangs auch Angst machen. Doch je öfter sie mit einer Situation konfrontiert sind und je eher sie in der Lage sind, sie zu meistern, desto mehr verschwindet die Angst. Wenn ein Kind beispielsweise zum ersten Mal frei steht, ohne sich irgendwo festzuhalten, zeigt es vielleicht Anzeichen von Ängstlichkeit und Vorsicht, als fürchte es sich ein wenig vor der eigenen Unabhängigkeit. Weil es aber laufen möchte, versucht es das trotzdem immer wieder. Das ist ein gutes Beispiel dafür, wie man Angst überwindet, denn ausnahmslos jedes Kleinkind schafft das früher oder später. Ein anderes Beispiel ist, wenn ein Kind lernt, von den Eltern wegzukrabbeln, bis es sie nicht mehr sehen kann, oder ohne die Eltern bei einer fremden Person zu bleiben und dergleichen mehr. In all diesen Situationen sind die Kinder zunächst ein wenig ängstlich, aber der Drang nach Unabhängigkeit, die Ermutigung durch ihre Umgebung und vor allem die Tatsache, dass sie es immer wieder versuchen, sorgen dafür, dass diese Ängstlichkeit mit der Zeit verschwindet.

Fremdeln

Im Laufe des Heranwachsens verbringen Kinder immer mehr Zeit mit Personen, die nicht zu ihrer Kernfamilie gehören. Die Erweiterung ihres physischen Raums läuft parallel zur Ausdehnung ihres sozialen Raums. Sie verbringen mehr Zeit mit anderen – zunächst in Anwesenheit der Eltern und später auch ohne sie. Dieser Prozess trägt maßgeblich dazu bei, dass sie ihre Angst allmählich auf ganz natürliche Weise verlieren. Die Präsenz von anderen Leuten hilft Babys, die für sie so typische Reaktion des Fremdelns zu überwinden.

Forschungen zur frühkindlichen Entwicklung haben gezeigt, dass sich viele Kinder im Alter zwischen sechs Monaten und einem Jahr fürchten, wenn jemand sie auf den Arm nehmen möchte oder mit ihnen allein im Zimmer ist, der nicht zur Kernfamilie gehört. Dieses Fremdeln wurde lange Zeit für ein universales Phänomen gehalten – bis anthropologische Studien das widerlegten. Sie fanden heraus, dass Kulturen, in denen Babys von Anfang an auch von anderen Personen getragen und versorgt werden, das Fremdeln nicht kennen. Wahrscheinlich ist in diesen Gesellschaften auch das Phänomen krankhafter sozialer Ängste weniger verbreitet als bei uns. Der Grund ist einleuchtend: Diese Kinder sind es von klein auf gewohnt, mit anderen Personen zusammen zu sein, auch in Abwesenheit ihrer Eltern. Die Präsenz von Personen, die nicht zur Kernfamilie gehören, hilft nicht nur Babys dabei, ihre Ängste zu überwinden, sondern auch älteren Kindern. Das hat zwei Gründe: a.) im Zusammensein mit anderen Menschen sind Kinder weniger regressiv (das heißt, sie sind selbstständiger und weniger kindisch) als bei ihren Eltern; und b.) Personen, die nicht die Eltern sind, neigen weniger dazu, dem Kind bei den ersten Anzeichen von Ängstlichkeit sofort zu Hilfe zu eilen.

Dieser »Mangel an Sensitivität« fördert das Anpassungsverhalten von Kindern. Wenn sie erleben, dass die Menschen in ihrem Umfeld nicht gleich herbeieilen, vermittelt es ihnen das Gefühl, dass die

Situation eigentlich gar nicht so gefährlich ist, wie sie dachten. Wir neigen zu der Erwartung, dass unser Umfeld unsere Emotionen bestätigt. Wenn unsere Mitmenschen uns signalisieren, dass Gefahr im Verzug ist, empfinden wir das als Bestätigung dafür, dass unsere Angst begründet ist. Ist das hingegen nicht der Fall, gehen wir davon aus, dass es nichts zu befürchten gibt.

Mehr und mehr Pflichten

Im Laufe des Heranwachsens nimmt die Anzahl an Pflichten zu, die Kinder erfüllen müssen. Es gibt einen direkten Zusammenhang zwischen Verpflichtungen und dem Überwinden von Ängsten. Pflichten sind Situationen, in denen Kinder zu verstehen bekommen: »Es gibt keine andere Wahl, du musst das jetzt machen.« Ein klassisches Beispiel ist der erste Tag im Kindergarten. Vielen Kindern fällt es schwer, zum ersten Mal alleine dort zu bleiben, besonders wenn es die Eltern davor immer bei sich hatte. In Ländern, in denen eine Kindergartenpflicht besteht, vermitteln ihnen die Eltern dann jedoch die Botschaft, dass es keine andere Wahl hat. Auch wenn es den Eltern schwerfällt, ihr Kind zum ersten Mal im Kindergarten zu lassen, hilft ihnen die Tatsache, dass es verpflichtend ist, ihre Befürchtungen zu überwinden und es abzugeben. Manche Kinder weinen dann heftig, aber in den meisten Fällen kommen sie darüber hinweg – und wenn nicht gleich am ersten Tag, so doch schon sehr bald.

Das ist ein wichtiger Schritt in der Entwicklung des Kindes. Selbst wenn es dies noch nicht in Worten ausdrücken kann, wird die Erfahrung, eine Angst überwunden zu haben, fest in der Psyche verankert. Ältere Kinder sagen dann zum Beispiel: »Es war gar nicht so einfach, aber ich habe es geschafft!« Solche Momente, in denen Kinder stolz auf sich sind, kommen im Lauf der Kindheit und des Heranwachsens ständig vor. Ein Schulkind etwa verkündet stolz: »Ich bin darüber hinweggekommen!« Ein Heranwachsender bringt das vielleicht so zum Ausdruck: »Irre schwer war das, aber ich habe es geschafft!« Solche Erlebnisse formen unser Selbstbild und stärken unser Rückgrat, sodass wir uns den Herausforderungen des Lebens stellen können. So wichtig es ist, Anerkennung von unseren Mitmenschen zu bekommen, reicht das trotzdem nicht aus, um unseren Selbstwert zu entwickeln. Wir brauchen auch die Erfahrung, dass wir Schwierigkeiten meistern können. Deshalb wird Kindern, die nie eine Pflicht erfüllen müssen, eigentlich etwas vorenthalten. Dieser Entzug hat nichts mit Liebesentzug zu tun, denn manchmal ersparen Eltern ihren Kindern aus lauter Liebe alle Pflichten. Leider leiden die Kinder in diesen Fällen unter einem Mangel an Verpflichtungen oder an Erfahrungen, die sagen: »Es gibt keine andere Wahl, du musst das jetzt machen.« Ohne solche Erfahrungen ist es für Kinder schwierig, Ausdauer gegen Angst und Frustration zu entwickeln. Pflichten formen nicht nur unsere soziale Identität, sondern verleihen uns auch Selbstwertgefühl und Selbstsicherheit.

Diese Vorgänge gehören zu einer normalen Entwicklung und in gewissem Maß erlebt sie jedes Kind. Deshalb überwinden die meisten Kinder ihre frühkindlichen Ängste ganz von selbst. Manchmal stören Eltern diesen natürlichen Prozess jedoch, ohne es zu beabsichtigen. Manche Mütter und Väter verängstigt es, wenn ihre Kinder »zu« selbstständig werden, deshalb laufen sie ihnen hinterher, »um sie vor sich selbst zu retten«.

Andere Eltern haben Angst, ihr Kind Dritten zu überlassen, oder sie nehmen es bei den ersten Anzeichen von Unbehagen gleich wieder in den Arm. Ohne es zu wollen, verstärken diese Eltern das Fremdeln ihrer Kinder und behindern ihren Lernprozess im Umgang mit Ängsten.

Die meisten Kinder bewältigen ihre frühkindlichen Ängste auch dann, wenn ihre Eltern dazwischenfunken. Für manche jedoch, die schon von Natur aus eher ängstlich sind und Herausforderungen meiden, kann es problematisch werden. Studien haben gezeigt, dass Kinder, die hartnäckige und starke Ängste entwickeln, sogenannte Angststörungen, diese Neigung schon in der frühkindlichen Phase an den Tag gelegt haben. In Situationen, in denen sie sich bedroht fühlen, tendiert ihr Nervensystem zur Überreaktion. Bei vielen dieser Kinder zeigen auch die Eltern eine Neigung zur Ängstlichkeit. Dann führt die Kombination aus ihrer angeborenen Sensibilität und ihren überprotektiven oder ängstlichen Eltern zur Entwicklung einer Angststörung.

Damit Eltern ihren Drang zu überprotektiven Reaktionen überwinden können, brauchen sie eine klare, eindeutige Prämisse, die ihnen als Fixpunkt dient. Sie müssen sich verankern können, um angesichts der Ängste ihres Kindes standhaft zu bleiben. Glücklicherweise hat die Angstforschung deutliche Ergebnisse hervorgebracht, die Eltern als solche Prämisse dienen können. Diese von zahlreichen Studien gestützten Resultate haben gezeigt, dass Vermeidung Angstreaktionen verstärkt und verfestigt. Der Schlüssel zu ihrer Überwindung liegt hingegen darin, sich der bedrohlichen Situation systematisch auszusetzen.

Vermeidung und Konfrontation

Vermeidung ist eine sinnvolle Reaktion, wenn echte Gefahr droht. Kinder meiden von Natur aus Dinge, die ihnen wehtun, und Situationen, die sie tatsächlich in Gefahr bringen. Bei Angststörungen hingegen entwickelt das Kind Vermeidungsreaktionen gegenüber Situationen, die nicht nur ungefährlich sind, sondern die sie eigentlich bräuchten, um normal zu funktionieren. So vermeiden Kinder mit sozialen Ängsten konsequent Situationen, bei denen sie mit anderen Kindern zusammen sein müssen. Kinder mit Trennungsängsten wiederum vermeiden es, auch nur eine Sekunde lang von ihren Eltern getrennt zu sein, und Kinder mit Krankheitsängsten meiden Situationen, in denen auch nur im Entferntesten die Gefahr besteht, dass sie sich anstecken könnten. Das Vermeidungsverhalten führt zu einem Teufelskreis, der die Angst verstärkt und die Bewältigungskompetenz der Kinder verschlechtert.

Wo das Vermeidungsverhalten Angststörungen aufrechterhält, führt die Exposition gegenüber Angst auslösenden Situationen dazu, diese zu überwinden. Die Exposition erhöht zunächst den Angstlevel. Hält sie jedoch länger an, reduziert sie sich systematisch. Das Angsterlebnis geht der eigentlichen Begegnung mit der angstauslösenden Situation nämlich voraus. Wenn die Zeit vergeht, ohne dass das befürchtete Desaster eintritt, verringert sich der Angstlevel und die Bewältigungsstrategien verbessern sich. So wie das Vermeidungsverhalten einen Teufelskreis in Gang setzt, bewirkt die Exposition einen hilfreichen Kreislauf: Das Kind erlebt, wie die Intensität der Angst nachlässt, dass sie auszuhalten ist, und dass es eigentlich Dinge tun kann, vor denen es zuvor Angst hatte.

Die besten Expositionserlebnisse sind die, die sich allmählich vollziehen. Der Versuch, das Kind der angstmachenden Situation unvermittelt auszusetzen, kann nach hinten losgehen: In solchen Situationen wird es alles tun, um zu entkommen. Außerdem kann es von einem Gefühl der Hilflosigkeit überflutet werden. Viele Kinder entwickeln nach einem solchen Fehlschlag eine tiefe Abneigung gegenüber jeglichen weiteren Versuchen der Exposition.

Deshalb behandelt man Angststörungen mit einer langsam gesteigerten Exposition. Dabei ist es wichtig, das Kind unablässig zu stützen. Die Aufgabe, die das Kind zu bewältigen hat, ist in kleine Schritte unterteilt, sodass keine Stufe zu hoch ist.

Andererseits dürfen sich Eltern aber auch nicht davor fürchten, ihre Kinder unangenehmen Situationen auszusetzen, wenn sich eine passende Gelegenheit dazu bietet. Wenn ein Kind zum Beispiel an einer reizvollen Aktivität teilnehmen möchte, bei der es jedoch mit Situationen zurechtkommen muss, die ihm Angst machen: Solche Situationen sind gute Gelegenheiten, um schnell voranzukommen. Im Gegensatz zum sonst üblichen allmählichen Prozess der Angstbewältigung macht das Kind dann in seiner Entwicklung einen riesigen Schritt nach vorn.

Als Kind litt ich unter schlimmen Ängsten, die mich nicht nur quälten, sondern auch daran hinderten, Aktivitäten zu genießen, die ich eigentlich sehr reizvoll fand. Meine Mutter neigte dazu, mich vor schwierigen Situationen zu beschützen, vor allem, nachdem ein Versuch, mich auf dem Bauernhof von Freunden zurückzulassen, kläglich gescheitert war. Ich war in der Nacht weinend aufgewacht und hatte darum gefleht, dass meine Eltern mich sofort nach Hause holten. Etwa zwei Jahre später nahm mein Vater mich zu einem Besuch bei meinem drei Jahre älteren Bruder mit, der in einem Sommercamp war. Mit Vater zusammen verbrachte ich dort das ganze Wochenende. Vor unserer Abfahrt fragte einer der Jugendleiter mich, ob ich denn keine Lust habe, zu bleiben. Dann nahm er mich zu meinem Vater und sagte: »Haim ist zu einem echten Teil der Gruppe geworden. Niemand will, dass er jetzt heimfährt. Würden Sie ihm erlauben, hierzubleiben?« Erst Jahre später sollte ich herausfinden, dass dieses Konzept mit meinem Vater zusammen erdacht worden war. Als er ohne mich nach Hause zurückkam, sagte er meiner übermäßig protektiven Mutter, ich hätte ihn angefleht, bleiben zu dürfen (was der Wahrheit entsprach). Für mich war das eine wegweisende Erfahrung, die mir die Kraft gab, mich meinen starken Ängsten auch in anderen Situationen zu stellen.

Die Überwindung der Angst vor der Angst des Kindes

Eltern, die herbeieilen, um ihre Kinder vor angsteinflößenden Situationen zu retten, signalisieren damit, dass sie Angst davor haben, dass ihr Kind Angst bekommen könnte. Die Botschaft, die sie damit vermitteln ist, dass Angst etwas ganz fürchterliches ist, das es um jeden Preis zu vermeiden gilt. Man nennt das eine »Angst-Allianz«. Mit anderen Worten: Anstatt dass die Eltern dem Kind zur Seite stehen und im Angesicht seiner Furcht Stärke zeigen, schmiedet die Angst der Eltern eine Allianz mit der ihres Kindes, sodass sich diese noch verstärkt. Um diese Angst vor der Angst des Kindes loszuwerden, müssen Eltern sich klarmachen, dass die Angst, wie sie die meisten ängstlichen Kinder erleben, an sich nicht schädlich ist. Mütter und Väter, die sich davor fürchten, dass ihre Kinder Angst bekommen könnten, befürchten, dass Ängste traumatisieren und tiefe Narben in der Psyche ihres Kinds hinterlassen könnten. Die meisten Ängste, die Kinder erleben, sind jedoch harmlos, selbst wenn sie es in dem Moment vielleicht als schlimm empfinden.

Viel schädlicher hingegen ist das Vermeidungsverhalten, das ein adäquates Funktionieren und eine normale Entwicklung systematisch untergräbt. Es ist wichtig zu wissen, dass Ängste nach relativ kurzer Zeit nachlassen, und zwar aufgrund von ganz einfachen körperlichen Mechanismen. Ängste sind mit dem hormonellen System gekoppelt (mit der Ausschüttung von Adrenalin und Noradrenalin), mit einer Zunahme der kardiovaskulären Aktivität (Atemfrequenz und Herzfrequenz nehmen zu, der Blutdruck steigt), und mit einer Zunahme der Muskelspannung. Das sind Überlebensmechanismen, die dazu dienen, den Organismus auf die Notwendigkeit einer »flight or fight«-Reaktion (»fliehen oder kämpfen«) vorzubereiten. Wenn aber nicht wirklich eine Gefahr besteht, aktiviert der Körper Prozesse, die diesen Anzeichen entgegenwirken. Deshalb ist Angst ein Mechanismus, der sich auf natürliche Weise selbst neutralisiert. Wenn Kinder eine Angst einflößende Situation aushalten müssen, merken sie, dass die Angst nach einer anfänglichen Zunahme allmählich wieder nachlässt. Kinder, die bereit sind, sich einer kognitiven Verhaltenstherapie gegen Angststörungen zu unterziehen, berichten zum Beispiel: »Ich dachte, ich würde noch mehr Angst bekommen ... bis ich sterbe oder verrückt werde! Aber dann habe ich gemerkt, dass die Angst in Wirklichkeit weniger wurde.« Solche Erfahrungen sind entscheidend, um Resilienz zu entwickeln.

Manchmal sind Kinder jedoch nicht bereit, sich einer Erfahrung auszusetzen, bei der sie merken würden, dass eigentlich alles gar nicht so schlimm ist. In diesem Fall kann eine Änderung im Ansatz der Eltern die Grundbedingung dazu sein, dass auch das Kind eine neue Sichtweise entwickelt.

Mit geeigneter Unterstützung können Eltern die Erfahrungen ihres Kindes auch dann beeinflussen, wenn es sich entschlossen weigert, sich bei Hilfe seiner Angststörung professionell helfen zu lassen. Das ist gar nicht so selten. Etwa fünfzig Prozent der Kinder mit Angststörungen verweigern eine Therapie. In unserer Studie über Kinder, die jede Form von Therapie verweigern, brachten wir den Eltern bei, wie sie es schaffen, zu stützen, anstatt zu schützen, und wie sie dabei ihre Kinder gezielt angstauslösenden Reizen aussetzen können. Nach zehn Behandlungswochen fiel der Angstlevel der Kinder signifikant. Sie machten die gleichen Fortschritte wie solche, die sich wegen ihrer Angststörung therapieren ließen. Zu unserer Überraschung änderte die überwiegende Mehrheit der Kinder, nachdem die Eltern die Beratung in Anspruch genommen hatten, ihre Meinung, und war bereit, sich auch selbst behandeln zu lassen. Auf die Frage, warum sie es sich anders überlegt hatten, antworteten die meisten von ihnen: »Vorher dachte ich, ich würde eine gruselige Situation nicht überleben. Aber jetzt habe ich gemerkt, dass es geht. Vielleicht geht meine Angst noch mehr weg, wenn ich eine Therapie mache!«[22]

22 Lebowitz, E., Omer, H., Hermes, H., Scahill, L. (2014). Parent Training for Childhood Anxiety Disorders: The SPACE Program. *Cognitive and Behavioral Practice, 21* (4), 456–469.

Alltagstauglichkeit

Die größte Versuchung für Eltern angesichts der Ängste ihrer Kinder ist, sie weniger zu fordern, um ihren Leidensdruck zu verringern. Diese Kinder müssen beispielsweise nicht mehr in ihrem eigenen Bett schlafen, wenn sie nachts Angst haben, bei Trennungsangst begleiten die Eltern sie überall hin, sie verschieben die Anmeldung im Kindergarten, wenn das Kind Angst davor hat, bei Schulangst darf es zu Hause bleiben, und sie passen die Hausordnung den Anforderungen an, die sich aus der Angststörung ergeben. Diese Strategien setzen sich oft bis ins Teenager- und manchmal sogar bis ins Erwachsenenalter fort. In ihrer Hilflosigkeit im Umgang mit den Stressreaktionen ihrer Kinder bieten manche Eltern ihnen einen »degenerativen Hafen« – eine Schutzzone, die die Chance, eine normale Alltagstauglichkeit zu entwickeln, deutlich reduziert.

Ein junger Mann (19) litt unter schwerer Angst vor Donner. In seiner Verzweiflung setzte er seine Eltern unaufhörlich unter Druck, ihm ein schalldichtes Zimmer zu bauen. Letztlich gaben die Eltern nach. Bei jeder Sturmwarnung zog er sich in sein Zimmer zurück und verstärkte die Stille sogar, indem er sich schalldichte Kopfhörer aufsetzte.

Aber auch dieses elterliche Zugeständnis konnte ihm nicht helfen. Im Gegenteil ... nun begann er, jede Situation zu fürchten, in der nicht nur die geringste Wahrscheinlichkeit eines Gewitters, sondern sogar nur eines Regens bestand. Allmählich steigerten sich seine Ängste so sehr, dass er den Großteil der Zeit in seinem Schutzraum verbrachte. Nun setzte er Eltern und Großeltern unter Druck, ihm dort auch ein hochtechnologisches Videosystem einzubauen. Allmählich wurde der Zufluchtsort, den seine Eltern ihm geschaffen hatten, zu einem degenerationsfördernden Unterschlupf, der sein Funktionsniveau auf einen Tiefstand abstürzen ließ.

Dieser Extremfall verdeutlicht einen Vorgang, der sich auf ähnliche Weise im Leben vieler junger Menschen vollzieht. Das Phänomen, dass junge Erwachsene sich von der Außenwelt abschotten und sich zu Hause zurückziehen, hat in den letzten Jahrzehnten drastisch zugenommen. In Japan hat es sich zu einer wahren Epidemie entwickelt. Dort bezeichnet man es als »hikikomori«. Offizielle Schätzungen gehen davon aus, dass über eine Million junger Männer (diese Störung betrifft hauptsächlich Männer und Jungen) in Japan sich komplett von der Außenwelt abgeschottet haben. Bei unseren Forschungen konnten wir auch in der westlichen Welt ähnliche Phänomene beobachten und Behandlungsansätze dafür vorgeschlagen.[23]

Die negativen Folgen eines »degenerativen Hafens«, den Eltern schaffen, zeigen sich auch dann, wenn das Problem nicht die Ausmaße eines »hikikomori« annimmt. Zahlreiche Jugendliche verpassen die Schule, finden keinen Arbeitsplatz und verlieren sogar soziale Kontakte – alles auf Grund von sozialen Ängsten, Versagensängsten und Leistungsdruck. Ohne es zu wollen verstärken Eltern diesen Prozess, wenn sie ihren Kindern einen degenerativen Hafen bieten, indem sie für ihren Unterhalt aufkommen, ihnen uneingeschränkte Privatsphäre bieten und einen Internetzugang zur Verfügung stellen. Die elektronischen Möglichkeiten können die Tendenz zur Isolation offensichtlich derart verstärken, dass man davon ausgehen kann, die virtuelle Realität sei in beträchtlichem Maße für das Auftreten dieses Phänomens mitverantwortlich. Tatsächlich geben die betroffenen jungen Menschen die reale Welt freiwillig auf, um in die virtuelle Welt einzutauchen, die frei von den Schwierigkeiten des echten Lebens ist.

Um den Rahmen eines normalen Alltags erfolgreich aufrechtzuerhalten, müssen Eltern eine klare Vorstellung davon haben, was Pflicht bedeutet. Die derzeitige Erosion und der Verfall der Elternschaft sind nirgendwo deutlicher zu erkennen als darin, dass das Konzept der Pflicht als komplett veraltet gilt. Für viele klingt das Wort allein schon schrill, irritierend und archaisch. Man möchte, dass Kinder nicht aus Pflichtbewusstsein handeln, sondern weil sie verstehen, worum es geht, und weil sie einverstanden sind. Wenn ein Kind sich weigert, etwas zu tun, besteht nach diesem Konzept der einzig legitime Problemlösungsansatz in Dialog und Überzeugungskunst. Und in der Tat sind Dialog und Überzeugung Schlüsselelemente bei der Kindererziehung. Eltern müssen ihren Kindern erklären, warum manche Dinge notwendig sind. Aber was, wenn das Kind sich nicht überzeugen lässt? Oder wenn es den Dialog verweigert? Oder wenn sich die Diskussion endlos hinzieht? Zu glauben,

23 Dulberger, D., Omer, H. (2021).

dass Dialog und Überzeugungskunst die einzig legitime Basis sind, um ein Kind zu motivieren, bedeutet, dass Eltern völlig hilflos werden, wenn es nicht kooperiert.

Manchmal entscheiden sich Eltern für eine Therapie, als eine Art Verlängerung des endlosen Dialogs und der Überzeugungsversuche. Sie hoffen, dass das Kind dadurch irgendwann zur Einsicht kommt. In Wirklichkeit hat eine menschliche Gesellschaft jedoch noch nie ohne eindeutig formulierte Pflichten überlebt, denen auch diejenigen unterworfen sind, die ihnen nicht zustimmen.

Auch in unserer Gesellschaft, wo Dialog einen hohen Stellenwert hat, gibt es Situationen, in denen er nicht mehr angebracht ist und durch die Pflicht ersetzt wird. Wenn man sich ausschließlich auf Dialog verlässt, kann das Prozesse endlos in die Länge ziehen. Wir alle kennen Kinder, die ihre Erziehenden in nicht enden wollende Diskussionen verwickeln. Diese Kinder wissen ganz genau, dass nichts passiert, solange man diskutiert. Die Eltern solcher Kinder begegnen deren beeindruckendem Verhandlungsgeschick mit einer Mischung aus Hilflosigkeit und Bewunderung. Fast alle Mütter und Väter, die uns davon erzählen, wie ihre Kinder eine Diskussion endlos am Laufen halten können, zeigen dabei ein anerkennendes Lächeln. Diese Anerkennung ist in der Tat verdient, Hilflosigkeit allerdings ist schädlich. Eltern sollten in der Lage sein, eine Diskussion zu stoppen, auch wenn das Kind nicht einverstanden ist. Jegliche Diskussion sollte da ein Ende finden, wo die Pflicht beginnt – auch wenn das Kind sich weigert, das zu akzeptieren. In diesen Fällen müssen die Eltern die Pflicht entschlossen repräsentieren. Die Diskussion endet mit der Botschaft: »Das ist unsere Pflicht!« Damit zeigen sie ihren Kindern, dass deren Pflicht auch ihre Pflicht ist. Wenn Eltern die Diskussion mit dem Verweis auf ihre Pflicht beenden, verschiebt sich der Fokus von Worten auf Handlung. So vermitteln sie die Botschaft, dass sie von jetzt an ihrer Pflicht nachkommen werden, egal ob das Kind zustimmt oder nicht. Das Statement »Es ist unsere Pflicht!« bringt auch die elterliche Fürsorge zum Ausdruck: »So ist das jetzt. Wir haben keine andere Wahl.«

Die elterliche Pflicht ist der Garant dafür, dass Mütter und Väter entschlossen handeln, um die Alltagstauglichkeit ihrer Kinder zu erhalten. Hier liegt der Schwerpunkt jenes elterlichen Hebels, der dem

Kind hilft, seine Ängste zu überwinden. Wenn Eltern sich auf ihre elterliche Pflicht berufen, kann das schwierige Situationen beenden. Zum Beispiel, dass das Kind nach wie vor bei ihnen im Bett schläft, dass es unablässig an ihrem Rockzipfel hängt und sie keinen Moment alleine lässt, dass es nicht zur Schule gehen will und dergleichen mehr.

Eltern erklären den Grund für diese Änderungen mit dem einfachen Satz: »Es ist unsere Pflicht!« Damit ist die Aufgabe der Eltern jedoch noch lange nicht zu Ende: Jetzt müssen sie der problematischen Verhaltensweise eine liebevolle und persönliche Grenze setzen. Dabei dürfen sie jedoch nicht das Gefühl haben, dass sie ihrem Kind gegenüber unfreundlich handeln. Sie werden damit nicht zu »schlechten Eltern« – ganz im Gegenteil: Nur wenn sie einen festen Stand einnehmen, können sie für ihre Kinder der Anker sein, der ihnen hilft, die Ängste zu überwinden, die sie abdriften lassen.

Moishele (9) war das jüngste Kind einer ultraorthodoxen jüdischen Familie. Er war der erste Sohn und kam sechs Jahre nach der jüngsten seiner sieben Schwestern zur Welt. Seine Eltern, Menachem und Leah, und seine Schwestern fassten ihn mit Samthandschuhen an.

Moishele war penibel und litt an einer ausgeprägten sensorischen Empfindlichkeit, die sich durch deutlichen Unmut äußerte, wenn ein Kleidungsstück nicht weich genug aus der Wäsche kam, sein Toast leicht verbrannt war oder die Naht einer Socke ihn am Fuß drückte. Seine Trennungsängste zwangen seine Mutter oder eine seine Schwestern, ständig bei ihm zu bleiben. Wenn die Mutter nicht konnte, musste eine der Schwestern die Schule schwänzen oder sich von der Arbeit freinehmen, um sich um ihn zu kümmern.

Moishele selbst hatte während der vergangenen zwei Jahre oft die Schule versäumt. Das geschah immer dann, wenn er sich körperlich nicht wohl fühlte, häufig nach einem unangenehmen Zusammenstoß mit einem seiner Lehrer, oder auch, wenn er aus einem Albtraum erwachte. An solchen Tagen organisierte sich die ganze Familie, um ihm ständig Gesellschaft zu leisten. Niemand von ihnen protestierte dagegen, so absolut von Moisheles Bedürfnissen gefesselt zu werden.

Nachdem er einen ganzen Monat nicht in der Schule gewesen war, kamen seine Eltern zur Beratung. Nach einer Sitzung mit ihnen und einer weiteren mit seinen Schwestern und Schwägern, teilte der Therapeut der

Familie Folgendes mit: »Ich glaube nicht, dass Moishele an einer psychischen Störung leidet. Das größte Problem in seinem Leben ist, dass er den Status eines Prinzen besitzt, der über alle Pflichten erhaben ist. Nicht nur über seine eigenen Pflichten, sondern auch über die Pflichten aller anderen. Wenn er es verlangt, stellen seine Eltern und Schwestern seine Wünsche über ihre eigenen Pflichten. Sie versäumen einen Tag Schule oder Arbeit, weil Moishele das braucht. Solange er den Status einer Person genießt, die Pflichten beugen kann, wird er nicht wachsen können. Noch ist er weit davon entfernt, irgendeine Verantwortung auf sich zu nehmen. Bevor das geschieht, muss er erst ein Gefühl dafür entwickeln, dass andere Menschen Verpflichtungen haben, die nicht vernachlässigt werden dürfen.«

Diese Aussage führte erstmals zu Äußerungen von Protest und Unmut über Moisheles unangefochtenen Prinzenstatus, zunächst seitens seiner Schwestern und dann auch seitens der Mutter. Praktisch bedeutete das, dass man nun eine »Rotation der Pflichten« einführte. Dabei ging es nicht um die Aufgabe, sich um Moishele zu kümmern, sondern vielmehr um die Pflicht der Menschen in seinem Umfeld, ihre eigenen Pflichten - Schule oder Arbeit - wahrzunehmen, sobald sie dazu aufgefordert wurden.

Als der Plan anlief, beschloss man, dass jeder, der Moishele gerade beaufsichtigen sollte, fortan einen »Pflichtanruf« bekommen würde, nämlich einen Telefonanruf, bei dem verlangt wurde, sofort in die Schule oder zur Arbeit zurückzukommen. Die Schwäger erklärten sich gern bereit, die Rolle der Pflichtanrufer zu übernehmen, nicht zuletzt, weil sie die Nase voll davon hatten, dass ihre Frauen den Launen des »Prinzen« ausgeliefert waren. Wenn nun ein solcher Pflichtanruf kam, musste Moishele auf der Stelle entscheiden, ob er lieber allein daheimbleiben oder die diensthabende Schwester zur Schule oder zur Arbeit begleiten wollte.

Es machte keinen besonderen Spaß, Zeit an diesen Orten zu verbringen. In der Schule seiner jüngeren Schwester musste Moishele mit dem Wachmann draußen am Tor warten. Dieser hatte keinen Sinn für Unfug und war nicht bereit, die prinzlichen Rechte anzuerkennen. Auch bei der Arbeit seiner Mutter oder seiner Schwestern musste Moishele in einem anderen Zimmer warten, um niemandem im Weg zu stehen.

Nach einigen Tagen brachte sein Vater ihn in die Schule zurück. Die Beratung wurde noch einige Wochen lang fortgesetzt, um zu gewährleisten, dass der Junge nicht in den Status eines pflichtenbeugenden Prinzen zurückverfiele.

Im Lauf der Jahre gab es noch vereinzelte weitere Situationen, bei denen die Familie wieder zur Beratung kam, um einige der Pflichten zu bekräftigen, die vielleicht ausgehöhlt worden waren. Wie in seiner Gemeinde üblich, zog Moishele im Alter von vierzehn Jahren ohne besondere Schwierigkeiten in ein Yeshiva-Internat[24].

Raus aus der Isolation!

Manche Eltern fragen uns, warum sie die Unterstützung anderer brauchen, um ihren Kindern beim Umgang mit ihren Ängsten zu helfen. Schaffen sie das nicht auch allein? Wie wir bereits in dem Kapitel über Unterstützung erklärt haben, verstärkt sich die Effektivität von Eltern mit einem Unterstützernetzwerk aus mehreren Gründen. Wir dürfen nicht vergessen, dass ängstliche Kinder und ihre Eltern so an das Verhalten des jeweiligen Gegenübers im Umgang mit der Angst gewöhnt sind, dass sie wie eine gut geölte Maschine immer wieder in dasselbe Handlungsmuster verfallen. Das Kind weiß ganz genau, wie es die Eltern unter Druck setzen kann, und diese reagieren fast automatisch auf die Stresssignale ihres Kindes. In dieser Situation bringen außenstehende Personen frischen Wind ins System. Es entsteht ein Handlungsspielraum, den es zuvor nicht gegeben hat. Im »perfekt« eingespielten Laufwerk von Eltern und Kind schafft das Auftreten von Unterstützern Raum für neue Bewegungen. Außerdem: Während das Kind dazu neigt, im Beisein der Eltern besonders ängstlich, hilfsbedürftig und kindisch zu sein, legt es bei Fremden ein reiferes Verhalten an den Tag. Darüber hinaus validiert die Beteiligung Außenstehender auch die Erwartungen an ein normatives Funktionieren. Diese Vorgänge schaffen eine ganz neue mentale und zwischenmenschliche Umgebung. Hatte die Angst zuvor ein Umfeld, in dem sie ideal gedeihen konnte, befindet sie sich jetzt in einem Umfeld, das Bewältigung fordert.

Bei unserer Arbeit mit Familien von Kindern mit Angststörungen konnten wir häufig beobachten, dass die Beteiligung von Unterstützern die Fähigkeit der Eltern wie auch der Kinder stärkte, mit Angst auslösenden Situationen zurechtzukommen. Ein bemerkenswertes

24 Ein Internat, an dem die Lehren des Talmuds unterrichtet werden.

Beispiel ist die Trennungsangst. Wenn man Verwandten, Freunden und vielleicht auch den Erzieherinnen im Kindergarten erklärt, wie sie sich verhalten sollen, wenn das Kind Trennungsangst zeigt, kommen diese Kinder besser zurecht. Dasselbe gilt für Zwangsstörungen: Zum Beispiel, wenn ein Kind extreme Angst davor hat, sich anzustecken, oder das Bedürfnis, sinnlose Handlungen wie ein Ritual zwanghaft zu wiederholen, um seine Ängste zu lindern. Auch diese Kinder kommen besser mit schwierigen Situationen zurecht, wenn sie nicht allein mit den Eltern sind.

Ein weiteres Beispiel, diesmal im Zusammenhang mit einer sehr weit verbreiteten Angst, ist das Prozedere, das wir entwickelt haben, um Familien zu helfen, bei denen Kinder sich weigern, im eigenen Bett zu schlafen und stattdessen jede Nacht ins Bett der Eltern schlüpfen: Dann werden die Eltern angehalten, ein langes Wochenende zu planen, währenddessen sie mindestens zwei Nächte außer Haus sind. Personen, die die Kinder und die Familie gut kennen (beispielsweise Onkel, Tanten oder gute Freunde) kommen dann zum Babysitten. Diese Unterstützer sind eingeweiht und wissen, wie sie mit der Angst der Kinder umgehen sollen. Sie sagen dem Kind, das es sie alle zehn Minuten rufen darf, dass sie dann ins Zimmer kommen und eine Weile bei ihm bleiben. Sie sagen ihm, dass sie es nicht aus dem Bett nehmen, aber dass sie ihm gut zureden werden. Das Kind bekommt eine Uhr, damit es sehen kann, wann es die Unterstützer wieder zu sich rufen darf. Die Unterstützer sagen dem Kind aber auch, dass sie nicht kommen, wenn es innerhalb des Zehn-Minuten-Abstands ruft. Sie seien jedoch bereit, zurückzurufen und zu sagen, wie viele Minuten es noch warten müsse. Wenn das Kind versucht, mitten in der Nacht zu den Unterstützern ins Bett zu krabbeln (was selten vorkommt), müssen diese das Kind sanft ermutigen und wieder in sein eigenes Bett zurückbringen. Oft schlafen die Kinder am ersten Abend erst spät ein. Trotzdem stehen alle am nächsten Morgen früh auf und planen irgendetwas Anstrengendes (schwimmen gehen, den Besuch einer Veranstaltung oder einen Spieltermin). An diesem Abend ist das Kind bereits in einer anderen Verfassung: Es ist müde und kann nun schon besser in seinem eigenen Bett schlafen. Am zweiten Abend schlafen Kinder immer viel schneller ein. Am dritten Tag, wenn die Eltern zurückkommen, wissen dann alle, dass das Kind eigentlich allein schlafen kann. Jetzt muss man diese Errungenschaft nur noch beibehalten, wenn die Eltern zu Hause sind.

Es gibt Situationen, in denen das Unterstützernetzwerk unentbehrlich wird, nämlich bei einer Massennotlage wie etwa Krieg oder einer Naturkatastrophe. Während solcher Krisen erweist sich der Zusammenschluss von mehreren Familien, die einander helfen, als einer der wichtigsten Mechanismen, um posttraumatische Reaktionen zu verhindern. Eine der Lektionen, die man durch solche Extremsituationen gelernt hat, ist die Erkenntnis, dass es viel weniger effektiv ist, Opfern auf individueller Ebene zu helfen, als wenn mehrere Familien, Nachbarschaftsgruppen oder Schulen darin involviert sind. Sowohl für die Genesung als auch für die Rehabilitation hat sich der soziale Zusammenhalt als ausschlaggebender Faktor und bester Schutz vor psychischen Störungen erwiesen. Der größte Schaden, den man einem Kind zufügen kann, ist, wenn man es aufgrund eines Angstanfalls aus seinem persönlichen Umfeld herausreißt. Das letzte, was ein Kind dann braucht, ist, für längere Zeit zu Hause in einer stillen Ecke abgeschirmt zu werden.

Noch einmal: Stützen statt schützen!

Der Übergang vom Schützen zum Stützen ist der springende Punkt, um einen erfolgreichen Umgang mit der Angst zu erreichen. Eltern schützen ihr Kind, wenn sie versuchen, ihm jegliches Angstgefühl zu ersparen. Eltern stützen hingegen, wenn sie zeigen, dass sie verstehen, was das Kind durchmacht und es trotzdem dahin bringen, normal zu funktionieren. Zu den stützenden Prinzipien gehört es, dem Kind zu zeigen, dass seinen Eltern klar ist, dass es leidet, dass man auch kleine Schritte wertschätzt, dass man vorsichtig ist und das Kind nicht überfordert, und dass man Pläne aushandelt.

Zeigen Sie dem Kind, dass Sie sein Leiden verstehen

Wir können nicht unterstützen, ohne die schwierige Situation anzuerkennen, mit der das Kind konfrontiert ist. Die Unterstellung, es täusche etwas vor oder wolle nur manipulieren, macht jegliches Angebot, ihm helfen zu wollen, unglaubwürdig. Ängstliche Kinder leiden wirklich. Wenn man einem Kind hingegen sagt: »Ich weiß, dass es dir nicht gut geht, und ich weiß auch, dass deine Angst echt ist« mindert das nicht den Willen des Kindes, mit der Angst zurechtzukommen. Ganz im Gegenteil.

Murad (10) litt unter akuter Besorgnis. Er machte sich Sorgen, dass seiner Mutter etwas zustoßen könne, dass er sich mit Krankheiten infizieren könne, dass ein Krieg ausbrechen könne, dass es ein Erdbeben geben, oder sogar, dass die Sonne erlöschen könne. Jedes Mal, wenn ihn eine seiner Sorgen verängstigte, rief er seine Mutter Lucy an.

Die Therapeutin half Lucy zu verstehen, inwiefern dieses Muster ständiger Telefonanrufe und Beruhigungsgespräche ein gutes Beispiel für genau die Art von überprotektivem Verhalten war, das Angstreaktionen vertieft und aufrechterhält. Nachdem sie das verstanden hatte, erklärte Lucy ihrem Sohn: »Mir wird klar, dass es gar nicht gut ist, wenn ich jeden deiner Anrufe entgegennehme! Ich weiß, dass du wirklich leidest, aber dutzende Male am Tag zu telefonieren, ist nicht der richtige Weg, dir zu helfen. Ab sofort werde ich während der Arbeit nicht mehr für Telefonate erreichbar sein. Du kannst John anrufen (Lucys Lebensgefährte). Er ist bereit, dir zu antworten. Wenn ich dann am Abend nach Hause komme, können wir uns miteinander hinsetzen und darüber sprechen, wie dein Tag war.«

Als Lucy an diesem Abend heimkam, stellte sie zu ihrer Überraschung fest, dass Murad sich damit begnügt hatte, John nur zweimal anzurufen. Johns Ermutigung war unendlich viel effektiver als ihre eigenen Beruhigungsversuche. Murads Sorgen nahmen deutlich ab und wenn sie dennoch aufkamen, konnte er nun viel besser damit umgehen. Dasselbe galt für Lucy.

Kleine Schritte ermutigen

Angst wird fast nie auf einen Schlag überwunden, sondern durch allmählich zunehmende Exposition. Deshalb ist es wichtig, einen Plan zu entwickeln, durch den jedem Fortschritt, auch dem allerkleinsten, Anerkennung und Ermutigung gezollt werden.

Im vorigen Beispiel gab es Fortschritte, als Lucy es nicht mehr zuließ, dass ihr Sohn sie auf der Arbeit anrief. Murad konnte sich beim Freund seiner Mutter Hilfe holen, und Lucy selbst setzte sich jeden Abend mit Murad zusammen, wenn sie von der Arbeit heimkam. Die Ermutigung, die Murad von Lucy und John bekam, zeigte, dass auch der kleinste Fortschritt lobenswert war.

Ein wichtiger Faktor für effektive Unterstützung besteht darin, kleine Fortschritte zu finden und sie positiv zu würdigen. Ängstliche Kinder und ihre Eltern sind es gewohnt, das halb leere Glas zu sehen – also die Verhaltensweisen, die zeigen, dass das Kind immer noch unter einer Angststörung leidet. Das Bild wandelt sich, wenn sie lernen, zu sehen, dass das Glas in Wirklichkeit halb voll ist – oder eben auch nur ein Viertel oder ein Zehntel voll.

Billy (11) fürchtete sich davor, sein Schlafzimmer im zweiten Stock des Hauses aufzusuchen. Er weigerte sich, allein dort zu bleiben, selbst wenn sein Vater Jack von unten mit ihm sprach. Nur in der Früh beim Aufstehen schaffte er es, im oberen Stock allein zu sein. Jack sagte ihm: »In der Früh besiegst du deine Angst. Du bleibst mehrere Minuten lang oben, bis du damit fertig bist, Zähne zu putzen und dich anzuziehen. Wie schaffst du das?« Mit dem für ihn so typischen Sinn für Humor antwortete Billy: »Es sieht so aus, als sei die Angst in der Früh noch nicht aufgewacht!« Dieser Witz wurde zur Grundlage einer neuen Formel: »Wir sollten die Angst besser überrumpeln, bevor sie aufwacht!« Gemeinsam planten Jack und Billy einen Überraschungsangriff auf die Angst. Jack sollte im Zimmer neben dem Treppenhaus stehen, Billy würde einige Stufen hinauflaufen und dann warten »bis sich die Angst von ihrer Überraschung erholt hat.« Dann sollte er wieder ins Erdgeschoss gehen. Jack würde mit Billy die Anzahl der Stufen zählen, die er hinaufgelaufen war und mit der Stoppuhr messen, wie viele Sekunden es gedauert hatte, bis sich die Angst von diesem Überraschungsangriff erholte. Dann zeichneten Jack und Billy eine Grafik mit zwei Achsen, der Treppen- und der Sekundenzahl, um die Fortschritte des Jungen zu verfolgen. Billy, der ein stark wettbewerbsorientiertes Kind war, reagierte sehr positiv auf dieses Spiel und verbesserte schnell seine Ergebnisse auf beiden Achsen. Innerhalb von wenigen Tagen erreichte er die oberste Stufe und schaffte es, eine halbe Minute lang dort zu bleiben. Sein Großvater, der im Ausland lebte, schickte ihm per E-Mail eine Anerkennungsurkunde für seinen ersten Sieg über seine Ängste: zwei volle Minuten lang im zweiten Stock zu stehen!

Sachte anschubsen

Positive Ermutigung ist die eine Seite des Stützens. Die andere Seite ist ein sachter Schubs, der das Kind dazu bringt, ein angemessenes Maß an Verantwortung zu übernehmen. Die Rolle der Eltern besteht dabei darin, ihrem Sohn oder ihrer Tochter klarzumachen, dass sie ihm beziehungsweise ihr nicht mehr zu Hilfe eilen werden, wie sie das bisher getan haben. Solange Eltern Dinge für ihr Kind tun, die es eigentlich schon alleine kann, bleibt es abhängig. Einige einfache Regeln können Eltern dabei helfen, ein paar gängige Fehler in diesem Prozess zu vermeiden. Erstens sollte sich die Botschaft auf die Eltern beziehen und nicht auf das Kind. Botschaften, die sich an das Kind richten, etwa Aussagen wie: »Das schaffst du auch alleine!« können Widerstand hervorrufen und das Kind sogar vor eine negative Herausforderung stellen, nämlich den Eltern beweisen zu müssen, dass er oder sie das eigentlich noch gar nicht kann. Die einfache Mitteilung, dass die Eltern nicht mehr eingreifen werden, weil sie das für unangebracht halten, ruft hingegen weniger Widerstand hervor. Das Kind kann dann selbst beschließen, allein zurechtzukommen. Alternativ kann ein außenstehender Unterstützer dem Kind dabei helfen, das zu lernen, was es noch nicht kann, um es dann allein zu schaffen.

Johnny (10) litt unter einer sozialen Phobie, die es ihm schwer machte, mit Menschen außerhalb seiner unmittelbaren Familie zu sprechen. Er war ein leidenschaftlicher Bücherwurm. Einmal in der Woche fuhr seine Mutter Deborah ihn zur Bibliothek. Johnny wählte seine Bücher zwar aus, aber es war Deborah, die alles andere mit der Bibliothekarin regeln musste, während der Junge in sich zurückgezogen dabeistand.

Eines Tages wurde Deborah klar, dass ihre Dienste Johnny nicht halfen, sondern sein Problem eher verschlimmerten. Also sagte sie im: »Von jetzt an werde ich nicht mehr mit der Bibliothekarin sprechen. Ich fahre dich zur Bibliothek und setze mich dann an einen der Tische, um an meinem Laptop zu arbeiten.«

Johnny verzog das Gesicht. Aber als er die geliehenen Bücher zu Ende gelesen hatte, fragte er, ob sie zur Bibliothek fahren könnten. Zur gewohnten Zeit brachte Deborah ihn hin. Während Johnny die Regale durchsuchte, setzte sie sich an einen Tisch und öffnete ohne ein weiteres Wort ihren Laptop. Der Junge suchte lange nach jedem Buch. Als er fertig war, wandte er sich an Deborah und bat sie leise darum, wie immer für ihn mit der Bibliothekarin zu sprechen. Sie lächelte ihn an, betrachtete die Bücher und lobte seine Wahl. Dann gab sie ihm einen ermutigenden kleinen Schubs in Richtung Bibliothekarin. Einen kurzen Augenblick lang zögerte er. Dann ging er schließlich doch zur Theke hinüber und schloss das Leihverfahren ab.

Wenn man einem ängstlichen Kind ankündigen möchte, dass man ihm in Zukunft nicht mehr helfen wird, wo es unangebracht ist, kann man zum Beispiel so vorgehen wie wir es im fünften Kapitel beschrieben haben. Hier ein Beispiel für eine mündliche und schriftliche Ankündigung an ein Mädchen mit nächtlicher Angst und Trennungsangst:

»Mara, wir wissen, dass du jedes Mal stark leidest, wenn du allein zu Hause bist, oder wenn es an der Zeit ist, schlafen zu gehen. Wir sehen, wie schwer dir diese Augenblicke fallen und wie sehr diese Ängste dein Leben beeinträchtigen. Dennoch ist uns klar, dass das, was wir bislang getan haben, nämlich bei dir zu bleiben und dich in unserem Bett schlafen zu lassen, dir nicht nur nicht geholfen, sondern die Situation sogar verschlimmert hat. Wir haben daher beschlossen, dass wir das Problem nicht länger ignorieren und auch deinen Ängsten nicht länger nachgeben wollen. Wir werden nun folgendermaßen handeln: Wir werden ausgehen, zuerst nur kurz, dann immer länger. Wir werden dich nicht mehr in unserem Bett schlafen lassen und wir werden das Problem nicht mehr geheim halten, sondern mit jedem darüber sprechen, der uns helfen kann. Wir möchten dir gern jede mögliche Hilfe geben, mit deinen Ängsten fertig zu werden, falls du das willst auch im Rahmen einer Therapie. Aber unsere Unterstützung wird nicht länger darin bestehen, deinen Ängsten nachzugeben.«

Details verhandeln

Eine wichtige Regel im Hinblick auf gesunde Unterstützung lautet, dass ein langsamer Fortschritt mit Kooperation des Kindes besser ist, als schnelle Erfolge anzustreben, ohne dass es bereit ist, mitzumachen. Nachdem die Eltern ihr Kind darüber informiert haben, dass sie ihm nicht mehr auf unangebrachte Weise helfen werden, können sie mit ihm aushandeln, wie es dennoch unterstützt werden kann: zum Beispiel mit der Hilfe der Verwandtschaft oder durch Professionelle. Geeignete Therapien können Kindern tatsächlich dabei helfen, Ängste zu überwinden. Es wäre jedoch ein Fehler, wenn Eltern ihre Entscheidung, ihnen unangebrachte Unterstützung zu entziehen, im Austausch für ihre Bereitschaft zu einer Therapie zurücknähmen. Bei einer solchen Übereinkunft wäre die Therapie wahrscheinlich zum Scheitern verurteilt. Manchmal ist es ratsam, einen Unterstützer hinzuzuziehen, um das Tempo und den Verlauf der Veränderungen auszuhandeln. Normalerweise verhalten sich Kinder in der Verhandlung mit einem Unterstützer reifer als mit ihren Eltern.

Nach einem Autounfall im Alter von zwölf Jahren, entwickelte Jan (17) eine starke Abhängigkeit von seinem Vater Isy. Obwohl er sich physisch vollständig erholt hatte, fiel es dem Jungen immer noch sehr schwer, sich von seinem Vater zu trennen, wenn dieser beruflich verreisen musste. Vor jeder Dienstreise setzte er den Vater emotional enorm unter Druck.

Während des ersten Jahres nach dem Unfall hatte Isy seine arbeitsbedingten Reisen stark eingeschränkt und seine Frau und er hatten ganz damit aufgehört, als Ehepaar allein Urlaub zu machen. Allmählich gelangten sie jedoch zu der Einsicht, dass dieses Muster für jeden schädlich war. Sie informierten Jan, dass sie von nun an wieder wie normale Eltern leben wollten, die zu zweit wegfahren. Zudem werde Isy auch beruflich wieder verreisen.

Jan war wütend. Er schrie seine Eltern an, dass er das nicht schaffe, beschuldigte sie, unfair zu sein und verließ türknallend das Haus. Die Eltern kannten seine emotionalen Reaktionen und verstanden, dass sie von tiefen Ängsten herrührten. Sie verstanden aber auch, dass es das Problem nur verstärken würde, so weiterzumachen wie bisher.

Eine Woche nach dem Ausbruch überreichte Isy dem Jungen eine schriftliche Liste seiner für das kommende Jahr geplanten Reisen. Wieder regte Jan sich auf, aber dieses Mal trat auch sein Großvater mütterlicherseits in Erscheinung, der in seinem Leben eine wichtige Rolle spielte. Er teilte Jan mit, dass er während Isys Abwesenheit verfügbar sein werde, um ihm beim Umgang mit seinem Problem zu helfen. Weiter schlug er vor, sich zusammen hinzusetzen und zu planen, wie Jan seinen Vater auch unterwegs kontaktieren könne, damit er das Gefühl habe, er sei ihm trotz der physischen Entfernung nahe. Jan lehnte ab.

Als die erste Reise nahte, wiederholte Jans Großvater sein Angebot. Diesmal erklärte der Junge sich einverstanden, einen vernünftigen täglichen Plan aufzustellen, wann er seinen Vater wie auch den Großvater kontaktieren wolle.

Isy trat sämtliche seiner geplanten Reisen an. Zunächst waren die Telefongespräche mit Jan kurz und trocken, nicht zuletzt, weil der Junge seinem Vater zeigen wollte, dass er wütend auf ihn war war. Isy wusste jedoch, dass der Kontakt mit dem Großvater regelmäßig und positiv verlief. Während seiner zweiten Reise entstand bereits ein besseres Kommunikationsmuster. Innerhalb weniger Monate war klar, dass Isy und Jan es geschafft hatten, ihre Beziehung zu verändern und dass Jans Ängste nun ein viel leichter zu bewältigendes Maß erreicht hatten.

Fazit

Ängste sind ein emotionales Phänomen, das mit problematischen Verhaltensmustern wie Gewalt, riskantem Verhalten oder der Neigung zu Straftaten allem Anschein nach nichts zu tun hat. Und tatsächlich sind Kinder mit Verhaltensstörungen oder anderen externalisierenden Problemen oft fundamental anders als solche, die eher ängstlich sind oder Vermeidungsmuster an den Tag legen (was man auch »internalisierende Probleme« nennt). In beiden Fällen sind die Eltern jedoch mit einer ähnlichen Herausforderung konfrontiert und müssen gegenüber den emotionalen Ausbrüchen und impulsiven Handlungen ihrer Kinder einen festen Stand einnehmen. In beiden Fällen stehen Eltern, die versuchen, allein zurechtzukommen, auf wackeligeren Füßen, als Eltern, denen es gelingt, ein Unterstützernetzwerk aufzubauen. Der Übergang vom Driften zum festen Stand ist eine unvergessliche Erfahrung – sowohl für die Eltern als auch für die Kinder.

Die beiden Positionen, die Eltern von ängstlichen Kindern immer wieder verunsichern, sind die Tendenzen, entweder überprotektiv zu reagieren oder die Kinder zu überfordern. Überprotektive Eltern lassen sich von der Angst der Kinder mitreißen und reagieren mit panischen Handlungen, um ihr Kind zu retten. Sehr fordernde Eltern hingegen schaden ihren Kindern, indem sie ärgerlich und misstrauisch reagieren. Wenn ein Elternteil überprotektiv ist und das andere sehr fordernd, entsteht eine besonders problematische Konstellation. Und trotzdem: Wenn es Eltern gelingt, diese Wippe auszubalancieren, ergeben sich Chancen für einen Wandel. Selbst wenn nur ein Elternteil seinen Ansatz verändert, kann das eine positive Entwicklung in Gang setzen.

Angst verstärkt sich durch Vermeidung und nimmt ab, wenn man sich ihrem Auslöser in allmählich gesteigerten Portionen aussetzt. Eltern, die sich dieses Prinzip zu Herzen nehmen, können viel erreichen – sowohl in ihrem eigenen Leben als auch im Leben ihrer Kinder. Sie überwinden ihre Angst davor, dass ihr Kind sich fürchten könnte. Es gelingt ihnen, effektiver darauf zu beharren, dass es ein normales Leben lebt und seinen Pflichten nachkommt. Damit vermitteln sie eine Botschaft des Vertrauens in die Fähigkeiten ihres Kindes. Wenn sie darüber hinaus bereit sind, die Unterstützung eines Netzwerks in Anspruch zu nehmen, ändert sich die Ökologie der Angst, sodass sie letztendlich verschwinden kann, anstatt in einem Inkubator zu gedeihen, der sie aufrechterhält.

Tipps

- Fragen Sie sich, ob Sie überprotektive Eltern sind, die die Fähigkeit ihres Kindes untergraben, allein zurechtzukommen.
- Fragen Sie sich, ob Sie sich zu einer stark fordernden Haltung hinreißen lassen, die Ihr Kind erst recht schwächt.
- Fragen Sie sich, ob Sie eine »Wippen-Ehe« führen, bei der eine Person zu sehr fordert, während die andere überprotektiv reagiert.
- Nehmen Sie all die Dinge unter die Lupe, die Sie unnötigerweise für Ihr Kind tun und seine Abhängigkeit damit aufrechterhalten. Überlegen Sie, wie Sie diesen Zustand schrittweise, aber entschlossen beenden können.
- Fragen Sie sich: »Bieten wir unserem Kind einen degenerativen Hafen?«
- Fragen Sie sich: »Verheimliche ich Probleme und schaffe dadurch einen Inkubator, in dem sie gedeihen?«
- Lernen Sie, wie Sie Ihren Standpunkt klarmachen können. Zum Beispiel mit Aussagen wie: »Wir machen das so!« anstatt »Du musst das so machen!«

- Vermitteln Sie Ihrem Kind, dass Sie seine Angst aushalten können, ohne selbst Angst zu bekommen oder ärgerlich zu werden.
- Arbeiten Sie darauf hin, ein normales Alltagsleben zu ermöglichen.
- Vergessen Sie nicht: Ein allmählicher Fortschritt, bei dem das Kind mitarbeitet, ist besser als der Versuch, ohne die Kooperation des Kindes einen schnellen Erfolg zu erzielen.
- Versuchen Sie, sinnlose Diskussionen als solche zu entlarven und zu beenden. Die ultimative Aussage zur Beendigung einer solchen Diskussion lautet: »Es ist unsere Pflicht.«
- Schaffen Sie Bedingungen, bei denen Ihr Kind der Angst einflößenden Situation in langsam gesteigerten Portionen ausgesetzt ist.
- Mobilisieren Sie Unterstützer, die die Fähigkeit Ihres Kindes stärken, schwierige Situationen auszuhalten.
- Zollen Sie jedem Erfolg Anerkennung, auch den kleinen Schritten. Zeigen Sie Ihrem Kind, dass Sie diese kleinen Schritte wahrnehmen und sich darüber freuen.
- Vergessen Sie nicht: Ihr fester Stand ist der Anker Ihres Kindes.

Siebtes Kapitel

Schule

Ab dem Moment, in dem ihr Kind in das Bildungssystem eintritt, können sich Eltern auf zwei Wegen ihrer Verantwortung entziehen: (1) Konflikt und (2) Rückzug. Der erste Weg ist typisch für Eltern, die sich wegen schulischer Belange entweder mit den Lehrkräften oder mit ihrem Kind streiten. Der zweite kennzeichnet Eltern, die den ganzen Bereich der Schule und Erziehung als fremdes, extraterritoriales Gebiet betrachten. Beide Wege untergraben die elterliche wachsame Sorge und Präsenz sowie die Aussichten des Kindes als Schüler oder Schülerin. Im Gegensatz dazu stärken Eltern, die fähig sind, das Verhalten ihres Kindes in der Schule aufmerksam zu verfolgen, ihren eigenen Status und verbessern die Fähigkeit des Sohnes oder der Tochter, dort wie erforderlich zu funktionieren.

Zusammenstöße zwischen Eltern und Lehrkräften: eine der Geißeln unserer Zeit

Ein positives Engagement von Eltern und ihre Kooperation mit den Lehrkräften haben sich als entscheidende Faktoren für den schulischen Erfolg, die Bewältigung von Krisen und die Vermeidung von Schulabbrüchen erwiesen. Wenn dieses Engagement hingegen zänkisch wird und die Form von misstrauischer, feindseliger Überwachung annimmt, verschwinden die Voraussetzungen für eine Kooperation. Diese Situation ist gefährlich für die Lehrkraft, die Eltern und das Kind.

Sein Kind zu verteidigen ist ein Urinstinkt. Die meisten Eltern werden aufbegehren, wenn sie das Gefühl haben, ihr Kind sei unfair behandelt oder benachteiligt geworden. Oder wenn sie denken, man habe seine Bedürfnisse und Schwierigkeiten falsch verstanden, ganz zu schweigen davon, wenn ein Kind beleidigend angesprochen wird. Noch kämpferischer werden sie auftreten, wenn Lehrkräfte – vermeintlich zu Unrecht – andeuten, sie selbst seien für die Probleme des Kindes verantwortlich. In diesem Fall vermischt sich der Instinkt, das Kind zu verteidigen, mit dem Instinkt zur Selbstverteidigung.

Dennoch können diese Urinstinkte nicht erklären, warum es für Eltern heutzutage normal geworden ist, sich auf einen regelrechten Kollisionskurs mit der Lehrerschaft zu begeben. In der Vergangenheit führten das Durchfallen-Lassen oder Bestrafen eines Kindes kaum je zu so einem Aufruhr wie heute. In der Haltung unserer Gesellschaft gegenüber der Schule hat sich ein erheblicher Wandel vollzogen. Es ist modern geworden, Lehrkräfte anzugreifen. Das kränkt diese natürlich und beeinträchtigt ihre Funktionsfähigkeit. Noch schädlicher könnte es sich allerdings auf die Kinder und die beteiligten Eltern selbst auswirken.

Obwohl die Kritik am Lehrpersonal manchmal gerechtfertigt sein mag, werden pauschale Anschuldigungen, Drohungen und Versuche, eine Lehrkraft suspendieren zu lassen, fast immer nach hinten losgehen. Bevor wir aber alternative Möglichkeiten aufzeigen, wollen wir erst einmal den schweren Schaden betrachten, den Zusammenstöße zwischen Eltern und Lehrkräften verursachen.

Die Kommunikation zwischen Eltern und Lehrkräften bricht zusammen

Konfrontationen untergraben die Eltern-Lehrer-Kommunikation ganz erheblich. Die angegriffene Lehrkraft wird völlig folgerichtig davon ausgehen, dass die Eltern nicht beabsichtigen, über ihr Kind erhaltene Informationen konstruktiv zu verwenden. Sie wird ganz im Gegenteil befürchten, dass diese Informationen als Beweis dafür gebraucht werden, dass die Lehrkraft versagt hat. Unter solchen Voraussetzungen werden Lehrer lieber den Mund halten, als Informationen zu teilen. Das wiederum wird die Fähigkeit der Eltern zur wachsamen Sorge erheblich beeinträchtigen.

Lehrkräfte, die angegriffen wurden, werden nicht zögern, auch ihren Kollegen und Kolleginnen von den schlechten Erfahrungen zu erzählen, die sie mit den jeweiligen Eltern gemacht haben. Damit wird um die Handlungen des Kindes eine Mauer des Schweigens errichtet, die nicht nur von der individuellen Lehrkraft ausgeht, sondern von der ganzen Schule. Das ist für den elterlichen Status mehr als schlecht. Die Eltern verlieren die für ihre Rolle so entscheidende Fähigkeit, das Verhalten ihres Kindes zu verfolgen. So wird ihnen zum Beispiel niemand Bericht erstatten, wenn ihr Kind seine Schulsachen nicht mitbringt, zu spät zum Unterricht erscheint oder sich mit Mitschülern prügelt. Möglicherweise finden die Eltern erst dann heraus, wie sehr die Situation aus dem Ruder gelaufen ist, wenn sie sich nicht mehr verheimlichen lässt. Auf eine derartig überfällige Benachrichtigung reagieren die Eltern meist mit der verärgerten Frage: »Warum haben Sie mir das nicht gesagt?« Solche Väter und Mütter vergessen, dass sie selbst zur aktuellen Situation beigetragen haben, indem sie die Lehrkraft in der Vergangenheit attackiert haben.

Eltern verlieren die Fähigkeit zur wachsamen Sorge

Die unvermeidbare Schädigung der elterlichen wachsamen Sorge, die aus Konfrontationen mit den Lehrerkräften entsteht, vertieft die Probleme des Kindes. Die wachsame Sorge der Eltern ist ausschlaggebend dafür, schädlichen Entwicklungen vorzubeugen, etwa schlechter Gesellschaft, destruktiven Versuchungen und Schulabbruch. Zusammenstöße zwischen Eltern und Lehrkräften vermehren diese Risiken. Auch die daraus folgende Feindseligkeit oder Loslösung verschärfen die Verhaltensauffälligkeiten des Kindes. Das hat einen einfachen Grund: Wenn Kinder verstehen, dass die Kommunikation zwischen ihren Eltern und ihren Lehrern und Lehrerinnen unterbrochen wurde, haben Sie das Gefühl, zu Hause nichts mehr befürchten zu müssen, selbst wenn sie sich in der Schule extrem schlecht benehmen.

Lehrkräfte werden misstrauisch und feindselig

Eine weitere Art von Schaden entsteht in der Haltung der Lehrkräfte gegenüber dem Kind. Auch Lehrer sind nur Menschen. Wenn sie von den Eltern angegriffen werden, projizieren sie die gefühlte Kränkung in gewissem Maß auf das Kind. Es mag durchaus welche geben, die fähig sind, ein Kind weiterhin fair und unparteilich zu behandeln, obwohl sie von den Eltern angegriffen wurden, aber nicht alle sind dazu imstande.

Das Kind wird gegen die Folgen seiner Handlungen immunisiert

Auch wenn Eltern sich bei der Schuldirektion über einen Lehrer oder eine Lehrerin beschweren, überwiegen die negativen Folgen oft den erhofften Gewinn. Manchmal empfinden Eltern eine momentane Befriedigung, wenn die Schuldirektion eine Lehrkraft zur Ordnung ruft, tadelt oder deren Entscheidung (im Hinblick auf Noten, Disziplinarmaßnahmen oder Erleichterungen) rückgängig macht. Aber eine Lehrkraft zu erniedrigen, löst keine Probleme. Ganz im Gegenteil, es verschlimmert sie nur. Nun wird das Kind als eines abgestempelt, das aggressive Eltern hat. Auch andere Lehrkräfte könnten dieser Einschätzung zustimmen.

Ein häufiges negatives Szenario ist es, wenn die Schuldirektion sich mit den Eltern gegen eine Lehrkraft verbündet. Dann fühlt sich das Kind von der Obrigkeit beschützt und glaubt, es genieße Narrenfreiheit. Es gibt wenige Situationen, die so schnell und so unfehlbar zur Verschlechterung eines Schülers oder einer Schülerin führen, wie das Gefühl, gegen die Konsequenzen der eigenen Handlungen immun zu sein.

Die destruktiven Folgen von Konfrontationen zwischen Eltern und Lehrkräften verwandeln solche Situationen in ein wahres pädagogisches Desaster. Dennoch meinen viele Eltern, ihnen bliebe keine andere Wahl. Tatsächlich aber können sie wählen: Sie können auf eine Art vorgehen, bei der sich sowohl die Lage ihres Kindes als auch ihr eigener elterlicher Status erheblich verbessern.

Eltern und Lehrkräfte: eine notwendige Allianz

Von dem Augenblick an, in dem ein Kind ins Bildungssystem eintritt, vollzieht sich im Status von Eltern wie Kindern ein revolutionärer Wandel. Von nun an sind die Mütter und Väter nicht länger allein für die Erziehung ihres Kindes verantwortlich, sondern haben dabei einen Partner. Ab jetzt sitzen Lehrer, Lehrerinnen und Eltern im selben Boot. Und nur wenn sie in dieselbe Richtung rudern, wird dieses Boot vorankommen.

Wie sich zeigt, ist eine ehrlich gemeinte, respektvolle Bitte um Kooperation meist ansteckend und ruft beim Gegenüber eine positive Reaktion hervor. Um diesen Prozess zu erleichtern, haben wir eine Reihe von Prinzipien für die Diplomatie zwischen Eltern und Lehrpersonal entwickelt. Einige Eltern lächeln, wenn sie hören, dass hier Diplomatie vonnöten ist. Tatsächlich braucht man sie überall da, wo sowohl ein gemeinsames Interesse als auch Konfliktpotenzial besteht. Man braucht Diplomatie, wenn man versucht, fehlenden Kontakt, Verstrickungen oder Krisen zu überwinden. Zu den Grundprinzipien der Eltern-Lehrkraft-Diplomatie zählen geteilte Einsichten, Achtung vor den Bedürfnissen der Lehrer und Lehrerinnen, positives Engagement, Ehrlichkeit, Kommunikationsprobleme ansprechen und kleine Verbesserungen wahrnehmen.

Geteilte Einsicht: »Wir sitzen im selben Boot!«

Eines der größten Hindernisse für die Kooperation zwischen Eltern und Lehrkräften ist ein gewisser Antagonismus, den beide Seiten empfinden. Wenn Eltern und Lehrer sich treffen, um über die Verhaltensstörung eines Kindes zu sprechen, liegt oft ein Gefühl von Kritik in der Luft. Sogar eine unschuldige Frage oder Bemerkungen wie: »Warum haben Sie uns das nicht schon früher gesagt?«, oder: »Zu Hause hatten wir solche Probleme nie«, können die Lehrkraft vorsichtig werden lassen. Für sie klingt das, als würde ihre Kompetenz von den Eltern in Frage gestellt. Wenn der Lehrer die Sache dann noch schlimmer macht, indem er entgegnet: »Ich habe das doch zweimal im Feedback-Bereich der Schul-App berichtet und nie eine Reaktion bekommen«, befinden sich die Parteien auf Kollisionskurs. Daher ist es nie falsch, zu Beginn des Dialogs von einem gemeinsamen Interesse zu sprechen, zum Beispiel, indem man Folgendes sagt: »Ich bin sicher, dass wir etwas erreichen können, wenn wir miteinander kooperieren«, oder: »Ich hege keinerlei Zweifel daran, dass Sie meinem Kind helfen wollen, auch wenn das manchmal gar nicht einfach ist.« Wenn Eltern es schaffen, das Gespräch mit einer Anerkennung des guten Willens der Lehrkraft zu eröffnen, wird diese für gewöhnlich mitziehen.

Manchmal fragen Eltern uns, warum es ihre Aufgabe sei, das Gespräch positiv zu eröffnen, und nicht die des Schulpersonals. Unsere Antwort ist klar: Es liegt im Interesse beider Seiten. Auch im weiteren Verlauf der Konversation ist es ratsam, immer wieder auf das Thema des gemeinsamen Interesses zurückzukommen, zum Beispiel so: »Ich würde es sehr schätzen, wenn Sie mir manchmal auch über positive Vorfälle in der Klasse berichten könnten. Dann kann ich meiner Tochter sagen, Sie hätten es mir erzählt und sie wird merken, dass Sie sie wahrgenommen haben, und dass wir ständig in Kontakt sind. Es wird uns allen helfen!« Solche Bemerkungen sind wie Schmieröl für den Mechanismus der Lehrkraft-Eltern-Beziehung. Sie erleichtern die Koordination und beugen Zerwürfnissen vor.

Verständnis für die Bedürfnisse der Lehrkraft

Eine Quelle für Konflikte zwischen Eltern und Lehrkräften ist, dass ihr Kind für die Eltern stets im Zentrum steht, wohingegen die Lehrerin sich um eine ganze Klasse kümmern muss. Häufig bitten Eltern Lehrkräfte darum, ihrem Kind persönliche Aufmerksamkeit zu schenken, was die Dinge für die Lehrerin im Hinblick auf die anderen Schüler und Schülerinnen ziemlich schwierig machen kann. Tatsächlich brauchen Kinder mit besonderen Bedürfnissen auch besondere Zuwendung, aber das darf nicht auf Kosten einer ganzen Klasse gehen. Ein typisches Beispiel ist der Umgang mit einem Schüler mit ADHS. Dabei muss die Lehrerin sowohl die Schwierigkeiten des Kindes berücksichtigen als auch die Bedürfnisse der restlichen Klasse. Das ist zwar ihre Aufgabe, aber sie wird durch eine solche Situation erheblich erschwert. Wenn die Eltern dies ignorieren, und nur über die Pflichten der Lehrkraft sprechen, ohne deren Schwierigkeiten zu berücksichtigen, wird der Dialog darunter leiden. Das kann vermieden werden, wenn die Eltern zeigen, dass sie sich der Herausforderungen der Lehrkraft durchaus bewusst sind, etwa so: »Es ist wichtig, einen Weg zu finden, wie meinem Kind über seine Schwierigkeiten hinweggeholfen werden kann, ohne dass die ganze Klasse darunter leidet.« Damit sprechen die Eltern ein gemeinsames Interesse an. Das eröffnet der Lehrkraft einen Weg, gegenüber den besonderen Bedürfnissen des Kindes eine konstruktive Haltung einzunehmen.

Konstruktive Einmischung

Der Erstkontakt zwischen Eltern und Lehrkräften zu Beginn eines Schuljahrs kann ihre spätere Kooperation bedeutend beeinflussen. So bietet der erste Elternsprechtag die Gelegenheit, einen jahrelangen Dialog mit dem rechten Fuß zu eröffnen. Er ist eine Gelegenheit, der Lehrkraft die Bereitschaft zu zeigen, zu helfen, falls ein Problem auftreten sollte. Das kann man beispielsweise tun, indem man die Wichtigkeit eines Informationsflusses anspricht, eventuell so: »Ich wäre sehr dankbar, wenn Sie mich auf dem Laufenden hielten, ob es sich nun um etwas Gutes oder etwas Schlechtes handelt. Es wird mir helfen, zu unterstützen!«

Eltern sollten sich auf ihre erste Begegnung mit der Lehrkraft vorbereiten, indem sie sich bei ihrem Kind nach seinen Erfahrungen mit dem Beginn des Schuljahres erkundigen. Sie können es darum bitten, ihnen Unterrichtsmaterialien der diversen Fächer zu zeigen, und es fragen, was in der Klasse als erstes getan wurde. Dabei können sogar Kleinigkeiten den Weg zu einer positiven Beziehung zur Lehrkraft ebnen. Zum Beispiel: »Ich habe gesehen, Sie unterrichten gerade Dezimalbrüche. Ich glaube, dass mein Sohn allmählich beginnt, sie zu verstehen«, oder: »Meine Tochter ist in der ersten Woche sehr glücklich nach Hause gekommen. Ich habe hinsichtlich der Atmosphäre im Klassenzimmer ein gutes Gefühl!« Indem sie der Lehrkraft von ihren ersten Eindrücken erzählen, demonstrieren Eltern ihr Interesse und ihr Engagement. Das vergrößert die Chance, dass die Lehrkraft denselben Ansatz wählt.

Ehrlichkeit

Sprechen Sie offen über die Schwierigkeiten des Kindes. Eine der häufigsten Fallen, die jede Form von Kooperation untergräbt, ist die Tendenz, die Probleme des Kindes abzustreiten oder kleinzureden. Eltern tun das, um den Ruf ihres Kindes zu schützen, zu vermeiden, dass es abgestempelt wird oder die Bedrohung abzuwenden, dass man es auf eine Sonderschule schickt. Wenn die Eltern die Schwierigkeiten ihres Kindes verleugnen oder bagatellisieren, lautet ihre implizite Botschaft: »Das ist nicht das Problem meines Kindes, sondern

Ihres!« Man kann sich kaum eine problematischere Botschaft für die Beziehung zwischen Eltern und Lehrkraft vorstellen.

Ganz anders verhält es sich, wenn Mütter und Väter sagen: »Wir sind uns der Schwierigkeiten unseres Kindes wohl bewusst. Wir werden alles in unserer Macht Stehende tun, um zu helfen.« Diese Haltung fördert den konstruktiven Dialog. Wenn Eltern bereit sind, offen zu sprechen, und ihre Hilfe anbieten, um eine gemeinsame Lösung zu finden, zeigen sich Lehrkräfte dem Kind gegenüber geduldiger und toleranter. Die Ehrlichkeit der Eltern öffnet eine Tür zur Entwicklung eines gemeinsamen Plans, um dem Kind zu schulischem Erfolg zu verhelfen.

Wie man Kommunikationsprobleme zur Sprache bringt

Bemühen Sie sich, Kommunikationsprobleme zu überbrücken. Konflikte oder fehlende Kommunikation zwischen Eltern und Lehrkräften können für alle Beteiligten schwerwiegende Auswirkungen haben. Wenn wir wütend sind, neigen wir zu der Annahme, es sei an der Gegenpartei, Zugeständnisse zu machen. Das Problem ist, dass die andere Seite genauso denkt. So bleibt die Differenz bestehen und die Schäden häufen sich.

Ein Weg zur Überwindung solcher Schwierigkeiten wäre, eine übergeordnete Person um Hilfe zu bitten, zum Beispiel einen Schuldirektor, eine Schulpsychologin oder eine Vertrauenslehrkraft. Allerdings müssen die Eltern in so einem Falle auch gewillt sein, den Konflikt zu lösen, und nicht, mit der Lehrkraft abzurechnen. Wenn Eltern eine Mittelsperson vorschlagen, zeigt sich auch die Lehrkraft häufig bereit, die Dinge nicht nur zu verbessern, sondern sich sogar für problematische Aspekte ihres eigenen Verhaltens zu entschuldigen.

Dabei darf man nicht vergessen, dass auch die Eltern in der Hitze des Gefechts oft härtere Worte benutzt haben. Daher wäre es angebracht, dass auch sie ihren guten Willen durch eine Geste zeigen. In ferner Vergangenheit brachten Eltern Lehrkräften kleine Geschenke, sei es zu Beginn eines Schuljahres oder später, um Spannungen abzubauen: den mythologischen Apfel. Dazu gibt es Karikaturen, die zeigen, wie eine Lehrkraft so einen eben erhaltenen Apfel betrachtet. Aber vielleicht sollten wir den traditionellen Apfel durch etwas anderes ersetzen. Eine Möglichkeit wäre, der Schuldirektorin eine Kopie dieses Buches zu schenken. Davon würden alle Seiten profitieren, auch ich selbst.

Kleine Verbesserungen

Selbst kleine Verbesserungen in der Allianz mit der Lehrkraft können viel erreichen. Mit unterschiedlichen Lehrern können auch nur unterschiedliche Kooperationsebenen erreicht werden. Nur ein Teil der Lehrkräfte beziehungsweise ein Teil der Lehrkraft-Eltern-Paare können zu einer umfassenden Zusammenarbeit gelangen.

In den meisten Fällen wird es bei einer partiellen Kooperation bleiben, aber sogar eine begrenzte ist unermesslich viel besser als ein Bruch, oder schlimmer noch: ein Konflikt. Wir könnten ein Spektrum der verschiedenen Ebenen der Zusammenarbeit skizzieren, von der schlechtesten bis zur besten. Wir sind davon überzeugt, dass diese Ebene immer zumindest um eine Stufe erhöht werden kann. Sogar ein bescheidener Fortschritt kann bedeutungsvolle Konsequenzen haben, unter anderem, weil eine Verbesserung in der Beziehung zu einer spezifischen Lehrkraft sich für gewöhnlich auch auf andere Lehrkräfte überträgt und somit eine kumulative positive Wirkung erzeugt. Wir schlagen vor, dass jeder Elternteil versucht, seine Beziehung zu den Lehrkräften und anderen schulischen Schlüsselfiguren (Beratern, Psychologinnen, Schulleitung) nach folgender Skala zu bewerten:

(–2) Ärger und gegenseitige Vorwürfe
(–1) kein Kontakt
(0) förmlich
(+1) Bereitschaft, einander zu berichten
(+2) Bereitschaft, zu helfen
(+3) volle Kooperation

Wenn Eltern die Prinzipien der Eltern-Lehrkraft-Diplomatie anwenden, können sie ihre Beziehungen zu jeder einzelnen Lehrkraft und jedem Mitarbeitenden der Schule mindestens um eine Stufe verbessern. Positive Kontakte haben die Tendenz, nicht nur die Beziehung zu dieser spezifischen Person zu beeinflussen, sondern auch zu anderen. Somit kann die bescheidene Verbesserung einer Beziehung sich auch auf andere auswirken.

Vivian war Rafis Lehrerin in der sechsten und siebten Klasse. Sie kannte seine Lern- und Aufmerksamkeitsdefizite, wusste aber, wie sie ihm Aufgaben stellen und sein Verhalten lenken konnte. Diese Kombination aus Aufsicht und Unterstützung ermöglichte es dem Jungen, trotz seiner Schwierigkeiten gut in der Schule zurechtzukommen.

Wegen Umstrukturierungen in der Schule bekam Rafi in der achten Klasse jedoch eine neue Lehrerin, die ihn nicht kannte. Introvertiert wie er war, fing er an, sich im Unterricht in sich zurückzuziehen. Seine Noten wurden schlechter und er begann, sich von seinen Mitschülern zu isolieren. Die Verschlechterung fiel allerdings nicht auf, da er ein sehr stiller Junge war. Das Zusammenwirken von neuen Lehrkräften und seinem besonders stillen Verhalten ließ ihn unsichtbar werden. Erst Monate später erkannten seine Eltern, dass er ein Problem hatte. Er versagte in einigen Fächern, hörte auf, sich mit Klassenkameraden zu treffen und verließ das Basketballteam der Schule.

Auch emotional zeichnete sich bei Rafi eine Verschlechterung ab, und es bestand Anlass zu der Befürchtung, dass er depressiv werden könnte. In ihrer Not rief seine Mutter Mira Vivian an, die ehemalige Lehrerin, und erzählte ihr von der langen Reihe der neuen Entwicklungen. Vivian sagte: »Rafi ist eines von den Kindern, die das Gefühl haben, nicht zu existieren, wenn man sie nicht wahrnimmt.«

Dann sprach Vivian mit Rafis neuer Lehrerin Dora. Die beiden kamen überein, dass Vivian Rafi in den Fächern, in denen seine Noten sich verschlechtert hatten, Nachhilfe geben würde. Später fungierte Dora auch als Kontaktperson zwischen Vivian und den Fachlehrern, die bereitwillig versprachen, stärker auf Rafis Schwierigkeiten wie auch auf seine Leistungen zu achten.

Dass Vivian nun wieder zu seinem Leben gehörte, verbesserte Rafis Wohlbefinden. Die Tatsache, dass einige seiner Lehrer und Lehrerinnen ihm nun ein klein wenig mehr Aufmerksamkeit schenkten, linderte sein Gefühl, unsichtbar zu sein. Schon einen Monat nach Beginn der Intervention waren die Anzeichen einer Depression verschwunden, Rafi befreite sich aus seiner Isolation und erzielte bessere schulische Ergebnisse. Auch die Situation seiner Mutter hatte sich verbessert. Mira hatte nun das Gefühl, dass es in der Schule Ansprechpartner gab, an die sie sich notfalls wenden könnte.

Wachsame Sorge und Unterstützung

Wachsame Sorge ist eine flexible Haltung: Das erforderliche Maß der Involvierung sollte an die schulischen Ergebnisse und die emotionale Verfassung des Kindes angepasst werden. Wenn ein Kind keine Probleme in der Schule hat und keine Anzeichen einer Gefahr bestehen, sollten die Eltern lediglich Interesse zeigen und es im Auge behalten, aber aus einer Distanz, die ihm ermöglicht, sich aus eigener Kraft anzupassen und zu lernen. Wenn Kinder sich schwertun, sollten sie unterstützt werden. Wenn sie in Schwierigkeiten geraten, müssen die Eltern näher prüfen, was los ist. Wenn sie in Gefahr sind, sollten Eltern entschlossen handeln, um sie zu unterstützen und aus ihrer Bedrängnis zu befreien. Diese Herausforderungen beginnen mit dem Kindergarten und bleiben bis zum Schulabschluss bestehen.

Was Eltern wissen müssen

Eltern, die Interesse zeigen, können sich sehr schnell ein Bild von den schulischen Leistungen und dem Verhalten ihres Kindes verschaffen, ebenso wie von seinem gesellschaftlichen Status und seiner Gemütsverfassung im Hinblick auf die Schule. Auch wenn ein Kind älter wird, ist es unerlässlich, dass Eltern eine Vorstellung von diesen Bereichen im Leben ihres Kindes entwickeln. Nur so ist es für sie möglich, Probleme rechtzeitig zu erkennen und zu intervenieren.

Zur Verstärkung der wachsamen Sorge beim Auftauchen erster Anzeichen einer Verschlechterung können Eltern regelmäßig die Hausaufgaben überprüfen, die Häufigkeit ihrer Kontakte mit den Lehrkräften erhöhen und sich über die schulische Materie und Prüfungsdaten informieren. Ebenso darüber, ob ihr Kind zu spät gekommen ist, gar nicht in der Schule erschienen ist oder andere Disziplinprobleme hatte. Diese Informationen sind entscheidend für die Fähigkeit von Müttern und Vätern, ihr Kind zu unterstützen und zu verhindern, dass es zurückfällt. Eltern, die fragen, was sie machen sollen, wenn ihr Sohn oder ihre Tochter sich der Verschärfung ihrer wachsamen Sorge widersetzt, schlagen wir vor, ihm beziehungsweise ihr folgende Botschaft zu übermitteln: »Solange es keine besonderen Probleme gab, habe ich nichts überprüft und auch nicht nachgeforscht. Aber in letzter Zeit sind ein paar Dinge passiert, die mir Sorgen machen (nennen Sie an dieser Stelle Beispiele). Das sind Anzeichen von Ärger. Es ist daher meine Pflicht, genauer hinzuschauen und alles zu tun, um deine Sicherheit zu gewährleisten.« Im Herzen akzeptieren die meisten Kinder diese Haltung, selbst wenn sie protestieren.

Abermals: Wie ist man eher unterstützend als protektiv?

Wenn ein Kind Probleme hat, stehen Eltern vor der Herausforderung, wie man unterstützt, ohne zu sehr zu beschützen. Unterstützende Eltern helfen ihrem Kind, in der Schule besser klarzukommen. Sehr protektive Eltern hingegen nehmen dem Kind seine Verantwortung als Schüler oder Schülerin ab.

Hier eine Reihe von Beispielen für überprotektives Verhalten im Hinblick auf die Schule:

- Die Eltern machen die Hausaufgaben des Kindes fertig.
- Die Eltern schreiben falsche Entschuldigungen oder Benachrichtigungen, wenn ihr Kind die Schule schwänzt oder seine Hausaufgaben nicht gemacht hat.
- Die Eltern packen die Schultasche anstelle ihres Kindes.
- Die Eltern erlauben ihrem Kind, zu Hause zu bleiben, wenn es ihm schwerfällt, in die Schule zu gehen.

Nun folgen Beispiele für Unterstützung anstelle von einem überprotektiven Verhalten:

- Die Eltern setzen sich mit dem Kind hin und helfen ihm dabei, die Aufgaben zu machen, die ihm schwergefallen sind, bestehen jedoch darauf, dass es auch alleine übt.
- Die Eltern sagen dem Kind, dass sie bereit seien, ihm beim Umgang mit seinen Schwierigkeiten zu helfen, aber nicht, ihm Entschuldigungen zu schreiben, wenn es seine Hausaufgaben nicht macht.

- Die Eltern helfen dem Kind dabei, der Lehrkraft seine Schwierigkeiten zu erklären, bestehen jedoch darauf, dass es an diesem Prozess teilnimmt und die Information glaubwürdig ist.
- Die Eltern zeigen Verständnis für die organisatorischen Probleme des Kindes und sitzen dabei, während es seine Schultasche packt.
- Die Eltern helfen, eine Lösung für die schulischen Probleme des Kindes zu finden, machen ihm jedoch klar, dass es nicht zu Hause bleiben kann.

In den Beispielen für Beschützerverhalten »schleppen« die Eltern das Kind sozusagen auf ihrem Rücken und vermitteln ihm die Botschaft, dass sie von ihm selbst nichts erwarten. Alternativ dazu signalisieren sie, dass sie dem Druck des Kindes nicht standhalten können. In dem Versuch, dem Kind oder auch sich selbst Unannehmlichkeiten zu ersparen, verlieren protektive Mütter und Väter ihre Verankerung.

Der Unterschied zwischen wachsame Sorge verschärfen und Sanktionen auferlegen

Die wachsame Sorge für ein Kind, das sich schlecht benimmt, zu verschärfen, ist eine äußerst wirkungsvolle Maßnahme. Oft geht sie mit sehr unangenehmen Folgen einher, die sich jedoch radikal von regulären Sanktionen unterscheiden. Die Standardbotschaft einer Sanktion lautet: »Wenn du dich schlecht benimmst, wirst du bestraft!« Und wenn das Kind bestraft wird, lautet die implizite Botschaft: »Ich habe dich doch gewarnt!« Das sind Botschaften von Kontrolle. Sie sind für viele Kinder und vor allem für die Dickschädel und Rebellen unter ihnen unerträglich. Solche Kinder meinen, sie müssten ihr problematisches Verhalten trotz Drohungen und Bestrafung beibehalten, um ihr Gesicht zu wahren. Somit erzielt die Bestrafung das Gegenteil dessen, was eigentlich beabsichtigt war.

Überraschenderweise kann es zu demselben Ergebnis kommen, wenn diese Kinder für gutes Verhalten belohnt werden. Sie könnten das Gefühl haben, wenn sie ihr Verhalten nach einer Belohnung veränderten, zeigten sie dem Erwachsenen, dass sie »käuflich« seien. Nun müssen sie beweisen, dass man sie nicht kaufen kann. Und solange sie das nicht bewiesen haben, neigt sich die Bilanz ihrer Würde zur negativen Seite. Das geschieht jedoch nicht, wenn der Erwachsene dem Kind folgende Botschaft vermittelt: »Es ist meine Pflicht, dich im Auge zu behalten, damit du weder andere verletzt noch selbst verletzt wirst.« Diese Botschaft ist umso wirksamer, wenn sie frei von den Untertönen einer Kontrolle ist. Es wird nicht getadelt und es gibt keine Drohungen oder Schuldzuweisungen. Mit ihrer Stimme, ihrer Körpersprache und ihren Worten verkünden die Erwachsenen: »Es ist meine Pflicht, zu wissen, was mit dir passiert! Ich werde dich nicht aufgeben!«

Viele Eltern reagieren mit folgenden Worten auf diesen Vorschlag: »Aber für mein Kind ist das genau dasselbe wie eine Bestrafung!« Und tatsächlich ist die Verschärfung der wachsamen Sorge für das Kind – milde ausgedrückt – eine unangenehme Erfahrung. Aber der Kontrollfokus der Eltern sind sie selbst und nicht das Kind. Eine erhöhte Präsenz zeigt das Engagement der Eltern für das Wohl ihres Kindes, und das spürt es auch dann, wenn es protestiert. Eine herkömmliche Sanktion ist der Versuch einer ferngesteuerten Kontrolle. Das Kind fühlt sich nicht unterstützt, fühlt nicht das Engagement der Eltern und spürt keine Intimität. Das Gegenteil gilt für eine verschärfte wachsame Sorge. Daher ist diese so viel mehr als eine Sanktion.

Die positive Kraft der wachsamen Sorge spürt man umso mehr, wenn Eltern und Lehrpersonal sich zusammenschließen. Wenn sie sich auf einen Plan einigen, um einige Aspekte des kindlichen Verhaltens engmaschiger zu überwachen, stärken sie ihren Status und vermitteln ihrem Sohn oder ihrer Tochter das Gefühl, begleitet zu werden. Sie verringern Risiken und lösen damit für gewöhnlich eine signifikante Verbesserung im Verhalten des Kindes aus. Die einzige »Sanktion« in diesem Prozess ist, dass sowohl Eltern als auch Lehrkräfte das Kind aufmerksam im Auge behalten, sich häufig zu Gesprächen mit ihm und über ihn treffen, Unterstützung und Ermutigung gewähren und Schritte für eine zukünftige Verbesserung planen.

Treffen mit den Mitarbeitenden der Schule

Es ist nicht leicht für Eltern, wenn sie von den Mitarbeitern der Schule ihres Kindes um ein Gespräch gebeten werden – vor allem dann, wenn dies in Folge ernsthafter Verhaltensprobleme ihres Sohnes oder ihrer Tochter geschieht. Die Eltern haben dabei das – mitunter gerechtfertigte – Gefühl, die Lehrkräfte seien wütend und träten als Ankläger auf. Sie fürchten sich vor schmerzhaften Folgen, wie zum Beispiel, dass das Kind auf eine Sonderschule wechseln muss. Manchmal empfinden sie auch ein Gefühl der Ohnmacht angesichts der Erwartung der Schule, dass sie selbst die Dinge in Ordnung bringen und ihr Kind zur Raison rufen sollten. Viele aufmüpfige Kinder weigern sich, zu tun, was von ihnen verlangt wird, oder reagieren in der Schule wie auch zu Hause mit heftigen Wutausbrüchen. Kein Wunder, dass die Eltern angesichts der Erwartungen des Schulpersonals frustriert sind! Wie sollten sie auch fähig sein, ihre Autorität über das Kind in der Schule geltend zu machen, wenn sie das nicht einmal zu Hause zustande bringen?

Positive Botschaften vermitteln

Das Treffen in der Schule kann ein positiver Wendepunkt sein. Eltern können dazu beitragen, indem sie sich darauf vorbereiten und einige einfache Maßnahmen ergreifen. Sie können dem Schulpersonal eine Botschaft vermitteln, die den Argwohn verringert und die Aussichten auf Kooperation erhöht, beispielsweise: »Bevor wir beginnen, möchten wir Ihnen sagen, dass dieses Treffen für uns sehr wichtig ist. Wir möchten etwas über die Probleme erfahren und wollen helfen. Wir hoffen, dass wir diesen Raum mit einem gemeinsamen Plan verlassen werden.«

Diese Botschaft könnte die Lehrkräfte überraschen, vor allem, wenn vorausgegangene Interaktionen zwischen ihnen und den Eltern schwierig verlaufen sind. Aber selbst, wenn ein Teil der Lehrkräfte die Augenbraue hochzieht, kann sie die Offenheit fördern und das Misstrauen reduzieren.

Manchmal fällt es Müttern und Vätern schwer, eine so positive Botschaft zu übermitteln, weil sie der Schule nachtragen, wie das Problem dort gehandhabt wird, oder sogar dafür, dass sie zu diesem Treffen herbeizitiert wurden. Vergessen Sie jedoch nicht, dass eine angespannte Atmosphäre die Sitzung nicht nur untergräbt, sondern auch dem Kind schadet. Es liegt daher im Interesse der Eltern, sich zu bemühen, das Gespräch auf eine Kooperation hin zu lenken.

Transparenz

Eltern sollten ihr Kind über das Treffen informieren. Sie sollten dabei einen objektiven Ton beibehalten und ihm zum Beispiel sagen: »Man hat uns zu einem Gespräch in die Schule gebeten. Du bist unser Kind, deshalb gehen wir hin. Wir möchten dir helfen. Aber es ist uns auch sehr wichtig, mit den Lehrern zusammenzuarbeiten. Wir sind der Überzeugung, dass so eine Zusammenarbeit auch für dich zum Besten ist!«

Dieses Statement verdeutlicht dem Kind, dass die Eltern auf seiner Seite stehen, was aber nicht bedeutet, dass sie gegen die Lehrkraft sind. Das neutralisiert eine häufige Falle im Beziehungsdreieck zwischen Eltern, Lehrkräften und Kind, nämlich die Verwandlung der Beziehung in einen Machtkampf, in dem das Kind die Eltern gegen die Lehrer aufhetzt. Noch schlimmer ist es, wenn die Eltern das Kind gegen die Lehrer aufhetzen.

Priorisieren

Ein erfolgreiches Gespräch ermöglicht es Eltern und Lehrkräften, sich auf einige wenige besonders problematische Punkte im Verhalten des Kindes zu konzentrieren. Um die gewünschte Fokussierung zu erreichen, sollten sie Prioritäten setzen: sich auf zwei, jedoch keinesfalls mehr als drei spezifische Verhaltensprobleme einigen, gegen die Eltern und Lehrkräfte gemeinsam vorgehen wollen. Häufig werden die Probleme des Kindes verallgemeinert oder sehr vage umschrieben, was ein effektives Vorgehen blockiert. Phrasen wie »mangelnde Motivation«, »niedriges Selbstbewusstsein« oder »soziale Schwierigkeiten« sind zu allgemein und liefern keine solide Basis für einen praktischen Plan. Für gewöhnlich schadet es eher, für die Probleme eines Kindes diagnostische Begriffe zu verwenden.

Eltern können es vermeiden, die Diskussion abweichen zu lassen und sie in eine konstruktive Richtung lenken, etwa indem sie sagen: »Die Angelegenheit einer Diagnose unseres Kindes ist wichtig und wir werden sie ernsthaft erwägen. Wir möchten aber nur ungern die Chance verpassen, die wir jetzt gerade haben, nämlich uns auf seine wichtigsten Verhaltensprobleme zu konzentrieren und dieses

Gespräch mit einem gemeinsamen Plan zu beenden. Das wird uns allen helfen, besser mit den dringenden Themen umzugehen. Warum sollten wir also nicht versuchen, die hauptsächlichen Probleme abzustecken, die uns allen Sorgen machen?«

Einer solchen Bitte kann man sich nur schwer verweigern. Mit ihr können Eltern den Verlauf und das Ergebnis einer Sitzung auch dann beeinflussen, wenn sie deren Tagesordnung eigentlich nicht initiiert oder abgesteckt haben. Wenn Mütter und Väter sich kooperationsbereit zeigen und von den »hauptsächlichen Problemen, die uns allen Sorgen machen« sprechen, gewinnen sie einen positiven Einfluss auf den Gesprächsverlauf.

Anzumerken wäre dabei, dass sehr viel vom Tonfall abhängt. Je respektvoller der Ton, desto größer auch die Chance, dass die Bitte zum gewünschten Ergebnis führt.

Manchen Lehrkräften fällt es schwer, sich nur auf ein oder zwei Hauptprobleme zu fokussieren, nicht zuletzt, weil sie das Gefühl haben, dass das Kind sie auch in anderer Weise vor Herausforderungen stellt. Wenn einer der Teilnehmenden zum Beispiel vorschlägt, sich darauf zu konzentrieren, dass das Kind das Klassenzimmer unerlaubt verlässt und freche Antworten gibt, könnte eine andere Lehrkraft fragen: »Aber was ist mit dem fortwährenden Schwätzen?«, oder: »Was ist mit dem ewigen Zuspätkommen?«

Auch hier können Eltern einen positiven Einfluss nehmen, indem sie entgegnen: »Die Tatsache, dass wir beschließen, uns auf zwei Hauptthemen zu konzentrieren, bedeutet nicht, dass Sie damit aufhören müssen, sich mit den anderen Problemen zu befassen. Fahren Sie damit fort, alles Nötige zu tun, damit Sie weiter unterrichten können. Wir hingegen würden im Augenblick gern ein gemeinsames Programm entwerfen, das uns ermöglicht, miteinander zu kooperieren. Dafür sollten wir uns auf die Hauptthemen fokussieren. Das wird uns helfen, Sie auch künftig besser zu unterstützen.«

Partielle Unterstützung mobilisieren

Eltern erwarten häufig, dass die gesamte Schulbelegschaft zusammenarbeitet und sich der Priorisierung von Verhaltensproblemen widmet. Obwohl eine solche Erwartung verständlich ist, könnte sie dem geplanten Vorgehen schaden. Nicht immer können Lehrkräfte ihre Handlungen synchronisieren, was an den natürlichen Unterschieden zwischen ihnen liegt. Daher empfehlen wir Eltern, vorzuschlagen, dass die Lehrkraft einen oder zwei weitere Kollegen oder Kolleginnen hinzuzieht, die ähnlichen Problemen begegnet sind. Auch hier wirkt der selektive Fokus eher als stärkender, denn als schwächender Schritt zum gewünschten Ergebnis. Die Hoffnung auf absolute Übereinstimmung untergräbt die Möglichkeit einer partiellen, aber bedeutenden Zusammenarbeit. Innerhalb der Lehrerschaft Unterstützung zu mobilisieren, wird immer partiell bleiben. Um ein absolut einheitliches Vorgehen zu kämpfen, verfehlt das Ziel.

Anrufe

Nachdem man die Prioritäten abgesteckt hat, ist es ratsam, für einen begrenzten Zeitraum tägliche Telefongespräche zwischen der Lehrkraft und den Eltern zu vereinbaren. Das sollten die Eltern so vorschlagen, dass es ihren Respekt für die Lehrkraft zum Ausdruck bringt, und zeigt, dass sie den erforderlichen Zeitaufwand zu schätzen wissen. Wir schlagen einen Zeitraum von drei Wochen vor, in denen es einen täglichen Kontakt gibt. Danach sollte man sich darauf einigen, je nach Notwendigkeit miteinander zu kommunizieren. Wichtig ist dabei, dass diese Kommunikation persönlich bleibt und nicht nur über Voicemail stattfindet. Hier ein Beispiel für einen höflichen Vorschlag seitens der Eltern: »Wie fänden Sie es, wenn wir drei Wochen lang täglich in Kontakt blieben, damit wir möglichst gut unterstützen können? Wir wollen Ihnen nicht zur Last fallen, daher wären wir zu jeder Form bereit, die Sie vorschlagen. Manchmal würden ja schon ein paar Worte genügen, damit wir uns gegenseitig auf dem Laufenden halten und unserem Kind zeigen, dass wir involviert sind und miteinander kooperieren. Was würde Ihnen denn am besten passen?« Das ist eine bescheidene und respektvolle Bitte. Die Eltern geben dem Schulpersonal zu verstehen, dass sie auf seiner Seite stehen und nach einem Weg suchen, auf die effektivste und wirtschaftlichste Weise zu helfen und unterstützt zu werden.

Positive Ereignisse

Weiter ist es für die Eltern-Lehrkraft-Kommunikation wichtig, auch positive Ereignisse anzusprechen. Zum Beispiel könnten die Eltern der Lehrkraft sagen: »Gil erzählte uns, er habe bezüglich seiner Matheklasse ein sehr gutes Gefühl«, oder: »Shirley war so stolz, als sie uns erzählte, wie gut die Vorbereitungen der Feiertagsaufführung mit ihren Klassenkameradinnen laufen.« Wenn etwas Problematisches passiert, sollten die Eltern ihrem Kind sagen, dass sie mit dem Lehrer oder der Lehrerin gesprochen hätten, wüssten, was geschehen sei, und nun über eine angemessene Reaktion nachdächten, beispielsweise: »Wir wissen, dass du heute ein Mädchen aus deiner Klasse geschlagen hast. Wir werden nun gemeinsam mit deiner Lehrerin darüber nachdenken, wie wir dafür sorgen können, dass so etwas nicht wieder vorkommt!«

Eltern sollten mit ihrem Kind wöchentlich ein Gespräch über die Vorfälle der vergangenen Woche führen. Danach sollten sie auch die Lehrkräfte über dieses Gespräch und seine Schlussfolgerungen informieren. Manchmal müssen Eltern, die in der Vergangenheit keinen Kontakt zu den Lehrern und Lehrerinnen gepflegt haben, diejenigen sein, die den Anruf initiieren. Für viele Kinder ist es eine große Überraschung, dass ihre Eltern und ihre Lehrkräfte sich miteinander absprechen. Wenn ein Vater in der Vergangenheit weniger involviert war, gewinnen seine Anrufe noch stärker an Gewicht. Einer der von uns beratenen Väter berichtete uns lächelnd: »Dass ich seinen Lehrer angerufen habe, war für meinen Sohn ein echt ›konstruktives Trauma‹. Er war völlig verblüfft!«

Zusammenfassung der Besprechung

Der beste Weg, ein solches Gespräch in der Schule abzuschließen, ist, dem Kind die dort getroffenen Entscheidungen in Form einer Ankündigung mitzuteilen. Die Eltern könnten der Lehrkraft vorschlagen, das gemeinsam zu tun. Wenn Eltern und Lehrkraft das Kind gemeinschaftlich zu sich rufen und ihm mitteilen, dass sie vereinbart haben, zusammenzuarbeiten und in Absprache miteinander gegen seine problematischen Verhaltensweisen vorzugehen, gewinnt die Ankündigung zusätzlich an Wert. Es folgen zwei Beispiele für solche Ankündigungen, die eine wird in Gegenwart der Eltern von der Lehrkraft verlesen, die andere von den Eltern zu Hause:

1. »Deine Eltern und ich haben uns hier getroffen, weil es während der letzten Wochen gewisse Verhaltensmuster gegeben hat, die wir alle nicht länger dulden wollen. Wir haben zusammen beschlossen, deinen verbalen Ausfällen gegenüber dem Lehrpersonal ein Ende zu setzen. Das gilt auch für den Fall, dass du die Klasse wieder unerlaubt verlässt. Deine Eltern und ich werden dahingehend täglich in Kontakt sein, und falls nötig, auch weitere Mitarbeiter der Schule miteinbeziehen. Du bist uns wichtig, deshalb sind wir nicht bereit, aufzugeben und dich nach deinem eigenen Kopf handeln zu lassen.«
2. »Wir haben uns mit dem pädagogischen Team deiner Schule getroffen, um nach einer Lösung dafür zu suchen, dass du während des Unterrichts draußen herumläufst und ohne die richtigen Bücher in der Schule erscheinst. Wir haben gemeinsam beschlossen, dies genau im Auge zu behalten und kontinuierlich miteinander in Kontakt zu bleiben. Wir sind davon überzeugt, dass du deine Probleme überwinden kannst, und werden alles tun, um dir zum Erfolg zu verhelfen!«

Wenn Eltern sich auf das Treffen vorbereiten und dabei die von uns erläuterten Prinzipien anwenden, steigen dessen Erfolgsaussichten sprunghaft an. Überraschenderweise kann sich ein Gespräch, das auf den ersten Blick belastend gewirkt hat, als Öffnung für eine Verbesserung erweisen. Nicht umsonst haben wir die Beschreibung unseres Entwurfs für eine Schulbesprechung direkt im Anschluss an die Behandlung des Themas Lehrer-Eltern-Diplomatie vorgestellt. Diplomatische Weisheit ist genau die Kunst, potentiellen Kommunikationsversagern vorzubeugen und das Maximum aus einer Sitzung herauszuholen. Oft beginnen solche Sitzungen unter dem Vorzeichen einer Krise. Der chinesische Buchstabe für das Wort »Krise« ist dasselbe Symbol, das auch für »Chance« steht. Der von uns dargestellte Ansatz für eine solche Besprechung in der Schule ist genau darauf zugeschnitten, eine Krise in eine Chance zu verwandeln. Diese ermöglicht es Eltern wie Lehrkräften, synchron zu fungieren und das Verhalten des Kindes so zu stabilisieren.

Immer wieder morgens: Schwierigkeiten, sich für die Schule fertigzumachen

Für viele Eltern ist es sehr zermürbend, ihr Kind am Morgen dazu zu bewegen, pünktlich und vollständig vorbereitet in der Schule zu erscheinen. Oft kommen sie danach schon erschöpft und reizbar bei ihrer Arbeit an. Vielen Kindern fällt es schwer, morgens aufzuwachen, aus dem Bett zu steigen, sich anzuziehen, ihre Schultasche vorzubereiten und sich an einen Zeitplan zu halten. Druck seitens der Eltern kann dem eine weitere Dimension von Irritation hinzufügen, die alles nur noch schlimmer macht. Im Gegensatz dazu können eine positive Beteiligung der Eltern und ihre Bereitschaft, ihre Kinder zu begleiten und zu unterstützen, die Dinge verbessern.

Probleme am Morgen haben eine besonders fatale Wirkung. Wenn der Tag anstatt mit einer chaotischen Erfahrung relativ entspannt beginnt, verlassen Eltern und Kinder das Haus mit guter Laune und sind viel besser gerüstet, den Herausforderungen des bevorstehenden Tages zu begegnen. Zudem schafft eine erfolgreiche morgendliche Vorbereitung ein Muster, das auch auf andere Situationen übertragbar ist.

Wir raten Familien, in denen ein Problem besteht, ihre Morgenroutine zum ersten Ziel einer Verbesserung zu machen. Das geht am einfachsten, indem man die morgendlichen Vorbereitungen in verschiedene Aufgaben unterteilt, wobei die Eltern jede einzelne davon überwachen und unterstützen. Elterliche Präsenz kommt durch ihre Bereitschaft zum Ausdruck, das Kind mit angemessenem Abstand bei diesen Aufgaben zu begleiten. Unterstützung zeigt sich in ihrer Bereitschaft, so lange und überall da zu helfen, wo auch das Kind selbständig seinen Beitrag leistet. Die Aufspaltung der Morgenroutine in verschiedene Aufgaben hilft den Eltern, zu erkennen, wo die Schwierigkeiten liegen, Situationen abzustecken, wo Hilfe erforderlich ist, und zu beschließen, wo das Tempo verlangsamt werden muss.

Ratsam wäre es, sich den Stundenplan schon am Vorabend anzusehen und dann die Schultasche vorzubereiten. Sie können dem Kind sagen: »Wir haben beschlossen, dir dabei zu helfen, dich in der Früh für die Schule fertigzumachen. Wir wissen, dass es dir schwerfällt, an alles zu denken und alles allein zu machen – vor allem morgens, wenn du noch ganz verschlafen bist. Daher werden wir schon am Abend mit den Vorbereitungen beginnen. Ab jetzt wollen wir uns jeden Abend mit dir zusammen den Stundenplan anschauen und dir dabei helfen, deine Schultasche vorzubereiten, herauszulegen, was du am nächsten Tag anziehst und dir ein Pausenbrot zu schmieren.« Wichtig ist, dass auch das Kind bei jeder dieser Aufgaben einen Teil der Verantwortung übernimmt. Wenn Sie sich also zum Beispiel gemeinsam den Stundenplan ansehen, bitten Sie es, die benötigten Bücher und Hefte zu holen. Wählen Sie die Kleidung zusammen aus. Fordern Sie Ihren Sohn oder Ihre Tochter auf, sie auf den Stuhl zu legen. Geben Sie ihm oder ihr auch bei der Vorbereitung des Pausenbrots eine Aufgabe, die sich bewältigen lässt. In anderen Worten: Die Eltern sollten zwar jede Stufe beaufsichtigen und unterstützen, aber auch das Kind muss mitwirken.

Familien, in denen für gewöhnlich ein bestimmter Elternteil für den gesamten Komplex der morgendlichen Vorbereitungen zuständig ist, schlagen wir vor, das Delegieren der Verantwortungen zu verändern. Wenn der Vater einen Teil der Aufgaben übernimmt, die zuvor ausschließlich in den Verantwortungsbereich der Mutter gefallen sind, oder umgekehrt, kann das eine Öffnung für Veränderungen sein. Selbst dann, wenn der Vater das Haus schon am frühen Morgen verlässt, kann er in die Aufgaben des Vorabends miteinbezogen werden. Wenn das alles bereitwillig geschieht, wird das Kind das Bild des Vaters auch morgens vor Augen haben. Die Tatsache, dass der Vater mit dem Kind zusammen einen Teil der Vorbereitungen für den Morgen übernimmt, verleiht auch der Mutter stärkeren Rückhalt. Zwar ist es möglich, dass sie in der Früh mit dem Kind allein ist, jetzt aber repräsentiert sie beide Elternteile. Manchmal ist so eine Kooperation sogar dann möglich, wenn die Eltern geschieden sind. So kann der Vater das Kind beispielsweise am Abend anrufen und mit ihm den Plan für den nächsten Morgen besprechen.

In der Phase der Veränderung der morgendlichen Routinen sollten die Eltern eine halbe Stunde früher aufstehen als sonst. Das reduziert das Stressgefühl. Weiter empfehlen wir, ablenkende Elemente wie etwa Computer, Fernseher oder Handys in der Früh zu unterbinden. Darüber sollte man das Kind im Vorhinein informieren und zugleich die nötigen Maßnahmen treffen, die Geräte ausgeschaltet zu lassen.

Bei Heranwachsenden könnte die Umsetzung zusätzliche Hilfsmittel erfordern, zum Beispiel die Mitwirkung von Unterstützern. Für manche Jugendliche kann es ein entscheidender positiver Faktor sein, einen Lehrer oder eine Lehrerin hinzuzuziehen. In einigen der von uns betreuten Fälle traten Veränderungen auf, nachdem ein Lehrer zu Hause angerufen hatte, um mit dem Kind über seine Schwierigkeiten bei der morgendlichen Vorbereitung zu sprechen. Eine Lehrerin erklärte sich sogar bereit, am Morgen auf ihrem Weg zur Schule bei dem Jungen zu Hause vorbeizusehen. In einem anderen Fall kam der Schuldirektor zu einem sechzehnjährigen Mädchen nach Hause und weckte es auf. Bei zwei Jungen aus der neunten Klasse erklärten sich zwölfjährige Schülerinnen bereit, sie im Rahmen eines von ihnen geführten Sozialprojekts am Morgen zu Hause aufzusuchen. In all diesen Fällen genügte ein einziger Besuch, um eine Veränderung zu bewirken und das Muster der ständigen Verspätungen zu unterbinden.

Mobbing

Eine der größten Sorgen aller Eltern ist, dass ihr Kind zum Opfer von Mobbing werden könnte. Dabei ist es ein weitverbreiteter Irrtum, anzunehmen, dass Mobbing ein reines Disziplinarproblem darstellt. Eltern beschweren sich bei der Schule und erwarten, dass die Person, die mobbt, ernsthaft bestraft und das Problem damit gelöst wird. Demgegenüber stehen die Eltern des Kindes, das des Mobbings angeklagt wird. Sie führen an, dass das Problem überproportional aufgeblasen werde und die Schule ungerecht vorgehe. Tatsächlich ist Bestrafung keine effektive Lösung für dieses Problem. Jugendliche, die mobben, schikanieren ihre Opfer auch dann weiter, wenn sie für längere Zeit der Schule verwiesen werden. Dabei fühlt sich auch das Opfer keineswegs sicherer, weil es nun noch Rache fürchten muss. Manchmal begnügen sich Schulen damit, mit der Klasse pädagogische Gespräche zu führen. Das Problem solcher Gespräche ist, dass sie meist nur die Kinder überzeugen, die ohnehin schon überzeugt waren. Viele mobbende Heranwachsende bleiben davon völlig unbeeindruckt.

Ron (14) war ängstlich und introvertiert. Im Vorjahr hatte man ihn in eine Sonderklasse verlegt, weil seine Schule wegen Anzeichen einer Depression besorgt gewesen war. In der neuen Klasse wurde er sehr schnell zum Opfer von systematischem Mobbing, darunter »freundschaftliche« Klapse auf den Rücken, ausgehend von einer Gruppe von Kindern, die miteinander wetteiferten, ihn hinter dem Rücken der Lehrer zu schlagen. Ron hatte Angst, sie zu verraten, weil er befürchtete, dass das seine Lage nur verschlimmern würde.

Rons Mutter erkannte, dass er ein Mobbingopfer war. Zweimal wandte sie sich an die Klassenleitung, konnte jedoch die Übeltäter nicht namentlich nennen. Als sie ihren Sohn danach fragte, sagte er nur: »Da kann man nichts machen. Sie warten nur darauf, dass sich die Lehrerin der Tafel zuwendet, dann schlagen sie mich und sitzen im Bruchteil einer Sekunde wieder an ihren Plätzen, als ob nichts geschehen sei.«

Eigentlich teilt Ron uns damit Folgendes mit: »Man nimmt mich nicht wahr!« Sein Wunsch, gesehen zu werden, kann nichts als Sympathie erwecken. Wie aber soll man handeln, wenn die Täter flink und schwer zu fassen sind? Solange man nach einer Möglichkeit sucht, diese auf frischer Tat zu ertappen, scheint die Mission unmöglich zu sein.

Der tiefere Sinn einer Beaufsichtigung – sowohl durch die Eltern als auch durch die Lehrerschaft – liegt nicht darin, die Schuldigen zu fassen, sondern ein Gefühl der Begleitung zu schaffen. Kinder fühlen sich begleitet, wenn Erwachsene ihnen durch ihr Handeln folgende Botschaft vermitteln: »Du bist uns wichtig. Wir nehmen dich wahr. Wir denken an dich.« In dieser Situation haben Kinder nicht länger das Gefühl, ihrem Schicksal überlassen zu werden. Die Erfahrung von Beaufsichtigung und Begleitung ist der ausschlaggebende Faktor, selbst dann, wenn Sie nicht sämtliche Details der problematischen Vorgänge aufdecken können.

Yves (10) war ein neuer Schüler. Obwohl er an seiner vorherigen Schule beliebt gewesen war, wurde er nun zum Opfer von tagtäglichem Mobbing.

Sein »Hauptquäler« war Dylan, ein Junge, der in der Klasse einen hohen sozialen Status genoss und Yves in der Früh regelmäßig mit einem Schlag auf den Kopf begrüßte. Manchmal forderte er weitere Kinder auf, es ihm gleichzutun.

Gabriel, Yves' Vater, merkte, dass sein Sohn nur ungern zur Schule ging, was zuvor nie der Fall gewesen war. Als er ihn fragte, ob etwas nicht in Ordnung sei, gab Yves ihm eine ausweichende Antwort. Als sich das wiederholte, knüpfte Gabriel sich den Jungen zu einem Gespräch vor und sagte: »Ich merke doch, dass etwas nicht stimmt. Bitte sage nicht, es sei nichts Wichtiges, weil ich weiß, dass das nicht wahr ist. Ich kenne dich gut genug, um zu wissen, wenn dir etwas Schlimmes passiert.«

Dieses Mal reagierte Yves anders. Er spürte, dass sein Vater ihn »wahrnahm«, mit anderen Worten, ihn fürsorglich beobachtete und merkte, dass etwas falsch lief. Dieses Gefühl ermöglichte es ihm, seinem Vater zu erzählen, dass er geschlagen wurde und wer der Täter war. Er flehte den Vater jedoch an, der Lehrerin nichts zu sagen, weil das als petzen galt und er auf keinen Fall ein Verräter sein wollte.

Gabriel versprach, sein Bestes zu geben, um das Problem zu lösen, ohne der Lehrerin zu sagen, wer ihn mobbte. Trotz dieser Einschränkung sorgte der Vater für eine Atmosphäre der Beaufsichtigung. Als erstes rief er Dylans Mutter an. Er erzählte ihr, dass Yves ihn gebeten habe, Dylans Namen nicht zu verraten und bat sie darum, das auch ihrem Sohn zu sagen. Weiter erklärte er, wenn beide Eltern miteinander kooperierten, könnten sie das Problem auf eine Art lösen, die auch für Dylan der beste Weg wäre. Diese Haltung half Dylans Mutter, sich kooperativ zu zeigen, was bestimmt nicht der Fall gewesen wäre, wenn Gabriel ihr gegenüber anklagend aufgetreten wäre. Sie versprach ihm, ihm von ihrem Gespräch mit ihrem Sohn zu berichten.

Danach waren noch mehrere Gespräche zwischen Gabriel und Dylans Eltern nötig. Zwar führte ihre anfängliche Intervention zu einer Woche Ruhe, dann begann Dylan jedoch abermals, Yves zu schlagen. Dieses Mal begnügte Gabriel sich nicht mit einem Telefongespräch allein mit der Mutter, sondern bat darum, Dylans Eltern persönlich zu treffen. Er sagte, er würde die Lehrerin informieren, dass Yves unter systematischem Mobbing litt, dabei aber die Bitte seines Sohnes respektieren, den Namen des Verantwortlichen nicht zu nennen. Die Eltern verpflichteten sich, ihrem Sohn klarzumachen, dass sie die Angelegenheit sehr ernst nahmen. Sie versprachen, die Entwicklungen täglich im Auge zu behalten.

Gabriel sprach mit der Lehrerin und informierte sie über die Gespräche mit den Eltern, hielt sich jedoch an sein Versprechen, den Namen des Mobbers nicht zu nennen. Daraufhin initiierte die Lehrerin eine Klassenaktivität, bei der sie darüber sprach, dass gewisse Kinder unter wiederholtem Mobbing litten. Sie sagte, dass sie die Sache streng überwachen werde und bereits mit einigen Eltern in Kontakt stehe. Nun hatten Yves, Dylan und der Rest der Klasse das Gefühl, genau beobachtet zu werden.

Zwei Wochen später fand ein Elternabend statt, bei dem die Lehrerin allen mitteilte, es habe in der Klasse Fälle von Mobbing gegeben, die aber durch die Aufmerksamkeit einiger Eltern wirksam unterbunden werden konnten. Sie bat die Väter und Mütter, jeden Hinweis darauf zu beachten, dass ihr Kind sich in der Klasse nicht wohlfühle. Sollte das der Fall sein, bat sie darum, umgehend informiert zu werden, um die Klasse genauer zu beobachten und den Kindern den erforderlichen Schutz gewähren zu können.

Eltern mögen überrascht sein, wie aufrichtig die Kooperationsbereitschaft in diesem Fall war, die sowohl von Dylans Eltern als auch von der Lehrkraft gezeigt wurde. Und tatsächlich verhält es sich in den meisten Fällen elterlicher Beschwerden so, dass sie auf weniger positive Reaktionen stoßen. Oft melden Eltern der Gegenpartei und Lehrkräfte ihre Zweifel an und zeigen sich gegenüber den Eltern, die sich beschweren, höchst ungeduldig. Wir glauben, dass im genannten Fall zwei Faktoren ausschlaggebend waren und eine Kooperation ermöglichten:

- Der Vater sprach höflich, ohne anzuklagen und ohne drastische Disziplinarmaßnahmen zu fordern. Als er mit den Eltern und der Lehrerin sprach, lautete seine Botschaft in beiden Fällen: »Wenn wir miteinander kooperieren, werden wir eine Lösung finden, die für alle gut ist.« Diese Botschaft fördert die Hilfsbereitschaft, wohingegen ein wütender oder beschuldigender Ton das gegenteilige Ergebnis bewirkt hätte.
- Der Vater unterbreitete eine klare Richtung für das gemeinsame Handeln. Seine Botschaft an die Eltern und die Lehrkraft lautete: »Wenn den Kindern klar ist, dass wir sie beobachten und im Auge behalten, werden sie sich anders fühlen.« Das Angebot zum konstruktiven Handeln verbesserte die Kooperation, sowohl mit den Eltern der Gegenpartei als auch mit der Lehrkraft, wohingegen

der Ruf nach einem Disziplinarverfahren möglicherweise zu einer völlig gegensätzlichen Reaktion geführt hätte.

Wenn die Eltern des gemobbten Kindes mit denen des Täters sprechen, besteht auch dann eine größere Chance für Kooperation, wenn dieser alles abstreitet oder es bagatellisiert (»Wir machen doch nur ein bisschen Spaß«). Sollte die Person, die mobbt, sich zum Beispiel darüber beschweren, immer falsch verdächtigt zu werden, können die Eltern sagen: »Wir wollen dich jetzt beobachten. Dann werden wir ja sehen, ob sich das als wahr herausstellt.« Die Entscheidung, ein Kind im Auge zu behalten, ist für gewöhnlich der beste Weg, um falsche Anschuldigungen zu vermeiden, erfordert aber auch von dem mobbenden Kind Selbstbeherrschung.

Dieses Vorgehen hängt oft auch von der Bereitschaft der Lehrkräfte ab, solchermaßen involviert zu werden. Eltern können das erwünschte Lehrerverhalten nicht erzwingen. Es wird einer Lehrkraft jedoch schwerfallen, eine positiv und höflich vorgebrachte elterliche Bitte abzuschlagen, vor allem dann, wenn sie von mehr als einem Elternpaar unterstützt wird. Oft haben die betroffenen Väter und Mütter die Möglichkeit, eine gemeinsame elterliche Initiative auf den Weg zu bringen. Der erste Schritt für die Eltern des gemobbten Kindes wäre, nachzufragen, ob auch andere Mädchen und Jungen gemobbt werden. Ein Kind, das fühlt, dass seine Eltern aufrichtig besorgt sind, wird bereit sein, diese Information mit ihnen zu teilen. Wenn die Eltern sich dann an diejenigen anderer gemobbter Kinder wenden, entsteht eine Gruppe, die gern bereit sein wird, gemeinsam vorzugehen. Die Tatsache, dass die Eltern konstruktive Lösungen vorschlagen, etwa eine von Eltern und Lehrern geteilte Überwachung, stärkt ihre Position gegenüber der Schule. In diesem Fall kann sich nicht einmal die Schulleitung bedeckt halten.

Schwänzen

Schule schwänzen entwickelt sich allmählich. Zunächst versäumen Kinder einige Tage oder auch nur einige Unterrichtsstunden. Dann werden die Absenzen langsam kontinuierlich und enden häufig mit einer umfassenden Weigerung, in die Schule zu gehen. Kinder, die immer wieder Schultage versäumen, verlieren mit der Zeit auch ihre Identität als Schüler oder Schülerin. Kern dieser Identität ist das Grundgefühl des Kindes, seine Hauptrolle sei es, zu lernen und zur Schule zu gehen. In den meisten Fällen betrachten Kinder es als selbstverständlich, dass sie Schüler oder Schülerin sind. Diese Identität als solche schenkt ihnen Klarheit, Stabilität und Zugehörigkeit. Wenn sich ihre Fehlzeiten häufen, wird sie allmählich geschwächt und durch eine problematischere alternative Identität ersetzt. So könnte sich das Kind zum Beispiel als Versager, als Kranker oder als Randfigur empfinden. Auch die Bezugsgruppe dieser Kinder verändert sich, etwa wenn sie sich in erster Linie als Mitglieder einer »Straßengang« betrachten, als Angehörige einer Gruppe, die nach einem bestimmten Onlinespiel süchtig ist, oder sich zur Population der Aussteiger und Außenseiter zählen. Manche Kinder versuchen, eine positive eingebildete Identität anzunehmen, die mitunter überdimensioniert wird. Diese Kinder fantasieren, dass sie tatsächlich einzigartige Talente, verborgene Fähigkeiten oder eine Art von Kreativität besitzen, die von anderen nicht verstanden wird. Je mehr ihre Funktionsfähigkeit in der Realität verkümmert, desto größer wird die Kluft zwischen diesem Image und ihren wahren Fähigkeiten.

Die Pflege und Wiederherstellung der Identität des Kindes als Schüler oder Schülerin erfordert handfeste Maßnahmen seitens der verantwortlichen Erwachsenen und nicht nur einen Versuch, beim Kind eine innere emotionale Veränderung herbeizuführen. Daher wird auch eine psychotherapeutische Behandlung des Kindes oft darin versagen, seine Identität als Schüler beziehungsweise Schülerin wiederherzustellen, wenn sie nicht von praktischen Schritten begleitet wird. Nur wenn die Therapie klare Maßnahmen zur Beendigung der Schulverweigerung und einen praktischen Plan für die Rückkehr des Kindes in die Schule enthält, wird sie echte Hilfe gewähren.

Falls das Kind zu Hause bleibt, können Eltern Maßnahmen ergreifen, um dem Auftauchen problematischer Angewohnheiten vorzubeugen. Sie müssen sicherstellen, dass das Kind zu einer üblichen Uhrzeit aufsteht. Ebenfalls wichtig ist, dass die Schulstunden nicht mit Freizeitaktivitäten gefüllt werden, zum Beispiel, um mit Freunden abzuhängen oder vor Bildschirmen zu sitzen. Manchmal sind Eltern in der Anfangszeit des Problems noch nicht darauf vorbereitet, Aktivitäten wie Fernsehen oder das »Zocken« am Computer zu unterbinden. Aber sobald sich die versäumten Unterrichtsstunden wiederholen, müssen sie dafür sorgen, dass Regeln eingehalten werden. Daher ist es für das Kind am besten, nicht allein zu Hause zu bleiben. Die Eltern können sich von anderen Familienmitgliedern unterstützen lassen. So können beispielsweise die Großeltern die Aufsicht übernehmen, wenn man ihnen die Regeln erklärt. Oder die Eltern nehmen ihr Kind mit sich zur Arbeit, sofern das möglich ist. Dort ist es wichtig, den Tag nicht in eine Party umzugestalten, sondern die Bedingungen dafür schaffen, dass die Schularbeiten erledigt werden können. Manchmal fragen Eltern, ob solche Lösungen das Problem nicht verschlimmern, weil das Kind dabei zu viel Aufmerksamkeit bekäme. Unsere Erfahrung hat gezeigt, dass es anfangs durchaus die richtige Reaktion sein kann, den Sohn oder die Tochter zur Arbeit mitzunehmen, vorausgesetzt, die Eltern achten darauf, den Tag nicht in einen gemeinsamen Vergnügungstag zu verwandeln.

Ein Grundprinzip für den Umgang mit Unterricht schwänzen ist, möglichst früh Kontakt zur Schule aufzunehmen. Manchmal sind Eltern versucht, das Verhalten ihres Kindes zu entschuldigen, etwa, wenn es ängstlich ist und sich vor den Reaktionen der Lehrkraft auf Fehler fürchtet. Oder wenn Eltern und Kind befürchten, dass dessen Noten Schaden nehmen könnten. Solche Gründe verstärken die Tendenz, die Schule zu meiden und untergraben die Beziehung zu den Lehrkräften. Daher ist es unerlässlich, dem Lehrer oder der Lehrerin den wahren Grund für die Abwesenheit des Kindes zu nennen. Ehrlichkeit ermöglicht es, einen gemeinsamen Plan dafür zu erstellen, wie man dem Kind bei der Überwindung seines Problems am besten helfen kann.

Wenn der Sohn oder die Tochter wiederholt unerlaubt in der Schule fehlt, sollten die Eltern die Lehrkraft nicht nur telefonisch kontaktieren, sondern ein Treffen mit ihr vereinbaren, um zu überlegen, wie man die wachsame Sorge noch engmaschiger gestalten könnte. Für das Kind ist es bereits ein erster Schritt zu einer Lösung, wenn es weiß, dass Eltern und Schule sich gegenseitig informieren und miteinander abstimmen. Ein Treffen mit der Lehrkraft erlaubt es auch, gemeinsam die Ursachen oder die Vorfälle an der Schule zu erforschen, die für die Schwierigkeiten des Kindes verantwortlich sein könnten. So könnte einer der Elternteile beispielsweise ansprechen, dass sein Kind darüber klage, von anderen Kindern gemobbt zu werden oder dass es in einem bestimmten Fach Probleme habe. Die Lehrkraft kann Informationen bieten, die auf ihren persönlichen Beobachtungen basieren oder versprechen, das Kind genauer im Blick zu behalten, um herauszufinden, was es quält.

Wenn ein Kind seine Hausaufgaben nicht alleine bewältigen kann und die Eltern tagsüber keine Zeit haben, sich mit ihm hinzusetzen, können sie das am Abend tun. Wichtig ist dabei, dass das Kind nicht ins Bett geht, ohne dass es seine Hausaufgaben angerührt hätte oder ohne dass die Eltern sich über die Aufgaben des Tages informiert hätten. Wenn die Eltern ihrem Kind nicht helfen können, sollten sie sich nach einem Unterstützer umsehen, der das an ihrer Stelle übernimmt. Manchmal kann das auch die Schule tun, zum Beispiel durch Klassenkameraden und -kameradinnen, die dem Kind die Hausaufgaben des jeweiligen Tages vorbeibringen oder ihm sogar helfen, sie zu machen. Eine Schule, die darauf vorbereitet ist, mit Schulschwänzern umzugehen, kann Schüler und Schülerinnen der höheren Klassen einspannen, zum Beispiel im Rahmen ihres gemeinnützigen Beitrags für die Gemeinde. Diese Maßnahmen können das Risiko, dass gelegentliche Fehlzeiten in eine totale Schulverweigerung ausarten, erheblich verringern.

Fazit

Eltern sollten die schulische Situation ihres Kindes im Auge behalten. Dazu muss eine positive Kommunikation mit den Lehrkräften aufrechterhalten werden. Inwieweit die Eltern involviert sind, wird vom Leistungsniveau des Kindes bestimmt. Kann es die auferlegte Verantwortung zufriedenstellend erfüllen, genügt es, wenn die Eltern es aus der Ferne begleiten. Sie zeigen ihm, dass es sie freut, ab und zu einen Blick in seine Schulbücher zu werfen, mit ihm zusammen sein Zeugnis zu lesen und hin und wieder ein Update von der jeweiligen Lehrkraft zu bekommen. Sollte sich jedoch herausstellen, dass das Kind seine Schulaufgaben vernachlässigt oder damit kämpft, müssen die Eltern aufmerksamer werden. Dann müssen sie die Aufgaben täglich mit dem Sohn oder der Tochter zusammen kontrollieren und regelmäßig mit den Lehrern und Lehrerinnen in Kontakt bleiben, um sich gegenseitig zu informieren. Wenn Eltern den Lehrkräften Respekt zollen und ihnen Vorschläge machen, wie man die wachsame Sorge verstärken könnte, bestehen gute Chancen dafür, auf offene Ohren zu stoßen. Null Kontakt und Auseinandersetzungen mit der Schule untergraben nicht nur den Status der Eltern und der Lehrkräfte, sondern beeinträchtigen auch ernsthaft die Leistung des Kindes.

Tipps

- Zeigen Sie Ihrem Kind, dass Sie sich für seine schulische und soziale Situation interessieren. Fragen Sie sich: »Kenne ich die Schulfreunde meines Kindes? Weiß ich, was es gerade lernt und wo die Schwierigkeiten liegen?«
- Versuchen Sie, mit den Eltern einiger Klassenkameraden und -kameradinnen Ihrer Kinder in Kontakt zu treten.
- Unterhalten Sie gute Beziehungen zu den Lehrkräften. Falls ein Problem auftaucht, suchen Sie nach einem Weg, es beizulegen.
- Hausaufgaben bieten Ihnen einen guten Einblick, wie Sie Ihr Kind in der Schule begleiten können. Halten Sie sich regelmäßig auf dem Laufenden.
- Wenn Sie die morgendlichen Vorbereitungen als problematisch und erschöpfend empfinden, entwickeln Sie einen Plan, wie man den Tag mit dem rechten Fuß beginnen kann. Überlegen Sie, wer welche Aufgaben übernehmen soll und erledigen Sie einen Teil davon am Vorabend. Unterstützen Sie Ihr Kind so, dass es die erforderlichen organisatorischen Fähigkeiten langsam selbst entwickelt.
- Wenn Sie sich mit einer höflichen Bitte an das Lehrpersonal oder die Schuldirektion wenden, steigen Ihre Chancen auf eine positive Reaktion erheblich.
- Mobbing ist nicht nur ein Disziplinarproblem. Die Forderung nach einer ernsten Bestrafung ist für Ihr Kind nicht hilfreich.
- Hüten Sie sich vor der Tendenz Ihres Kindes, bestimmte Unterrichtsstunden oder ganze Schultage zu versäumen.

- Als erste Reaktion auf Tendenzen zum Schwänzen sollten Sie gemeinsam mit den Lehrkräften einen »Überwachungsplan« erstellen.
- Denken Sie bei jedem Kontakt mit Lehrkräften an den folgenden Schlüsselsatz: »Wir sitzen alle im selben Boot!«
- Egal, wo die Probleme Ihres Kindes liegen, denken Sie immer an Folgendes: »Ich soll unterstützen, nicht behüten!«
- Positive Beteiligung, eine gute Beziehung zu den Lehrkräften und ein wachsames Auge auf das Verhalten Ihres Kindes stabilisieren es und fördern seine Identität als Schüler oder Schülerin.

Achtes Kapitel

Bildschirme und Displays

Unter Mitarbeit von Yaron Sela und Merav Zach

Von allen Ursachen des Abdriftens, mit denen Kinder in unserer Generation konfrontiert sind, ist keine so allgegenwärtig wie das Handy. Es spielt in ihrem Leben eine so bedeutende Rolle, dass es fast schon als »weiteres Familienmitglied« betrachtet werden kann. Das Handy ist in nahezu jeder Begegnung zwischen Kindern und ihren Eltern wie auch zwischen Kindern und ihren Freunden mit dabei, spielt in diesen beiden Konstellationen jedoch eine unterschiedliche Rolle. Wenn Kinder mit ihren Altersgenossen zusammen sind, dient das Smartphone oft als soziales Bindemittel.

Unlängst saß ich (Haim Omer) in einem Zug voller Teenager, die gerade aus der Schule gekommen waren. Diejenigen unter ihnen, die zusammensaßen und sich miteinander unterhielten, hielten Handys in der Hand. In ihren Gruppengesprächen unterhielten sich die Kinder manchmal direkt miteinander, manchmal aber zeigten sie sich gegenseitig ihre Handydisplays. Es war offensichtlich, dass das Gerät zu ihrer Verständigung beitrug. Es half ihnen, tote Momente zu überbrücken und gleichzeitig Inhalte für ihre weitere Kommunikation zu schaffen. Diese Kinder gingen nicht in ihren Handys verloren, sondern benutzten sie, um sich miteinander auszutauschen.

Anders verhält es sich, wenn Kinder mit ihren Eltern zusammen sind. Um das zu beobachten, müssen Sie nur einen raschen Blick auf Familien werfen, die in einem Restaurant miteinander am Tisch sitzen. Fast immer trennt und isoliert das Handy die Menschen voneinander: Die Kinder sind in ihre Smartphones vertieft, weit entfernt von der Welt ihrer Eltern.

Besonders hilflos fühlen sich Mütter und Väter im Hinblick auf die virtuelle Welt. Über die gewöhnlichen Schwierigkeiten mit den diversen Einflüssen auf ihre Kinder hinaus haben sie dabei im Vergleich zu ihren Sprösslingen auch noch ein Gefühl der technischen Unterlegenheit. Im Umgang mit der digitalen Welt sind Kinder ihren

Eltern in der Regel weit überlegen. Der ungleiche Orientierungssinn von Eltern und Kindern in der virtuellen Sphäre gleicht dem Unterschied zwischen Touristen und Einheimischen. Mütter und Väter betrachten diese Sphäre als Außenstehende und fühlen sich unbeholfen, während das Kind darin zu Hause ist und sich bewegt wie ein Fisch im Wasser. Es denkt in den Begriffen dieser Welt und lebt manchmal auch nach ihren Werten. Angesichts solcher Diskrepanzen geben viele Eltern auf. Damit bleibt der Sohn oder die Tochter in der Konfrontation mit den vielfältigen Gefahren der virtuellen Welt allein. In Anbetracht dieser Bedrohung bleibt Eltern jedoch nichts anderes übrig, als Initiativen zu entwickeln, um ihre Elternschaft wiederherzustellen und eine Position der wachsamen Sorge zu entwickeln.

Die Hauptrisiken lassen sich in zwei Bereiche unterteilen:

1. Inhalte und Interaktionen, beispielsweise die Gefährdung durch schädliche Webseiten, Missbrauch durch Kriminelle oder Schikane und Diskriminierung in den sozialen Netzwerken; und
2. Rückzug aus der realen Welt und völlige Absorption in der virtuellen Welt.

Die Internetnutzung überwachen

Angesichts dieser Schwierigkeiten und ihrer großen Hilflosigkeit mag es viele Eltern überraschen, zu erfahren, dass sie schon in relativ kurzer Zeit eine Überwachungsmethode entwickeln können, die ihr Gefühl der Entfremdung wie auch die Gefahren, die auf ihre Kinder lauern, bedeutend verringert. Unsere Studien haben gezeigt, dass Eltern schon nach kurzem Training das Gefühl loswerden konnten, alles, was ihre Kinder in der virtuellen Welt erlebten, sei ihnen fremd. Schon bald merkten sie, dass sie die Situation im Griff hatten und schädigende Aktivitäten gezielt reduzieren konnten.

Wie in den anderen, bisher von uns besprochenen Bereichen erweist sich auch hier die Unterscheidung zwischen Kontrolle und wachsamer Sorge als entscheidend. Es ist klar, dass Eltern keine Kontrolle erlangen können, sowohl, weil ihre Kinder sich in diesem Bereich besser auskennen als sie, als auch, weil man auf die virtuelle Welt von überall Zugriff hat. Der Versuch, die Fülle von Gelegenheiten zu kontrollieren, denen das Kind ausgesetzt ist, gleicht einem

Versuch, das Meer einzudämmen. Dennoch können Eltern immer noch die wachsame Sorge anwenden, ihren Kindern als Leuchtturm dienen, auf Gefahrenbereiche hinweisen und Anker auswerfen, die das haltlose Treiben aufhalten. Elterliche Wachsamkeit fördert wiederum die Wachsamkeit der Kinder, was ihnen hilft, in Gegenwart und Zukunft selbst auf sich aufzupassen. Dazu müssen sich Eltern mit den Grundgefahren des Internets vertraut machen.

Die Gefahren des Internets

1. Die Gefahr, mit potenziell gefährlichen Phänomenen wie Drogen, Glücksspiel und Magersucht in Berührung zu kommen.
2. Die Versuchung, im Internet zu shoppen oder andere finanzielle Verpflichtungen einzugehen – letzteres können Kinder auch über ihre Mobilfunkverträge tun, ohne überhaupt aufgefordert zu werden, irgendwelche Kreditkartendaten einzugeben. Das kann durch den Diebstahl vertraulicher Daten wie denen auf der Kreditkarte oder Passwörter und immer »ambitioniertere« Phishing-Versuche geschehen.
3. »Online-Gewalt« wie Versuche, Menschen in sozialen Netzwerken zu beschämen, ihnen zu schaden oder Aufrufe zu Gruppenboykotten;
4. Formen von Selbstentblößung, die in der Gegenwart oder in der Zukunft schädliche Konsequenzen haben können;
5. Viren oder Trojaner, die in den Computer eingeschleust werden, um ihn zu beschädigen, seinen Inhalt zu beeinflussen oder Informationen zu stehlen;
6. Gefährdung durch die Begegnung mit nicht altersgerechten Inhalten wie zum Beispiel Pornografie;
7. Mobbing.

Das strukturierte Gespräch

Der erste Schritt für Eltern, die im virtuellen Raum eine Position der Wachsamkeit beziehen wollen, ist, mit dem Kind ein Gespräch zu führen. Dabei empfehlen wir dringend, dieses Gespräch so formal und strukturiert wie möglich zu gestalten, unter anderem deshalb, weil die

Wichtigkeit und die Risiken dieses Themas alles übersteigen, was in einer beiläufigen Unterhaltung zur Sprache kommen könnte. Die von uns vorgeschlagene formale Unterhaltung kann bis zu zwei Stunden dauern, die sich in zwei Sitzungen unterteilen lassen. Wir empfehlen, dass Eltern und Kinder nach Abschluss des Gesprächs einen Vertrag unterzeichnen, der die gegenseitigen Verpflichtungen definiert. Die Unterzeichnung einer solchen Vereinbarung ist für den Bereich der Computer- und Handynutzung aus folgendem Grund geeignet: Wenn Sie Ihrem Kind risikoreiche Beschäftigungen erlauben, müssen diese auch von einer Verpflichtung abhängig gemacht werden, die den potenziellen Schaden verhindern kann. Mit Unterzeichnung des Vertrags werden die Eltern ausdrücklich zu einer verstärkten Überwachung legitimiert, falls das Kind die Vertragsbedingungen nicht erfüllen sollte. Weiter erhöht ein solcher Vertrag die Chancen dafür, dass das Kind an seine Eltern denkt, wenn es mit den darin aufgeführten Versuchungen konfrontiert wird. Wie bereits erwähnt, wird das von uns vorgeschlagene Gespräch in zwei Sitzungen unterteilt.

Erster Teil des Gesprächs

Der erste Teil beginnt mit einer »geführten Besichtigung« der Computeraktivitäten des Kindes. Die Eltern erklären: »Ich möchte die Art und Weise kennenlernen, wie du deinen Computer und dein Handy benutzt, und mich mit dir über die grundlegenden Sicherheitsregeln einigen.« Wenn Eltern diese Botschaft klar und eindeutig vorbringen, steigen die Aussichten auf Kooperation. Je klarer es den Eltern selbst ist, dass sie die unbestrittene Pflicht haben, so ein Gespräch zu führen, desto stärker werden sie die erforderliche Entschlossenheit ausstrahlen können, wenn sie sich an ihr Kind wenden. Unsere Erfahrung hat gezeigt, dass ein Kind sich einem solchen Gespräch mit seinen Eltern nur selten verweigert. Falls das dennoch geschieht, können die Eltern sich sicher sein, dass es sich im virtuellen Raum auf gefährlichem Terrain bewegt. Für die Mütter und Väter bedeutet das, dass sie ihre wachsame Sorge verstärken müssen.

Der erste Teil des Gesprächs ist dem Kind gewidmet, das den Eltern zeigt, was es am Computer und seinem Handy so macht – also Spiele spielen, in den sozialen Netzwerken unterwegs sein, chatten und Lieblingswebsites besuchen. Dabei lassen sich die Eltern vom Kind sozusagen auf eine »geführte Tour« mitnehmen, wie Touristen, die ein neues Land kennenlernen. Die Eltern zeigen Interesse und versuchen nicht, ihren Sohn oder ihre Tochter zu verhören. Sie bitten das Kind, ihnen seine Lieblingsspiele zu zeigen. Wenn es sich dabei um komplizierte Onlinespiele handelt, bitten die Eltern um Erklärungen und lassen sich weiter aufklären. Aufrichtiges Interesse an den Spielen des Kindes trägt wesentlich dazu bei, eine gute Atmosphäre zu schaffen und erlaubt ihnen, seine Onlineaktivitäten kennenzulernen. Dabei sollten sich die Eltern nicht mit so verallgemeinernden Aussagen wie »Ich spiele alle möglichen Rollenspiele« abspeisen lassen. Wenn es bei dem Gespräch um Sport ginge, würden sie sich schließlich auch nicht mit einer Antwort wie »Ich spiele irgend so ein Spiel mit dem Ball« zufriedengeben. Das Kind wird überrascht sein und für gewöhnlich positiv reagieren, wenn es den Eindruck gewinnt, die Fragen seiner Eltern zeigten aufrichtiges Interesse.

Eltern, die die Aktivitäten ihres Kindes in den sozialen Medien bislang nicht verfolgt haben, können es bitten, ihnen sein Profil zu zeigen. Wenn das Kind zögert, können die Eltern ihm vorschlagen, das Profil so zu verändern, dass es ihnen dieses ohne Bedenken zeigen kann. Das gibt dem Kind deutlich zu verstehen, dass seine Eltern sich wirklich für seine Aktivitäten interessieren, und verringert das Gefühl, verhört zu werden.

Zweck dieses Gespräches ist nicht, mehr über problematische Aktivitäten herauszufinden, sondern vielmehr, die positive Präsenz der Eltern im Leben ihres Kindes und vor allem in seinem virtuellen Leben zu verstärken. Sie könnten das Kind auch bitten, ihnen seine Lieblingswebsites zu zeigen, und zwar in Form einer ermutigenden Aufforderung wie: »Zeig mir nur die Seiten, bei denen du ein gutes Gefühl hast, wenn ich sie sehe.« Manchmal können Eltern das Kind auch bitten, ihnen zu helfen, eine bestimmte, relevant erscheinende App für sie zu installieren und ihnen deren Anwendung beizubringen.

Zweiter Teil des Gesprächs

Der zweite Teil beginnt mit einem Gespräch über Risiken und Einschränkungen. Jetzt sprechen Eltern die Gefahren an, die wir oben aufgeführt haben. Wir empfehlen, sich dabei auf eine bereits vorbereitete Liste zu stützen. Eltern, die mit einer solchen Liste ausgestattet zur Verabredung mit dem Kind erscheinen, unterstreichen damit die Wichtigkeit des Gesprächs. Im Gegensatz dazu könnte eine spontane Unterhaltung den Ernst der Debatte unterminieren. Es folgt eine empfohlene Liste von Fragen, die die verschiedenen Risiken ansprechen:

Kontakte

- »Hat schon mal ein Fremder versucht, mit dir Kontakt aufzunehmen?«
- »Hat jemand mal versucht, dich für verbotene Aktivitäten zu interessieren?«

Wenn das Kind das verneint, oder sagt, es verstehe die Frage nicht, sollten die Eltern in Form von Erklärungen weiterfragen:
- »Gab es Versuche, dich für Glücksspiele, Drogen oder sexuelle Aktivitäten zu interessieren?«
- »Welche Vorsichtsmaßnahmen ergreifst du in solchen Fällen?«
- »Hat dir schon mal jemand auf eine Art geschrieben, bei der du dich unbehaglich gefühlt hast?«
- »Was würdest du tun, wenn das geschieht?«

Im Anschluss an diese Fragen sollten die Eltern ihren Standpunkt ruhig und verständlich erklären, ohne zu drohen oder zu predigen: »Du verstehst sicher, warum ich das frage. Viele Kinder wurden schon zu gefährlichen Begegnungen oder Aktivitäten verführt. Ich möchte, dass du Folgendes weißt: Wenn irgendetwas derartiges passiert, bin ich da, um dich zu unterstützen und dir dabei zu helfen, dich zu schützen und aus dem Problem herauszukommen. Wenn so etwas passiert, dann erzähle es mir bitte, und ich verspreche dir, nicht böse zu sein, sondern dir zu helfen.«

Onlineeinkäufe

- »Hast du irgendetwas online oder über dein Handy gekauft?«
- »Hast du kostenpflichtige Apps runtergeladen?«
- »Hast du jemals unsere Kreditkartendaten weitergegeben?«

Nachdem sie kurz auf diese Fragen eingegangen sind, sollten Eltern hinzufügen: »Es ist sehr wichtig, vorsichtig zu sein, weil eine übers Internet oder am Handy getroffene Verpflichtung zu einer Situation führen kann, aus der man nur sehr schwer herauskommt.«

Im Anschluss daran sollten die Mütter und Väter ihren Standpunkt noch einmal zusammenfassen, indem sie sagen: »Wir möchten mit dir Folgendes vereinbaren: Wenn wir dir erlauben, etwas über unsere Kreditkarte zu kaufen, dann gilt unser Einverständnis nur für diesen einen Kauf. Natürlich werden wir auch die Abbuchungen auf unserem Konto prüfen, aber es ist wichtig, dass auch du weißt, wie man es vermeidet, in so eine missliche Lage zu geraten.«

Identitätsdiebstahl

- »Hat jemand versucht, dich dazu zu bringen, ihm deinen Benutzernamen und dein Kennwort zu verraten?«
- »Oft versuchen Außenstehende, an deine Informationen zu gelangen, angeblich, um die Dienstleistungen, die sie dir anbieten, zu verbessern, aber das ist ein falscher Vorwand: Ihre wahre Absicht ist es, an deinen Benutzernamen und dein Passwort heranzukommen. Hat irgendjemand dich schon mal um diese Informationen gebeten und gesagt, er wolle sein Dienstleistungsangebot verbessern?«
- Weißt du, was »Phishing« ist? Warst du davon schon einmal betroffen?

Nachdem sie dieses Thema kurz angesprochen haben, fügen die Eltern hinzu: »Bitte gib deinen Benutzernamen und dein Passwort niemals preis, bis du dir hundertprozentig sicher bist, wem du sie gibst. Beantworte keine Bitte um Informationen zu deiner Person über E-Mail oder Textnachricht. Das wird fast immer für schädliche Zwecke missbraucht. Und es ist uns sehr wichtig, dass uns Bescheid sagst, wenn du von Phishing betroffen bist. So können wir sehen, wie wir uns besser schützen können.«

Mobbing

- »Hat dich irgendjemand in den sozialen Medien beleidigt oder verleumdet?«

- »Ist sowas deinen Freunden oder Klassenkameradinnen schon mal passiert?«
- »Hat es schon mal einen Versuch gegeben, jemanden, den du kennst, in den sozialen Medien zu schikanieren?«
- »Wie würdest du reagieren, wenn so etwas passiert?«

Nachdem sie diese Fragen kurz durchgegangen sind, sollten die Eltern erklären: »Es ist für mich wichtig, dass du weißt, wie du dich verteidigen und es vermeiden kannst, online in Mobbing oder Boykotts verwickelt zu werden. Wenn so etwas passiert, musst du mir Bescheid sagen. Ich verspreche, dir zu helfen. Und falls du jemals in Schwierigkeiten geraten solltest, werde ich alles in meiner Macht Stehende tun, um dir zu helfen, ohne dich bloßzustellen.«

Vertrauliches preisgeben

- »Oft geben Kinder in ihren Posts oder Storys Dinge über sich preis, die sie hinterher bereuen. Glaubst du, dass jemand aus deinem Freundeskreis irgendetwas preisgegeben hat, worüber er sich im Nachhinein ärgern könnte?«
- »Glaubst du, dass jemand etwas preisgegeben hat, das ihm oder ihr irgendwann mal schaden kann, zum Beispiel bei der Jobsuche?«
- »Wenn Freunde oder Freundinnen von dir etwas veröffentlichen würden, das du für problematisch hältst, würdest du sie dann warnen und ihnen sagen, dass du denkst, das sei verkehrt?«

Nachdem sie diese Fragen kurz durchgegangen sind, sollten die Eltern noch hinzufügen: »Du musst verstehen, dass Dinge, die du über dich preisgibst, dir irgendwann einmal schaden können. Es gibt Unternehmen, die sich darauf spezialisiert haben, solche Informationen zu sammeln. Du könntest eines Tages feststellen, dass Außenstehende Dinge über dich wissen, von denen du nicht willst, dass man sie weiß. Wir wollen sichergehen, dass dir bewusst ist, wie man vorsichtig ist und sich nicht von dem Drang leiten lässt, bestimmte Dinge über sich zu erzählen, um ein Like zu bekommen oder andere zu beeindrucken. So etwas könnte dich später teuer zu stehen kommen.«

Viren

- »Wie schützt du dich vor Viren?«
- »Wurde dein Computer jemals von einem Virus infiziert? Was hast du dagegen unternommen?«

Nachdem sie das kurz besprochen haben, fügen die Eltern hinzu: »Öffne keine Nachricht, wenn du nicht absolut sicher bist, wer sie geschickt hat. Manchmal kann sogar eine Nachricht von einem Absender, den du kennst, Schaden verursachen. Wenn dir das Thema in der Betreffzeile irgendwie seltsam vorkommt oder nicht zu der Person passt, die es dir augenscheinlich geschickt hat, dann öffne die Nachricht nicht.«

Illegale Websites

- »Bist du jemals auf Pornografie gestoßen?«
- Wenn das Kind bestreitet, jemals pornografische Websites gesehen zu haben: »Wenn dir noch nichts dergleichen begegnet ist, wird das mit Sicherheit irgendwann geschehen, sei es auf deinem eigenen Computer oder auf dem von Freunden. Was glaubst du, wie du reagieren wirst, wenn man dich einlädt, dir solche Websites anzusehen?«
- »Bist du schon mal auf Websites gestoßen, die dir Glückspiele anbieten?«
- »Wie würdest du darauf reagieren?«
- »Bist du schon mal auf Websites gestoßen, die den Drogenkonsum verherrlichen oder verrückte Diäten vorschlagen?«
- Wieder: »Wie würdest du darauf reagieren?«

Nach einer kurzen Behandlung dieser Fragen sollten die Eltern hinzufügen: »Es gibt tonnenweise Websites, die dich mit Pornografie überfluten. Ich weiß, dass du irgendwann darauf stoßen wirst, das ist heutzutage unvermeidlich. Ich möchte, dass du weißt, dass Pornografie nichts mit gesundem Sex zu tun hat. Das ist total verzerrt. Diese Leute werden inszeniert und machen das nur fürs Geld. Du musst wissen, dass Pornografie eine einzige große Lüge ist! Außerdem solltest du dich auch nicht von anderen Websites vereinnahmen lassen, die dich zu Dingen wie Glückspiel, Drogen, extremen Diäten und anderen gefährlichen Aktivitäten zu verführen versuchen. Wenn dir dergleichen angeboten wird, müssen wir es unbedingt wissen. Vertraue uns – wir werden alles in unserer Macht Stehende tun, um dir zu helfen.«

Einige Eltern werden zögern, diese Fragen so direkt und systematisch anzusprechen. Sie könnten eine spontanes »Freistilgespräch« bevorzugen, anstatt eine so formale Diskussion zu führen – wie ein Rechtsanwalt, der Punkt für Punkt ein juristisches Dokument durchgeht. Wie wir eingangs bereits im Zusammenhang mit der Darstellung einer Ankündigung geschrieben haben, ist diese Formalität beabsichtigt und stellt ein Schlüsselelement des Vorgangs dar. Sie dient als eine Art von Übergangsritus zwischen der einstmaligen »Freigiebigkeit« und der neuen Ära, in der die Eltern involviert sein möchten. Allein die Tatsache, dass sie sich auf das Gespräch vorbereiten und dazu mit einer Liste von Themen, Fragen und Klarstellungen bezüglich ihrer Position erscheinen, ändert bereits den Grad ihrer Präsenz. Jetzt erhöht sich die Wahrscheinlichkeit, dass das Kind an sie denkt, wenn eines der angesprochenen Szenarien eintritt. Diese Art von Präsenz im Kopf ihres Kindes ist das ultimative Ziel der wachsamen elterlichen Sorge.

Dritter Teil des Gesprächs

Dieser Teil ist dem Versuch gewidmet, eine schriftliche Vereinbarung über die Regeln des Gebrauchs von Computer und Handy zu erlangen. Eltern könnten sagen: »Wir haben nie klar darüber gesprochen, wie man gewährleisten kann, dass du keinen Schaden durch deinen Medienkonsum nimmst, sind aber zu dem Schluss gekommen, dass das notwendig ist. Wir versorgen dich mit Computer, Handy und Internetzugang und müssen sicherstellen, dass du das alles nicht auf eine Art und Weise nutzt, die dir schadet. Deswegen wollen wir dich bitten, mit uns eine Vereinbarung zu unterzeichnen, die uns allen zugutekommen wird. Die Vorlage haben wir von Experten für einen sicheren Gebrauch von Computer und Handy bekommen. Bitte lies sie durch und sage uns, ob du noch etwas hinzufügen möchtest.«

Eltern-Kind-Vereinbarung über den sicheren Gebrauch des Computers

Verpflichtung der Eltern:

Wir, die Eltern, verpflichten uns, mit dir einen offenen und respektvollen Dialog über die Grenzen deiner Computer- und Handynutzung zu führen. Er basiert auf Vertrauen und Würdigung der Bedeutung, die diese Geräte im Leben von uns allen besitzen. Wir werden deine Onlineaktivitäten beobachten, weil es unsere Pflicht als Eltern ist, dich zu beschützen. Alle unsere Aktivitäten zu diesem Thema werden offen durchgeführt. Wir werden nichts hinter deinem Rücken unternehmen.

Verpflichtung des Kindes:

1. Ich werde ohne Erlaubnis meiner Eltern keinerlei Informationen folgender Art über mich und meine Familie preisgeben: Name, Adresse, Telefonnummer etc. Wenn ich von Phishing betroffen bin, werde ich meine Eltern darüber informieren.
2. Ich werde es meinen Eltern sofort sagen, wenn ich auf irgendeine Weise kontaktiert werde, bei der ich mich bedroht oder unbehaglich fühle.
3. Ich werde ohne Rückfrage bei meinen Eltern keinerlei Verabredung oder persönliche Begegnung mit einer fremden Person treffen, die ich online kennengelernt habe. So eine Verabredung werde ich nur mit dem Einverständnis meiner Eltern treffen und auch dann nur an einem öffentlichen Ort.
4. Ich werde ohne vorherige Erlaubnis meiner Eltern kein privates Foto von mir an eine fremde Person oder Körperschaft senden.
5. Ich werde auf keine Nachricht reagieren oder eine solche beantworten, wenn sie mir bei mir Unbehagen auslöst.
6. Ich werde keine Website besuchen, von der ich versprochen habe, sie nicht aufzurufen. Ich werde mich auf keinen

Websites einloggen, deren Inhalte pornografisch sind, oder deren Nutzung mit Glücksspiel oder der Empfehlung von Drogen und anderen gefährlichen Aktivitäten einhergeht.

7. Ich werde mich an keinerlei Mobbing- oder Boykottaktivitäten beteiligen. Wenn ich Zeuge oder Zeugin solcher Vorfälle werde, werde ich darüber nachdenken, ob man irgendetwas tun kann, um sie zu stoppen. Ich werde darüber nachdenken, wem ich die Sache melden könnte, um dem Opfer zu helfen.
8. Mein Medienkonsum wird auf keinerlei Weise meinen Nachtschlaf, meine Anwesenheit in der Schule oder meine Leistungen als Schüler bzw. Schülerin beeinträchtigen. Ich werde meinen Computer nicht auf Kosten von Familienaktivitäten wie Mahlzeiten, Familienbesuchen oder Familienausflügen verwenden.

Unterzeichnet:

________________ ________________

________________ ________________

Die Unterzeichnung des Vertrags steht für eine Verpflichtung, ist aber als solche noch keine Garantie dafür, dass das Kind alle Bedingungen einhalten wird. Wenn es das nicht tut, sind die Eltern alles andere als hilflos. Der Vertrag legitimiert die Maßnahmen, die die Eltern ergreifen, wenn er nicht erfüllt wird. Weigert sich das Kind hingegen, den Vertrag zu unterschreiben, ist dies allein schon eine Warnung, die auf problematischen Konsum hinweist und ein Eingreifen der Eltern erfordert.

Wenn Eltern meinen, der von uns vorgeschlagene Prozess sei ihnen zu umständlich oder zu peinlich, und dass sie die Dinge lieber so lassen, wie sie sind, müssen sie sich fragen, ob sie damit nicht ihre elterlichen Pflichten vernachlässigen – und das in einem so entscheidenden Bereich ihres eigenen Lebens und dem ihrer Kinder. Der virtuelle Raum ist inzwischen die erste Wahl, wenn Kinder sich der Aufsicht ihrer Eltern entziehen möchten. Wenn diese zur wachsamen Sorge zurückkehren, signalisiert das eine weitreichende Veränderung, die sowohl die Position der Mütter und Väter als auch das Sicherheitsniveau des Sohnes oder der Tochter von Grund auf neu kalibriert.

Wenn Aktivitäten in der echten Welt aufgrund der virtuellen Welt vernachlässigt werden

Die zweite Gefahr, mit der unsere Kinder konfrontiert werden, hat nichts mit den in der virtuellen Welt geschaffenen Inhalten oder Kontakten zu tun, sondern vielmehr damit, dass sie Aktivitäten in der echten Welt zugunsten des Computers und des Smartphones vernachlässigen. Dies kommt auf mehrere Weisen zum Ausdruck: zunehmende Loslösung von ihrem familiären und sozialen Umfeld, Verschlechterung der schulischen Leistungen, zunehmende Isolation, Schlafstörungen, Verschlechterung der körperlichen Verfassung und manchmal auch der absolute Verzicht auf sämtliche Interaktionen in der echten Welt.

Viele Mütter und Väter fragen, wie sie den Medienkonsum einschränken können. Unsere Erfahrung hat gezeigt, dass eine Begrenzung der täglichen Zeit, die ein Kind vor dem Computer oder mit seinem Handy verbringen darf, wirkungslos ist. Solche Einschränkungen verwandeln die Eltern in Polizisten, die zuerst Stunden zählen und sich dann mit ihrem Kind auf endlose Debatten darüber einlassen. Eine solche Atmosphäre fortwährender Verhandlungen schadet der Beziehung und laugt die Eltern aus. Andererseits sind diese wesentlich erfolgreicher, wenn sie eine Reihe klarer und einfacher Regeln aufstellen, darunter: kein Handy während der Mahlzeiten, kein Handy vor der Schule und keine Medien am späten Abend. Der Vorteil dieser Regeln ist, dass sie sehr viel klarer sind und weniger dazu tendieren, durch endlose Verhandlungen ausgehöhlt zu werden, die wiederum charakteristisch für zeitliche Beschränkungen sind.

Eltern sollen sich aber nicht einbilden, dass Grenzen ohne systematische Vorbereitung gewahrt werden können. Der Versuch, den Medienkonsum durch verbale Forderungen oder die Androhung von Bestrafung zu begrenzen, ist zum Scheitern verurteilt. Das liegt daran, dass die digitale Welt im Leben des Kindes eine so überwältigende und mitreißende Präsenz einnimmt, dass die elterlichen Proteste möglicherweise keinerlei Spuren hinterlassen. Anders verhält es sich, wenn Väter und Mütter die Aufgabe mit der erforderlichen Geduld und Ernsthaftigkeit angehen. Um das zu erreichen, sollten sie ihre Positionen zunächst untereinander koordinieren, die Limits festlegen und sie dann eindeutig – am besten durch eine formale Ankündigung – bekanntgeben, sich bei Unterstützern Rückhalt und Legitimation holen und zu entschlossenem Eingreifen bereit sein, wenn Grenzen verletzt werden.

Benny und Gloria besuchten einen Vortrag über problematischen Medienkonsum. Danach wandten sie sich an den Referenten und baten um Rat, wie sie die Angewohnheit ihrer Kinder ändern könnten, sich während der gemeinsamen Mahlzeiten in ihre Handys zu vertiefen. Das war in ihrer Familie bereits zu einer unangenehmen Normalität geworden. Bei diesem Gespräch stimmten beide Eltern überein, dass es für sie eine hohe Priorität hatte, die Handys vom familiären Esstisch zu verbannen. Sie erarbeiteten eine schriftliche Ankündigung, versammelten ihre drei Kinder im Alter von 15, 14 und 10 Jahren rings um den Tisch und sagten ihnen: »In letzter Zeit haben unsere gemeinsamen Mahlzeiten aufgehört, Familienzusammenkünfte zu sein. Sie sind stattdessen zu einer Ansammlung von Individuen geworden, die in ihre Smartphones vertieft sind. Wir beide haben beschlossen, alles in unserer Macht Stehende zu tun, um diese Situation zu ändern, die für unsere Familie sehr schädlich ist. Mama und ich werden unsere Handys während der Mahlzeiten nicht mehr einschalten und auch keine Anrufe entgegennehmen. Wir haben beschlossen, dass diese Regel auch für euch gilt. Es wird am Esstisch keine Handys mehr geben. Mehr als das: Wir verlangen, dass ihr eure Smartphones ausschaltet, sodass sie während des Essens auch nicht klingeln. Wir werden uns strikt an diese Regeln halten. Wir haben das alles auch euren Großeltern, euren beiden Tanten und ihren Kindern erzählt. Ab sofort wird jeder sein Handy ausschalten, wenn er bei uns zu Besuch ist und mit uns zusammen isst.«

Dann erhielt jedes der drei Kinder eine schriftliche Ausfertigung dieser Ankündigung, die eine Stunde vor dem Abendessen erfolgte. Bevor sie sich an den Tisch setzten, schalteten die Eltern ihre eigenen Handys in Anwesenheit der Kinder aus und baten sie darum, dasselbe zu tun. Keiner erhob einen Einwand.

Die Eltern baten die Großeltern, sich an dieselbe Regel zu halten, wenn sie am Freitagabend zum Essen herüberkämen. Die Tatsache, dass die Zeremonie des Ausschaltens der Handys auch in der Wohnung der Großeltern stattfand, verlieh der neuen elterlichen Regel erheblichen Rückenwind.

Glorias Schwester war von der Entscheidung und der Art ihrer Umsetzung so beeindruckt, dass sie sie auch für ihre Familie übernahm. Bennys Schwester hielt es zwar nicht für notwendig, auch bei sich zu Hause ähnliche Einschränkungen einzuführen, war jedoch bereit, sich an die Regeln zu halten, wenn sie und ihre Kinder bei Benny und Gloria zum Essen eingeladen waren.

Wenn die Warnzeichen den Eltern anzeigen, dass ihr Kind den Computer für Verbotenes benutzt, müssen sie auf die ultimative Ebene der wachsamen Sorge umsteigen, nämlich das Ergreifen unilateraler Maßnahmen. Es folgt eine Reihe von Fragen, die Eltern sich stellen können, um einzuschätzen, ob es Anzeichen gibt, die ein entschlossenes Einschreiten rechtfertigen:

- Schließt mein Kind die Tür ab, wenn es vor dem Computer sitzt?
- Sitzt mein Kind bis spät nachts vor dem Computer?
- Belastet mein Kind unsere Kreditkarte mit unerlaubten Ausgaben?
- Vernachlässigt mein Kind die Schule, um im Internet zu surfen?
- Meidet mein Kind gemeinsame Mahlzeiten und familiäre Aktivitäten zugunsten des Computers?
- Hat mein Kind seine gesellschaftlichen Aktivitäten außer Haus zugunsten des Computers eingeschränkt?
- Schreit mein Kind uns an, wenn wir es bei seinen Computeraktivitäten unterbrechen?
- Weigert sich mein Kind, Fragen über seinen Medienkonsum zu beantworten?

All das sind Warnzeichen, die rechtfertigen, dass Sie Ihre wachsame Sorge verschärfen sollten. Tun Sie das nicht impulsiv und erwarten Sie nicht, dass Drohungen oder Bestrafungen das Problem lösen. Am besten ist es, Sie bringen den Prozess durch eine formale Ankündigung auf den Weg. Hier ein Beispiel für das Format einer solchen Ankündigung:

Wir wissen, wie wichtig der Computer in deinem Leben ist, haben aber in letzter Zeit festgestellt, dass er dich davon abhält, in der Schule gut mitzuarbeiten und genügend Schlaf zu bekommen. Wir werden daher alles in unserer Macht Stehende tun, um diesen Schaden zu begrenzen und zu gewährleisten, dass dein Medienkonsum für dich konstruktiv und nicht destruktiv ist.

Sollte sich das Kind weigern, die Ankündigung zu lesen oder lautstark dagegen protestieren, müssen die Eltern ganz ruhig sagen: »Ich habe nicht erwartet, dass du damit einverstanden bist. Ich überreiche dir diese Kopie, um fair zu sein und nichts hinter deinem Rücken zu tun. Diese Ankündigung ist Ausdruck meiner obersten elterlichen Pflicht und der Tatsache, dass ich dich nicht aufgeben werde.« Nach dieser Aussage sollten die Eltern das Gespräch beenden, um die Entwicklung einer sinnlosen Debatte zu vermeiden.

Die Zeit vor dem Bildschirm begrenzen

Eltern müssen eine Uhrzeit bestimmen, ab der der Computer nicht mehr genutzt werden darf. Wenn das Kind diese »Sperrstunde« nicht akzeptiert, müssen die Eltern den Computer selbst ausschalten. Sie sollten das allerdings nicht tun, während das Kind davorsitzt. Das führt oft zu ernsten und sogar gewaltsamen Eskalationen des Konflikts.

Es gibt mehrere Möglichkeiten, diese Falle zu umgehen. Sagen Sie dem Kind beispielsweise, dass Sie den Computer lahmlegen, wenn er nicht sofort ausgeschaltet wird. In diesem Fall sollten Sie den Computer in Abwesenheit des Kindes deaktivieren, zum Beispiel indem sie eine funktionale Komponente wie Modem oder Maus verschwinden lassen.

Eine andere Möglichkeit wäre, dem Kind zu sagen: »Ich gebe dir jetzt fünf Minuten, um deine Inhalte zu speichern und den Computer herunterzufahren. Danach werden wir sicherstellen, dass er ausgeschaltet ist.« Sollte das Kind darauf nicht reagieren, dürfen Sie nicht herantreten und selbst auf den Knopf drücken. Warten Sie ein wenig, bis Sie den PC ausschalten.

Wenn es hingegen um eine verbotene Handynutzung geht, müssen Sie mehr Geduld aufbringen – zum Beispiel, indem Sie das Wifi abschalten oder sogar aufhören, den Handyvertrag Ihres Kindes zu bezahlen. Am effektivsten gelingt das mithilfe eines Unterstützers.

Haben Eltern Grund zu der Annahme, dass ihr Kind auf den Verlust des Computers mit Gewalt reagieren wird, sollten sie diesen am nächsten Tag ausschalten und ausgeschaltet lassen, bis das Kind sich verpflichtet, die Regeln streng zu beachten. In solchen Fällen ist es ganz besonders wichtig, Unterstützer mit einzubeziehen. Sie helfen auf drei verschiedene Arten:

1. Verhinderung von Eskalationen;
2. Unterstützung der Position der Eltern; und
3. die Verbindlichkeit der Verpflichtung des Kindes ihnen gegenüber ist stärker als eine Verpflichtung, die nur den Eltern gegenüber eingegangen wird.

Den freien Zugriff blockieren

Manchmal ist es empfehlenswert, den Internetzugang für eine Weile abzustellen. Das ist nicht leicht und erfordert starkes elterliches Engagement wie auch rechtzeitige Vorbereitung. In vielen Fällen benutzt das Kind das Internet auch für positive und sogar notwendige Aktivitäten (etwa, um sich die Hausaufgaben von der Schulwebseite herunterzuladen). Wenn das der Fall ist, sollten Eltern sich für den Zeitraum ihrer Intervention alternative Lösungen überlegen. Eine Möglichkeit, derer sich viele Mütter und Väter nicht bewusst sind, ist, die Internetleistung auf bestimmte Stunden am Tag begrenzen zu lassen. Vergessen Sie nicht: Wenn das Kind es gewöhnt ist, tage- und nächtelang vor dem Bildschirm zu sitzen, wird es auf die Unterbrechung der Internetverbindung heftig reagieren. Es wird ihm schwerfallen, alternative Aktivitäten zu finden, und manchmal wird es sogar das Gefühl haben, sein gesamtes Sozialleben sei unterbrochen worden. Trotz des Widerstands haben unsere Erfahrungen mit Hunderten von Familien gezeigt, dass alle Eltern diese Maßnahmen durchziehen können, wenn sie sich darauf vorbereiten und Unterstützer hinzuziehen. Wir möchten auch betonen, dass all die schrecklichen Szenarien, vor denen Väter und Mütter sich fürchten, nicht wirklich eintreten. Ja, die Maßnahme wird bei einigen Kindern heftigen Widerstand auslösen, wobei geplantes und entschlossenes Handeln seitens der Eltern ihre Autorität jedoch erhöht und das Risiko mindert, dass sich der Sohn oder die Tochter in gefährlichen Aktivitäten verliert.

Das Handy beschlagnahmen

Das Handy zu beschlagnahmen, ist eine Maßnahme, die bei vielen Eltern heftige Ängste auslöst. Sie betrachten das Handy fast als natürliche Verlängerung des Kindes selbst, sodass es gewissermaßen den Bruch eines »geheiligten Tabus« darstellt, Smartphone und Kind voneinander zu trennen. Zudem fürchten sich die Eltern davor, was geschehen könnte, wenn ihre Kinder außer Haus sind und sie keine Möglichkeit haben, sie zu erreichen. Deshalb ist es wichtig, sich sorgfältig auf die Beschlagnahmung des Handys vorzubereiten und dabei nicht impulsiv vorzugehen.

Das Recht von Eltern, ein Smartphone zu konfiszieren, ist eng mit der Annahme verbunden, dass ihr Kind dieses für problematische Zwecke missbraucht. Wenn Eltern zu diesem Schluss gelangt sind und andere Maßnahmen wie eine Begrenzung der Handyzeit oder auch eine stärkere Kontrolle nichts daran ändern, ist es gerechtfertigt, das Handy zu beschlagnahmen. In den meisten Fällen, in denen wir Eltern während dieses Prozesses begleitet haben, war die Maßnahme zeitlich begrenzt, normalerweise auf ein paar Tage, seltener auch auf ein paar Wochen oder Monate.

Ab und zu ist es vorgekommen, dass Teenager sich ein neues Smartphone besorgt und es von ihrem eigenen Geld bezahlt haben. Wenn dies geschehen ist, teilten die Eltern ihren Kindern mit, dass sie ihnen nicht erlauben würden, das Handy daheim zu benutzen, weil es ihre Pflicht sei, gefährliche Aktivitäten zu unterbinden. Ebenso wie sie ihr Kind zu Hause keine Drogen konsumieren lassen würden, müssen sie auch jeder anderen riskanten Aktivität in ihrem Haus entgegenwirken – so auch dem Missbrauch eines Smartphones. Die Beschlagnahmung des Handys darf aber niemals in einen physischen Kampf ausarten, um den Widerstand des Kindes zu brechen. Solch ein Versuch könnte zu einer Gewaltspirale führen.

Auch in solchen Fällen spielt die Beteiligung von Unterstützern eine bedeutende Rolle, weil sie dem Sohn oder der Tochter erklären können, dass die Handlung der Eltern gerechtfertigt ist. Weiter können sie ihm oder ihr erklären, dass es unter Auflagen möglich sei, das Smartphone zurückzubekommen. Oft sind Eltern überrascht, wie bereitwillig die Kinder auf Bedingungen eingehen, die es sich in der Vergangenheit von ihnen nicht einmal anhören wollte, vorausgesetzt, der Vorschlag wird in respektvollem Ton von einer dritten Partei unterbreitet. Im Hinblick auf die Angst der Eltern, ihre Kinder nicht länger telefonisch erreichen zu können, wenn sie außer Haus sind, gilt, dass sie sich darauf ebenso vorbereiten müssen wie auf die Telefonrunde. In anderen Worten: Sie sollten die Telefonnummern von Freunden und anderen Kontaktpersonen ihres Kindes schon im Vorhinein sammeln. So vorbereitet können Eltern ihr Kind suchen und ihre Präsenz sehr viel effektiver demonstrieren als durch die Kommunikation über das Handy.

Hilflos sahen Simon und René mit an, wie ihre Tochter Rhea (16) die Schule abbrach, ganze Tage und Nächte am Handy verbrachte, sich von ihnen entfremdete und ihnen verächtlich gegenübertrat. Als ihnen in der Therapie vorgeschlagen wurde, sich diesem Rückzugsprozess zu widersetzen und entschlossene Gegenmaßnahmen zu ergreifen, um Rheas Aktivitäten in der virtuellen Welt zu reduzieren, rief Simon aus: »Das ist ein total extremer Ansatz. Es ist, als ob Sie mich darum bäten, meiner Tochter einen Arm abzuschneiden! Woher soll ich wissen, dass das bei ihr keine Depression auslösen oder sie zu einer drastischen Handlung veranlassen wird?«

Im weiteren Verlauf des Gesprächs wurde klar, dass Rhea niemals damit gedroht hatte, sich etwas anzutun und kein bisschen depressiv war. Der Therapeut erklärte, selbst wenn es solche Drohungen gegeben hätte, wäre es keinesfalls die richtige Lösung gewesen, die Unantastbarkeit von Rheas virtueller Welt auf Kosten ihres normalen Lebens zu schützen. Er konzentrierte sich auf die Aussage »den Arm meiner Tochter abzuschneiden«, die nicht nur eine übertriebene Angst ausdrückte, sondern auch das Gefühl des Vaters, dass jedes Eingreifen hinsichtlich des Handys nicht legitim sei.

Nach einem Prozess, in dessen Verlauf die Eltern sich auf die verschiedensten Szenarien eines starken Widerstands seitens ihrer Tochter vorbereiteten, machten sie eine Ankündigung und verstärkten ihre Kontrolle. Als das erfolglos blieb, nahmen sie den Computer vom Netz und konfiszierten das Handy. Zu ihrer Überraschung blieb Rheas Widerstand auf den Zeitraum vor dem Ausschalten des Computers beschränkt. Als sie sah, dass ihre Eltern die angekündigten Schritte wirklich durchzogen, ging sie sofort zur Verhandlungsphase über. Diese dauerte mehr als zwei Wochen. Während dieser ganzen Zeit blieb der Computer ausgeschaltet und Rhea ohne Handy.

Die Diskussionen dauerten deshalb so lange, weil die Eltern mit Hilfe ihrer Unterstützer klare Beweise dafür verlangten, dass Rhea ihre schulischen Leistungen verbessern würde. Als der Computer und das Handy schließlich wieder funktionierten, gab es zunächst eine schwierige Eingewöhnungsphase, aber Rheas funktionellen Beeinträchtigungen und ihre Vertiefung in die virtuelle Welt hatten sich stark reduziert. In ihrem Abschlussgespräch kam der Therapeut noch einmal auf die Metapher des Vaters vom Abschneiden des Arms zurück und Simon sagte: »Ich kann kaum glauben, dass ich so gedacht habe. Als sei das Handy so heilig wie das Leben meiner Tochter!«

* * *

Abed und Nida waren die Eltern von Mark (14), der bis zum Vorjahr ein ausgezeichneter Schüler gewesen war, aktives Mitglied der Pfadfinder und von Freunden umgeben. Nichts hatte die Eltern vor den tiefgreifenden Veränderungen in seinem Leben gewarnt, die einsetzten, als er damit begann, ein fesselndes Onlinespiel zu spielen, das damals gerade beliebt war. Innerhalb weniger Monate gab Mark sämtliche sozialen Aktivitäten völlig auf. Er löste sich von den Pfadfindern, seine Schulnoten verschlechterten sich und er begann, mit erfundenen Ausreden zu spät in die Schule zu kommen oder zu früh zu gehen, um für ein bis zwei Stunden im Park zu sitzen und das Spiel auf dem Handy zu spielen, bevor er nach Hause ging und sich bis in die frühen Morgenstunden mit seinem Computer in seinem Zimmer einschloss. Seine bislang gute Beziehung zu den Eltern zerbrach völlig und reduzierte sich auf endlose Diskussionen über das Spiel.

Die Eltern verfassten eine Ankündigung, die sie Mark gemeinsam mit seinen beiden Großeltern in seinem Zimmer überreichten. Sie war auch von einem Onkel, einer Tante und seinem älteren Cousin Robin unterschrieben worden, den Mark bewunderte. In der Ankündigung hieß es, die Eltern wollten alles Erdenkliche tun, um dagegen anzukämpfen, dass das Spiel sein Leben beherrsche. Die Unterstützer unterzeichneten als Zeugen, wodurch die Botschaft der Eltern verstärkt wurde.

Nach dem Treffen lud Robin Mark auf einen Kaffee ein, weil er ihm helfen wollte, eine auch für ihn akzeptable Lösung zu finden. Bereitwillig ging Mark mit. Nach einem zweistündigen Gespräch verfassten sie einen gemeinsamen Vorschlag: Mark verpflichtete sich schriftlich, das Spiel immer erst dann zu spielen, wenn er alle Hausaufgaben erledigt hatte. Er erklärte sich einverstanden, den Computer erst nach dem Abendessen einzuschalten und das in Gegenwart der Eltern oder einer der Unterstützer, deren Aufgabe es war, die Anfangszeit des Spiels zu notieren und dem Jungen fünfzehn Minuten vor Ablauf einer dreistündigen Spielfrist Bescheid zu sagen. Er verpflichtete sich, den Computer auszuschalten, sobald er diese Warnung bekommen hatte. Weiter verpflichtete er sich, das Spiel nicht mehr auf dem Handy zu spielen und erklärte sich bereit, sein Recht auf ein Smartphone und einen eigenen Computer in seinem Zimmer zu verwirken, falls er diese Verpflichtung bräche.

Weiter entwarfen Robin und Mark einen Plan, wie Mark seine schulischen Versäumnisse wieder in den Griff bekommen könnte. Innerhalb von zwei Monaten war der Junge wieder zu sich gekommen und alle Lebensbereiche, die er vernachlässigt hatte, hatten sich normalisiert. Die größte Überraschung aber war, dass er selbst erkannte, wie dieses Spiel sein Leben ruinierte. Schon kurz darauf hatte sich die Vereinbarung über die Bedingungen seines Medienkonsums erübrigt, weil Mark von selbst aufhörte, das Spiel zu spielen.

Fazit

Computer und Smartphone sind heutzutage wahrscheinlich die Hauptgründe für die Erosion der elterlichen Präsenz. Sie reduzieren den Dialog, blockieren Kontakte und führen eine Vielfalt unkontrollierbarer Einflüsse in das Leben des Kindes ein. Die Rückkehr der Eltern zur wachsamen Sorge ermöglicht ihnen, sich dieser Herausforderung auf mehreren Ebenen zu stellen. Sind keine Zeichen für problematischen Konsum vorhanden, sollten Eltern sich lediglich für die Aktivitäten des Kindes in der virtuellen Welt interessieren, um eine »geführte Tour« bitten, und zeigen, wie sehr es sie freut, von dem Kind etwas über seine digitalen Interessen und seine Begabung im Umgang mit diesen zu lernen. Zudem sollten Eltern mit ihrem Kind auch ein strukturiertes Gespräch über die Gefahren des Internets führen. Ratsam wäre es, diesen Vorgang durch die Unterzeichnung eines Vertrags zu krönen. Diese Bitte ist Kindern nicht fremd, weil sie beim Herunterladen von Apps oft aufgefordert werden, Kästchen anzukreuzen, um die Nutzungsbedingungen zu akzeptieren. Effektive wachsame Sorge in der virtuellen Welt setzt die Bereitschaft voraus, falls erforderlich, resolut einzugreifen. Eine Reihe von Komponenten geben Eltern die dafür erforderliche Kraft: das Erkennen erster Anzeichen von Gefahr (die Verschlechterung der schulischen, sozialen und familiären Leistungen des Kindes), ein systematischer Plan zur Einschränkung der Internetnutzung und das Hinzuziehen von Unterstützung für die erforderlichen Maßnahmen. Wenn Eltern sich vorbereiten, können sie den verbotenen Konsum auch dann verhindern, wenn das Problem bereits sehr bedenkliche Dimensionen angenommen hat. Eltern, die lernen, gegen das haltlose Abdriften ihres Kindes in eine virtuelle Welt als Anker zu dienen, werden auch angesichts anderer Gefahrenbereiche fähig sein, entschlossen zu handeln.

Tipps

- Sie müssen Ihre Präsenz in der virtuellen Welt manifestieren, der Ihr Kind ausgesetzt ist.
- Erwarten Sie nicht, dass Befehle, Drohungen oder Bestrafungen Ergebnisse bringen. Atmen Sie tief durch, bevor Sie handeln, und zeigen Sie Entschlossenheit.
- Die Bitte um eine Führung durch die virtuelle Welt des Kindes stößt für gewöhnlich auf offene Ohren.
- Bereiten Sie sich auf ein geplantes und strukturiertes Gespräch vor, in dem Sie nachfragen, wie Ihr Kind sich vor den Gefahren der virtuellen Welt schützt.
- Es ist ratsam, eine Vereinbarung zur sicheren Nutzung des Internets zu unterzeichnen.

- Das strukturierte Gespräch und die Unterzeichnung der Vereinbarung verstärken Ihre mentale Präsenz in der virtuellen Welt.
- Bereiten Sie sich darauf vor, beim Auftreten von Anzeichen von Gefahr zu einer intensiveren Form der wachsamen Sorge überzugehen.
- Seien Sie bei der Erklärung der Grenzen unmissverständlich.
- Seien Sie darauf vorbereitet, den Zugang zum Internet zu beschränken.
- Holen Sie sich Unterstützung für Ihre Position.
- Schalten Sie den Computer nicht aus, während Ihr Kind davorsitzt.
- Reißen Sie Ihrem Kind das Handy nicht aus der Hand.
- Vergessen Sie nicht: Computer, Handy und Internet sind Leistungen, die Sie zur Verfügung stellen, die aber auf legitime Weise genutzt werden müssen. Falls sie destruktiv werden, ist es Ihre Pflicht, den freien Zugriff einzuschränken.

Schluss

Wir haben dieses Buch mit der Feststellung begonnen, dass die Rolle von Elternschaft in der heutigen Generation viel unklarer ist. Wir haben beschrieben, wie sich die mangelnde Klarheit der Eltern mit Veränderungen in der Familie, der Gesellschaft und der Technologie überschneidet und ihre Fähigkeit untergräbt, zu funktionieren und dem Druck standzuhalten. Nichts immunisiert besser gegen Verwirrung, Ratlosigkeit und Abdriften als eine Vision, die sich in einen konkreten Plan übersetzt. Es bedarf nicht wenig Mutes, heute eine solche Vision zu entwerfen. Wenn wir das aber nicht tun, könnten wir dazu verdammt sein, ohne Kompass oder Karte haltlos umherzutreiben. Daher maße ich mir an, meine Ideen zu präsentieren, auch wenn sie einigen meiner Leser und Leserinnen ein Schmunzeln entlocken mögen.

Selbstbeherrschung statt Impulsivität.

Unsere Studien haben gezeigt, dass sogar Eltern, die extrem impulsiv und willkürlich sind, die Fähigkeit haben, sich zusammenzunehmen, ihre Reaktionen zu kontrollieren und herausfordernden Situationen wie schweren Provokationen mit Zurückhaltung entgegenzutreten. Mehr Selbstbeherrschung hat sich als Schlüsselfaktor erwiesen, um das Verhalten des Kindes und die häusliche Atmosphäre zu verbessern.

Unterstützung statt Isolation.

Die Einsicht, dass die Abschottung der Kernfamilie innerhalb einer geschlossenen und geheimen Blase die Eltern schwächt und die Risiken für das Kind erhöht, veranlasst viele Mütter und Väter zu der Bereitschaft, sich von anderen helfen zu lassen. In unserer Arbeit mit Eltern haben wir gezeigt, wie man so typische Vorbehalte wie den »Privatsphärenreflex«, Schamgefühle und den Irrglauben, dass die

Bitte um Hilfe auf Schwäche hindeutet, oder, dass man ohnehin keine nennenswerte Unterstützung finden kann, überwindet. Wir haben gezeigt, dass Eltern, die bereit sind, auf andere zuzugehen, ihre Lähmung und ihre Hilflosigkeit überwinden können. Auf diese Weise schaffen sie ein neues Umfeld, das die Probleme des Kindes nicht verewigt, sondern Kanäle zu einer echten Verbesserung öffnet. Das gibt den Eltern Bestärkung und Legitimation.

Präsenz statt Hilflosigkeit.

Wir haben die Veränderung, die sich in Familien vollzog, in denen die Eltern aktiv wurden, um ihre Rolle bei der Führung ihrer Kinder zurückzugewinnen, als die »Rückkehr der Eltern« beschrieben. Wir haben gezeigt, dass Kinder, selbst wenn sie protestieren, innere Stimmen haben, die das Handeln der Eltern gutheißen. Es hat sich bewiesen, dass die Verstärkung der Präsenz und die Verbesserung der wachsamen Sorge alle Arten von Risiken in jedem Alter reduzieren können.

Liebevolle Grenzen statt Chaos.

Wir haben gezeigt, dass liebevolle Grenzen sehr viel mehr sind als eine Sanktion. Die Eltern setzen ihrem Kind nicht einfach eine Grenze, sondern werden selbst eine. Wir haben die verschiedenen Möglichkeiten gezeigt, wie Mütter und Väter Veränderungen herbeiführen können, sodass Interaktionen, die früher rein disziplinär waren, zu existenziellen Erfahrungen einer liebevollen Grenze werden, die die Lebensumstände aller Mitglieder des Haushalts erheblich verändert.

Standhaftigkeit und Kontinuität statt Inkonsequenz.

Die Erfahrung der elterlichen Verärgerung, die sich in einer verzweifelten Odyssee aus Verboten, Schreien, Schimpfen, Drohungen und Frustration ausdrückt, kann allmählich in eine kohärente, konsequente und beharrliche Erziehung umgestaltet werden. Anstelle einer Anhäufung von »Neins«, die sich wie Seifenblasen auflösen und zerplatzen, lernen Eltern, an ihren roten Linien festzuhalten. Die Zeit selbst wird zur Grundlage einer stabilen Erziehung. Die Fähigkeit, Reaktionen zu verzögern oder später auf ein Thema zurückzukommen, sich zu erinnern und konsequent zu bleiben, sorgt dort für Ordnung und Konsistenz, wo die innere Erfahrung von Eltern und Kind zuvor chaotisch und wechselhaft war.

Verbundenheit statt Distanz.

Die Schwächung der Familie zeigt sich deutlich am Rückgang des Zugehörigkeitsgefühls. Immer stärker werden Kinder und Heranwachsende von ihren Computern und Smartphones, von Randgruppen und heimlichem Treiben vereinnahmt. Eltern, die Präsenz zeigen und fähig sind, sich mit einem unterstützenden Netzwerk zu verbinden, können für das Bedürfnis des Kindes nach Zugehörigkeit zu einer Quelle der Anziehungskraft werden. Die Erneuerung der Familienzugehörigkeit ist eines der hervorstechendsten Merkmale unseres Ansatzes. Diese Prinzipien sind das Kernstück meiner Vision. Aber man wünscht sich immer, seine Vision zu einem einheitlichen Bild zu destillieren. Obwohl jedes Kapitel in diesem Buch einen neuen Blickwinkel beschreibt, hoffe ich, dass meine Leser und Leserinnen daraus letztlich nicht nur eine Sammlung von Ratschlägen gewinnen, sondern auch ein einheitliches Bild davon, wie sie ihre Elternrolle trotz der zahllosen Anforderungen und Herausforderungen unseres komplexen Zeitalters beibehalten können. Wenn ein Bild wirklich mehr sagt als tausend Worte, dann mag das Bild des elterlichen Ankers eine Zusammenfassung meines gesamten Strebens sein:

Verankern statt Abdriften.

Elterliche Verankerung kommt durch resolute Präsenz, Selbstbeherrschung, das Entstehen eines »Wirs« und die Absicht, liebevolle Grenzen zu setzen, zum Ausdruck. Die Symbole der elterlichen Autorität bestehen nicht länger aus erhobener Faust, bösem Gesicht, erschreckendem Gebrüll oder harter Bestrafung, sondern vielmehr aus einem allgegenwärtigen, stabil verbundenen und verbindenden Anker.